臺灣歷史與文化 研究輯刊

三 編

第 2 冊

清代台灣知府之研究

黃 昭 仁 著

花木蘭文化出版社

國家圖書館出版品預行編目資料

清代台灣知府之研究／黃昭仁 著 — 初版 — 新北市：花木蘭
文化出版社，2013〔民 102〕
目 2+176 面；19×26 公分
（臺灣歷史與文化研究輯刊 三編：第 2 冊）
ISBN：978-986-322-464-8（精裝）
1. 官制　2. 清代　3. 臺灣
733.08　　　　　　　　　　　　　　　　102017175

ISBN-978-986-322-464-8

9 789863 224648

臺灣歷史與文化研究輯刊
三 編 第 二 冊　　　　　　ISBN：978-986-322-464-8

清代台灣知府之研究

作　　者　黃昭仁
總 編 輯　杜潔祥
出　　版　花木蘭文化出版社
發 行 所　花木蘭文化出版社
發 行 人　高小娟
聯絡地址　235 新北市中和區中安街七二號十三樓
　　　　　電話：02-2923-1455／傳眞：02-2923-1452
網　　址　http://www.huamulan.tw 信箱 sut81518@gmail.com
印　　刷　普羅文化出版廣告事業
初　　版　2013 年 9 月
定　　價　三編　18 冊（精裝）新臺幣 40,000 元

清代台灣知府之研究

黃昭仁　著

作者簡介

黃昭仁畢業於東海大學歷史研究所，曾擔任國科會研究助理、成功嶺師部新聞官、國防部總政治作戰部編撰、慈明商工教師，目前任教於台中市立太平國中。相關論著有〈清代知縣研究〉（《中華文化學報》創刊號，民國83年6月）、《認識臺灣》（台北：黎明出版社，民國85年11月）、《萬和宮的過去與現在》（台中：財團法人萬和宮出版，民國87年1月）。

提　　要

　　知府是清代地方中層行政長官，由於台灣地位與地理位置的特殊性，建省前台灣府城為台灣地區僅次於台灣道的最高行政司法單位，且台灣知府兼管軍餉之發放與台灣鹽務，財政權也大於一般內地知府，「台灣府」的地位可謂比內地的府衙來得重要。本文共分六章，第一章敘述研究動機、方法及相關研究成果。第二章討論清代台灣知府在行政上之定位與角色，並說明台灣地區府衙的行政區劃與沿革。第三章以台灣府的組織與職掌為主題，說明府衙的運作情形。有關台灣府的組織將與內地府衙作比較，以便呈現在台灣一府時期，長達一九二年當中府衙行政轄區過廣，而組織卻太過簡略之問題。此外，本章將論述官員之待遇及府衙經費之分配，從中檢視清代對台灣文官吝其俸給的問題，以及從府衙經費分配比例來觀察清廷是否重視在台之建設。第四章台灣知府人事嬗遞分析，主要在討論清代對台之人事任用政策；透過史料說明及與內地福建知府和全國知府之人事量化資料加以比較，以便說明台灣知府的人事任用與內地的異同，以及造成不同的原因。第五章台灣知府之個案分析，討論長任期與多任次的台灣知府，其得以長任或多任次是否有共同的原因或特殊的成就。另外，清代台灣是個動亂頻仍的社會，民變連連原因諸多，然在數起重大民變中，與知府的為政不當關係密切，知府在民變中所扮演的角色與職責為何，也是本文論述的重點。

目
次

第一章 緒 論

一、研究動機

清廷於康熙二十三年（一六八四）將台灣納入版圖後，於全台設一府三縣，台灣府城設於赤嵌，府廓縣爲台灣縣，其南設鳳山縣，北設諸羅縣；其後隨著移民的增加與開墾區的拓展，原有的行政區劃漸不符實際統治之需要，清廷乃一再地調整行政區，增加廳縣衙門。直到晚清同、光年間，隨著列強的侵擾，英法美日等國對台灣的覬覦，清廷不得不開放台灣通商口岸，並轉而重視台灣的地位；爲鞏固強化對台的治理，乃有增設府衙之議。光緒元年（一八七五）清廷接受沈葆楨之建議，將台地的行政區增加爲二府八縣四廳（台灣府、台北府、台灣縣、鳳山縣、恒春縣、嘉義縣、彰化縣、淡水縣、新竹縣、宜蘭縣、埔里社廳、卑南廳、澎湖廳、基隆廳）。光緒十三年（一八八七）台灣建省後，首任福建台灣巡撫劉銘傳以防務爲治台之要，建議再增加行政區，將原台灣府改名爲台南府，台灣縣改稱安平縣，而於中部地區增設台灣府（台中）、台灣縣、雲林縣與苗栗縣，取消卑南廳，改設台東直隸州，使台灣行政區劃增爲三府一州十一縣三廳。在這樣的行政區劃之下，清廷於台地所設的主要文官有巡台御史、道員、知府、知縣等官，其中除知府外，均有學者作深入之研究〔註1〕，今若能再針對台灣知府有深入之探討，則可對清代台灣的文官制度有一整體性之瞭解，此乃筆者從事清代台灣知府研究的動機。

〔註 1〕 如張舜華，〈台灣官制中「道」的研究，台大歷史所碩論，民國六九年。何孟興，〈清初巡台御史制度之研究〉，東海歷史所碩論，民國七八年五月。張勝彥，《清代台灣廳縣制度之研究》，（台北：華世出版社，民國八二年三月）。

　　知府是清代地方中層行政長官，隸屬督撫司道之下，州廳縣官之上，其官秩初為正四品，乾隆十八年（一七五三）後改為從四品〔註2〕。在地方行政中，知府居承上啟下之地位，一方面承接上級督撫司道頒給的行政命令，下達所屬州縣，另方面監督指導所屬州縣，考察其績效並向上級呈報，兼負治民與督官雙重責任。因此，清代台灣知府之研究，是瞭解滿清治台史的重要方法之一，故清代台灣知府有研究之必要。

　　此外，「台灣府」的地位比內地的府衙來得重要，因為清代地方行政制度中，知府的職責不過是奉行監督與政令之轉承；然而，由於台灣地位與地理位置的特殊性，建省前台灣府成為台灣地區僅次於台灣道的最高行政司法單位。以台灣的司法審判為例，其審級由地方的廳縣至中央共六級，一級為縣（包括散州與散廳），二級為府（包括直隸州），三級為按察使司或布政使司，四級為總督、巡撫，五級為刑部，六級為九卿會審〔註3〕。由於台灣地理環境特殊，赴福建或中央當局上訴較為不易，故二級的府往往成為最後一級之審判。乾隆五十三年（一七八八）林爽文事件後，清廷為加重道權，以便自行奏事，補放台灣道者俱加按察使銜，使廳縣刑名事件，由府審轉者，道復核審再移臬司。但實際上大部分台灣地區廳縣未完之司法事務，轉至府衙後多已處置妥當，而道員不過行簽署認可之責。另外，台灣知府兼管軍餉之發放與台灣鹽務，財政權大於一般內地知府。由於台灣知府有其特殊性，因此在討論台地的知府制度時，將重視其與內地的相異處。此外不可忽視的，台灣是清帝國的一部分，在說明台地知府制度時也應與內地的知府制度作一比較，使台地知府因地制宜所產生的變貌及一般性能同時顯現出來。

二、史料與研究方向

　　近年來清代台灣史之研究，隨著大批檔案資料的整理與出版，使研究者在史料的蒐集上較為方便。本論文所採用的史料除台銀經濟研究室編印的《台灣文獻叢刊》與研究叢刊、成文出版社影印《中國方志叢書・台灣地區》、國學文獻館主編《台灣研究資料彙編》、中研院近史所出版的近代史料檔案和省

〔註2〕清高宗敕撰，《清朝通典》，（台北：新興書局印，民國五二年十月），卷三四，〈職官志十二〉，頁2210。

〔註3〕參閱張雄潮整修，《台灣省通志》，（台中：省文獻委員會，民國六一年十二月），冊一卷三，〈政事志軍事篇〉，頁1至3。

文獻會出版一系列有關台灣史的叢書和通志外，亦大量參考近人相關之著作及《宮中檔》、《軍機檔》、《月摺檔》。

　　清代台灣「府」的行政區劃可分三個時期。分別為台灣一府，台灣、台北二府，及台北、台灣、台南三府等三階段，其中最特別的是在台灣一府時期。清領有台灣後，最初並無積極治台的政策，其在台之措施只不過是要防止台灣成為盜匪聚集及反清的根據地，故一開始僅設一府三縣；而清代治理台灣二一二年當中，台灣府一府時期治理台、澎地區長達一九二年（康熙二十三年至光緒元年），當時台灣知府的地位有如今日台灣省長。知府之上雖有道員，但雍正七年（一七二九）以前台廈道是半年駐廈門，半年駐台灣，台地有事實際多由知府處理；且一般內地道員其下均轄有數府，台廈道僅轄台灣一府及廈門地區，惟兼兵備銜權責自然大於台灣知府，但康熙六十年（一七二一）朱一貴反清事件，道員梁文煊棄職潛逃，清廷憤而將台廈道之兵備銜除去，雍正五年（一七二七）清廷又削減道的轄區，廈門歸福建興泉道，台灣道僅轄台澎地區，使台灣道與台灣知府的轄區完全相同，只不過道員的權責與官階比知府高一級。到了晚清時期，清政府轉趨重視台灣之地位，為有效控有台灣乃增加府廳縣衙門，使知府的轄區大為縮減，其影響力與地位自然下降；且自光緒二年（一八七六）開始福建巡撫亦於每年冬、春兩季駐台，到光緒十一年（一八八五）清廷乾脆設立台灣巡撫常駐台灣，使台灣「府」的地位愈來愈像內地的府。故本文研究重心將以台灣一府時期的知府制度為主，並論述台灣建省後之台南府。

　　本文討論之內容可分制度與實際運作兩個層面，因吏部對府衙制度的規定與其實際運作通常有所出入，故文中探討的內容除制度本身外，亦藉由檔案中的實例對知府人事運作情形作一剖析。研究方法上，希望透過量化、比較之應用與史料的配合，能對台灣知府的體制及運作程序有較深入之瞭解。此外，對於台灣建省前後，知府的人事與實際運作是否有所改變，文中也將一一說明。全文共分六章：第一章緒論，敘述本文研究動機、方法及相關研究成果。第二章討論清代台灣知府在行政上之定位與角色，並說明台灣地區府衙的行政區劃與沿革。第三章以台灣府的組織與職掌為主題，說明府衙的運作情形。有關台灣府的組織將與內地府衙作比較，以便呈現在台灣一府時期的一九二年當中，府衙行政轄區過廣〔註4〕，而組織卻太過簡略之問題。此

〔註4〕姚瑩，〈防夷急務第二狀〉：「台灣府雖名為一郡，實兼內地福、興、漳、泉四

－3－

外，末節將論述官員之待遇及府衙經費之分配，從中檢視清代對台灣文官吝
其俸給的問題〔註5〕，以及從府衙經費分配比例來觀察清廷是否重視在台之建
設。第四章台灣知府人事嬗遞分析，主要在討論清代對台之人事任用政策；
本章將透過史料說明及與內地福建知府和全國知府之人事量化資料加以比
較，以便說明台灣知府的人事任用與內地的異同，以及造成不同的原因。第
五章台灣知府之個案分析，將討論長任期與多任次的台灣知府，其得以長任
或多任次是否有共同的原因或特殊的成就。另外，清代台灣是個動亂頻仍的
社會，民變連連原因諸多，然在數起大民變中，與知府的為政不當關係密切，
知府在民變中所扮演的角色與職責為何，是本章另一重點。

　　本論文之研究希望透過這些章節的討論，能對台灣知府有較深入的瞭
解，使清代台灣官制有全盤性之研究，並作為清代知府制度之初探。此外，
經由這些論述能對前人研究清代治台政策再作檢視，使清廷對台之用人政策
及治理態度有更深入之認識。

　　府之廣。」引自姚瑩，《中復堂選輯》，（台北：台灣銀行，民國四九年九月），
　　《台灣文獻叢刊》第一二四種，頁85、86。
〔註5〕張菼，〈清代初期治台政策的探討〉，（台中：省文獻委員會，民國五九年），《台
　　灣文獻》卷二一期，頁23。

第二章　台灣知府的行政地位

第一節　台灣地區「府」的行政區劃與沿革

一、一府二縣時期

　　台灣設府始於明鄭。晚明之際，清兵入關，海內沸騰，延平郡王鄭成功以金門和廈門爲根據地，勤王抗清。明永曆十四年（一六六〇），鄭氏北伐失利，乃接受何廷斌之建議：「台灣沃野數千里，實霸王之區。若得此地，可以雄其國，使人耕種，可以足其食。……十年生聚，十年教養，而國可富，兵可強，進攻退守，眞足與中國抗衡」〔註1〕，計劃東征台灣。永曆十五年（一六六一）三月，鄭氏率官兵二萬五千人東征，隨後即攻下赤崁城，並著手規劃行政區。同年五月，鄭氏在台設一府二縣，府爲承天府，府治設於赤崁，縣爲天興縣和萬年縣〔註2〕。然而其後不久，鄭成功便去世，其子鄭經嗣立，改二縣爲二州，並於南路、北路和澎湖各設一安撫司〔註3〕。

二、一府三縣時期

　　康熙二十二年（一六八三），清廷派靖海將軍施琅率兵平服台灣鄭氏，鄭克塽不敵，乃向清朝投降，延平郡王國遂告滅亡。當時清廷內部曾一時爲了

〔註1〕　郭廷以，《臺灣史事概說》，（台北：正中書局，民國七九年十一月），頁45。
〔註2〕　楊英，《從征實錄》，（台北：台灣銀行，民國四七年十一月），《台灣文獻叢刊》第三二種，頁189。
〔註3〕　高拱乾，《臺灣府志》，（台北：台灣銀行，民國四九年二月），《台灣文獻叢刊》第六五種，〈封域志〉，頁4。

台地棄留問題有所爭議，主張放棄台灣的論點，多認爲台灣爲海外蠻荒小島，「得之無所加，不得無所損」〔註4〕，且裸體紋身之番不足與之共守，故主張遷其民而墟其地〔註5〕。當對棄留問題舉棋不定之際，是年十二月二十二日施琅上疏康熙皇帝：

> 竊照台灣地方，北連吳會，南接粵嶠，延袤數千里，山川峻峭，港道迂迴，乃江、浙、閩、粵四省之左護。……臣奉旨征討，親歷其地，備見野沃土膏，物產利薄，耕桑並耦，魚鹽滋生。……實肥饒之區，險阻之域。……此地若棄爲荒陬，復置度外，則今台灣人居稠密，……失業流離，殊費經營，實非長策。……則該地之深山窮谷，竄伏潛匿者，實繁有徒，和同土番，從而嘯聚，假以內地之逃軍閃民，急者走險，糾黨爲崇，造船置器，剽掠濱海；……此地原爲紅毛住處，無時不在涎貪，亦必乘隙以圖。一爲紅毛所有，……沿海諸省，斷難晏然無慮。……如僅守澎湖而棄台灣，則澎湖孤懸汪洋中，土地單薄……是守台灣則所以固澎湖。……且海氛即靖，內地溢設之官兵，盡可陸續汰減，以之分防台灣、澎湖兩處。台灣設總兵一員，水師副將一員，……澎湖設水師副將一員，……通共計兵一萬名，足以固守。又無添兵增餉之費。……蓋籌天下之形勢，必求萬全。台灣一地雖屬多島，實關四省之要害。勿謂彼中耕種，尤能少資兵食，固當議留；即爲不毛荒壤，必藉內地輓運，亦斷斷乎其不可棄。……臣思棄之必釀成大禍，留之誠永固邊圉。〔註6〕

可見施琅主要從國防戰略觀點，強調台灣地位的重要性，認爲放棄台灣，則台灣或成爲海盜聚集地，或將落入紅毛番人之手，如此將嚴重威脅東南沿海之安全。大學士李霨亦支持施琅的看法，力主保留台地。康熙二十三年（一六八四）四月十四日，侍郎蘇拜會同閩浙督、撫、提督上疏奏准：「台灣地方千餘里，應設一府三縣，設巡道一員分轄。」〔註7〕清廷自此於全台設一台灣

〔註4〕《大清聖祖仁（康熙）皇帝實錄》，（台北：華聯出版社，民國五三年九月），卷一一二，頁21。

〔註5〕郁永河，《裨海紀遊》，（台北：台灣銀行，民國四八年四月），《台灣文獻叢刊》第四四種，頁31。

〔註6〕施琅，〈恭陳臺灣棄留疏〉，收於《靖海紀事》，（台北：台灣銀行，民國四七年二月），《台灣文獻叢刊》第十三種，頁59至62。

〔註7〕《大清聖祖仁（康熙）皇帝實錄》，卷一一五，頁4至5。

府，隸福建省布政使司，府下領有三縣，府治附廓設台灣縣，其南設鳳山縣，北路設諸羅縣〔註8〕。

府治所統轄之範圍，據首任台灣知府蔣毓英所修《台灣府志》中之記載：「台灣府治，在福建布政司之南，東至咬狗溪（今曾文溪上游）大腳山五十里，西至澎湖大洋，水程四更，除水程外廣五十里；南至沙馬磯（今鵝鑾鼻）五百三十里，北至雞籠城二千三百一十五里，延袤二千八百四十五里。」〔註9〕至於三縣所轄地域，分述如下：

台灣縣：位居三縣之中，又稱中路。縣治東至保大東山，西至澎湖大洋，除澎湖水程四更外，東西廣四十五里餘。南至文賢里二層行溪鳳山縣交界處，北至蔦松溪（今曾文溪）諸羅縣交界處，南北延袤三十六里。縣內分為四坊，人口稠密，為漢人主要聚集地〔註10〕。

鳳山縣：又稱南路，西北臨大海，東北界諸羅縣，北界台灣縣。縣治東至淡水溪（今高屏溪），西至打鼓仔港（今高雄港），東西廣三十五里；南至沙馬磯頭，北至二贊行溪（即二層行溪），南北延袤二百七十五里〔註11〕。其中沙馬磯內諸社，漢番雜處，以耕種為事，其它諸里、莊則多屬漢人〔註12〕。

諸羅縣：又稱北路。縣治東至大武巒山，西至大海，東西廣五十一里；南至鳳山大岡山，西南至蔦松溪與台灣縣為界，北至大雞籠，南北延袤九百一十九里〔註13〕。北路多居土番，惟近府治者，漢番參半〔註14〕。

三縣所轄面積實相差懸殊，以諸羅縣最大，竟包括整個中部、北部。惟當時鳳山、諸羅皆多土著番人，漢民甚少；相較之下，台灣縣為漢人集居之地，易藏奸宄，事務反較鳳山、諸羅兩縣為繁〔註15〕。台灣府雖名為一郡，實兼內

〔註8〕周元文，《重修臺灣府志》，（台北：台灣銀行，民國四九年七月），《台灣文獻叢刊》第六六種，〈封域志〉，頁6。

〔註9〕蔣毓英，《台灣府志》，收於《台灣府志三種》，（北京：中華書局影印，一九八五年五月），上冊，頁21。

〔註10〕陳文達，《台灣縣志》，（台北：台灣銀行，民國五十年六月），《台灣文獻叢刊》第一○三種，〈輿地志〉，頁1、3。

〔註11〕陳文達，《鳳山縣志》，（台北：台灣銀行，民國五十年十月），《台灣文獻叢刊》第一二四種，〈封域志〉，頁4。

〔註12〕高拱乾，《臺灣府志》，〈封域志〉，頁6。

〔註13〕周鍾瑄，《諸羅縣志》，（台北：台灣銀行，民國五一年十二月），《台灣文獻叢刊》第一四一種，〈封域志〉，頁5、6。

〔註14〕高拱乾，《臺灣府志》，〈封域志〉，頁6。

〔註15〕郁永河，《裨海紀遊》，頁32。

地福、興、漳、泉四府之廣〔註16〕，以內地數郡之地僅設一府三縣，不免兵疏
吏遠，因而統治力量就過於薄弱，影響所及，一方面是胥吏和地方豪強可以任
意逞性殘民，而民間之非法活動自然少受干預。此外，當時北路之巡防常止於
斗六門或半線（今彰化市），而流墾之民最遠不過斗六門，自半線以北至雞籠
全爲番人之地，故理論上崩山、後壟、中港、竹塹（今新竹市）、南嵌等地雖
已入清朝版圖，但無異化外〔註17〕。而鳳山縣本設治於興隆莊（今高雄市），
諸羅縣設治於諸羅山（今嘉義市），皆以南北路蠻荒未開，治事者懼歸治所，
故鳳山縣暫附府郡治事，諸羅縣署則暫駐佳里興（今台南縣佳里鎮）。

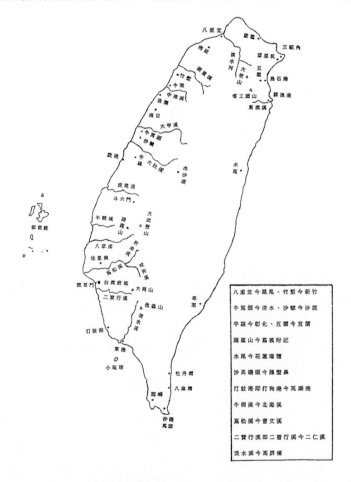

八里坌今滬尾、竹塹今新竹
牛罵頭今清水、沙轆今沙鹿
半線今彰化、五圍今宜蘭
諸羅山今嘉義附近
水尾今花蓮瑞穗
沙馬磯頭今鵝鑾鼻
打鼓港即打狗港今高雄港
牛稠溪今北港溪
萬松溪今曾文溪
二賛行溪即二層行溪今二仁溪
淡水溪今萬屏溪

清代台灣地名圖

〔註16〕姚瑩，《中復堂選輯》，（台北：台灣銀行，民國四八年四月），《台灣文獻叢刊》
　　　　第一四四種，頁85、86。

〔註17〕丁曰健，《治臺必告錄》，（台北：台灣銀行，民國四八年七月），《台灣文獻叢
　　　　刊》第十七種，頁95。周鍾瑄：《諸羅縣志》，〈兵防志〉，頁110。

三、一府四縣二廳時期

上述情形在初期漢民較少時，尚可苟安無事，但其後隨著漢移民的增多，拓墾地的推廣，漢番問題與日俱增，管理不及問題便接踵而至了。康熙三十五年（一六九六）有天地會吳球之亂，四十年（一七〇一）又有劉卻事件〔註18〕，均發生於北路諸羅縣，各地騷動，始有歸治之議。諸羅知縣周鍾瑄主張淡水以南至半線應增置一縣，並於淡水設一巡檢，至於淡水到山後，因有番無民不必置縣〔註19〕；但未獲清廷採納。康熙六十年（一七二一）台地發生朱一貴事件，是滿清治台以來最具規模震撼全台的大動亂，予清廷莫大的刺激。事平，南澳總兵藍廷珍之幕僚藍鼎元建議，「鑒於諸羅地方遼闊，鞭長不及，治理維艱，應於虎尾溪以北另設一縣，駐紮半線，並將鹿仔港之巡檢改置於淡水八里坌，兼顧雞籠山後」〔註20〕。雍正元年（一七二三）巡台御史吳達禮亦奏言：「諸羅縣北半線地方，民番雜處，請分設知縣、典史一員。其淡水係海岸要口，形勢遼闊，並請增設捕盜同知一員。」〔註21〕清廷從其所請。於是三縣之外，於原諸羅縣轄境，增設彰化縣和淡水廳。

半線設彰化縣不久，清廷以澎湖爲台灣門戶之要衝，且朱一貴事件全台皆陷，惟掌握澎湖而得以迅速復台，形勢地位重要，僅設巡檢一職難以彈壓海疆，雍正五年（一七二七）乃從福建總督高其倬所奏，裁撤澎湖巡檢一員，增設澎湖廳，添派台灣府通判一員駐澎湖〔註22〕。因此，台灣的行政區劃遂由康熙年間的一府三縣，增置爲一府四縣二廳，原本台灣、鳳山、諸羅三縣之轄區大爲縮小，調整後縣廳之轄區範圍如下：

台灣縣：東至羅漢門莊內門六十五里，西至海三里，南至二贊行溪（即二層行溪）鳳山縣界二十里，北至新港溪諸羅縣界二十里，全縣廣（東西長）六十八里，袤（南北寬）四十里。

鳳山縣：東至傀儡山五十里，西至打鼓港（今高雄港）一十里，南至沙馬磯頭三百七十里，北至二贊行溪台灣縣界七十里，全縣廣六十里，袤四百

〔註18〕 郭廷以，《台灣史事概說》，頁 124、125。

〔註19〕 周鍾瑄，《諸羅縣志》，〈兵防志〉，頁 111、112。

〔註20〕 藍鼎元，《東征集》，（台北：台灣銀行，民國四七年二月），《台灣文獻叢刊》第一二種，頁 35。

〔註21〕 《大清世宗憲（雍正）皇帝實錄》，（台北：華聯出版社，民國五三年九月），卷十，頁 7。

〔註22〕 同上註，卷五三，頁 23。

四十里，距府治九十里。

諸羅縣：東至大龜佛山二十里，西至大海三十里，南至新港溪台灣縣界八十里，北至虎尾溪彰化縣界五十里，全縣廣五十里，袤一百三十里，距府治一百里。

彰化縣：東至南北投大山二十里，西至大海二十里，南至虎尾溪諸羅縣界五十里，北至大甲溪四十里，全縣廣四十里，袤九十里，距府治二百里。

淡水廳：東至南山十里，西至大海七里，南至大甲溪一百一十九里，北至大雞籠城二百七十五里，全廳廣十七里，袤四百八十四里，距府治三百五十九里。

澎湖廳：東至東吉嶼八十里，西至草嶼八十里，南至南嶼一百里，北至目嶼八十里，距府治二百四十里〔註23〕。

清初對台灣之經營，主要是採消極的防患建設，因此對台之開發大都由人民闢地開墾於前，待地方繁榮，政府再尾隨其後設立行政組織。雍正元年（一七二三）將諸羅縣半線以北分為彰化縣與淡水廳，除受朱一貴事件之影響外，實則早在變亂之前，此一地區已頗有開發。當諸羅縣設置之初，移墾之漢民最遠不過斗六門，至於虎尾、大肚，民視為畏途，到了康熙四十三年（一七〇四）縣署奉文歸治，開墾之區漸越斗六門，至康熙末年開墾之地已越過了半線大肚溪以北，漢墾民已達南日、後壟、竹塹、南嵌〔註24〕，民番衝突日甚，新局面已非舊制所能統馭，且新墾之地離縣城愈來愈遠，管理不易，故行政區劃的增加是必然的結果。

四、一府四縣三廳時期

乾隆以降，漢人之開墾已漸及後山，當時便有漢人吳沙久住於三貂，並與土著建立良好關係〔註25〕，而三貂位居蛤仔難（又稱噶瑪蘭，今宜蘭）之北界。乾隆五十一年（一七八六）林爽文率眾反清，次年清廷以諸羅縣城人民助官軍守城，急功向義，乃將諸羅縣改為嘉義縣〔註26〕。乾隆五十三年（一

〔註23〕范咸，《重修臺灣府志》，（台北：台灣銀行，民國五十年十一月），《台灣文獻叢刊》第一〇五種，〈封域志〉，頁44、45。

〔註24〕周鍾瑄，《諸羅縣志》，〈兵防志〉，頁111。

〔註25〕陳淑均，《噶瑪蘭廳志》，（台北：台灣銀行，民國五二年三月），《台灣文獻叢刊》第一六〇種，〈雜識志〉，頁365。

〔註26〕《大清高宗純（乾隆）皇帝實錄》，（台北：華聯出版社，民國五三年十月），

七八八）清廷為平林爽文之亂，始知有三貂、蛤仔難之名，當時蛤仔難有三十六番社，因助清廷平亂有功，台灣知府楊廷理認為吳沙可信及蛤仔難生番易於招撫，主張將蛤仔難收入版圖，但福建巡撫徐嗣曾以經費無出且地屬界外恐肇番釁，未允辦理〔註27〕。其後漢民移至該地者越來越多，官府無法禁止，嘉慶元年（一七九六）漢人已拓墾至烏石港（今宜蘭頭城鎮）南邊〔註28〕。

　　自嘉慶五年（一八○○）以後，中國東南沿海海盜蔡牽屢次騷擾台灣〔註29〕；嘉慶十一年（一八○六）蔡牽率眾進寇烏石港，在墾民與土著的合力抗拒下始退去。次年，又有海盜朱濆入侵蘇澳，亦在民眾的合作下驅退入侵海寇〔註30〕。時蛤仔難墾眾已達六萬人，官雖未闢而民已繁，因而問題叢生，時有番民糾葛械鬥不止。台灣知府楊廷理雖屢請設官經營，然終未獲准〔註31〕。嘉慶十三年（一八○八）詹事梁上國亦上奏請開蛤仔難，因若將此地收入版圖，不僅可禁絕盜賊覬覦，使番社懷朝廷之德，海疆無化外之民，且可使全台增加土田之利〔註32〕。至此，開蘭之議始為清廷所重視。嘉慶十四年正月仁宗下諭曰：「蛤仔難北境之民，……能知協力備禦，幫同殺賊，實為深明大義，自應收入版圖，豈可置之化外。」〔註33〕乃命閩浙督、撫籌劃設官經理，增置廳縣。其後幾經福建布政司及台灣鎮、道、府等地方要員會商，並促知府楊廷理赴噶瑪蘭履勘〔註34〕，於嘉慶十六年（一八一一）九月，由閩浙總督汪志伊與福建巡撫張師誠聯銜會奏，建議在噶瑪蘭設分防廳營，置通判一員作為該地正印官，並駐兵巡防〔註35〕。同年十月，清廷批准〔註36〕。

卷一二九二，頁9至10。

〔註27〕 姚瑩，《東槎紀略》，（台北：台灣銀行，民國四六年十一月），《台灣文獻叢刊》第七種，頁72、73。陳淑均，《噶瑪蘭廳志》，〈雜識志〉，頁365。

〔註28〕 姚瑩，《東槎紀略》，頁70。

〔註29〕 謝金鑾、鄭兼才，《續修臺灣縣志》，（台北：台灣銀行，民國五一年六月），《台灣文獻叢刊》第一四○種，〈兵燹〉，頁379、383。

〔註30〕 陳淑均，《噶瑪蘭廳志》，〈雜識志〉，頁425、426。

〔註31〕 陳淑均，《噶瑪蘭廳志》，〈雜識志〉，頁365至370。

〔註32〕 台灣銀行經濟研究室編，《福建通志台灣府》，（台北：台灣銀行，民國四九年八月），《台灣文獻叢刊》第八四種，〈人物〉，頁739至741。

〔註33〕 陳淑均，《噶瑪蘭廳志》，〈雜識志〉，頁368。

〔註34〕 陳淑均，《噶瑪蘭廳志》，〈雜識志〉，頁334。

〔註35〕 柯培元，《噶瑪蘭志略》，（台北：台灣銀行，民國五十年一月），《台灣文獻叢刊》第九二種，〈藝文志〉，頁131至133。

〔註36〕 《大清仁宗睿（嘉慶）皇帝實錄》，（台北：華聯出版社，民國五三年六月），卷二四九，頁15。

次年八月，官員開始到任，治理噶瑪蘭之命盜雜案及徵收錢穀等事，遇刑名案件由台灣府審轉〔註37〕。

至是台灣新增噶瑪蘭廳，廳治設於五圍（今宜蘭市），隸屬於台灣府〔註38〕，全台之行政區劃增加爲一府四縣三廳。噶瑪蘭廳之轄區：東至海，十五里；西至大坡山，與內山生番界，十里；南至零工圍山，與生番界，二十五里；北至三貂遠望坑，與淡水廳交界，六十五里〔註39〕。從噶瑪蘭廳之設置過程可以發現，清廷對經理台灣之立場，一直是以國防治安爲考慮重點，以審愼、消極之態度來治理台灣。

五、二府八縣四廳時期

台灣之行政區劃，自嘉慶十七年（一八一二）增爲一府四縣三廳後，歷經道光、咸豐、同治三朝逾半個世紀未有變更。然而在此時期內，台地人口之增加，山地之開墾，有一日千里之勢，舊制已有再調整之必要。同治十三年（一八七四），日本藉牡丹社事件舉兵侵台，清廷得知立刻派沈葆楨爲欽差大臣來台辦理防務事宜〔註40〕。牡丹社事件解決後，沈葆楨便上奏：「此次之善後，與往時不同，台地之所謂善後，即台地所謂創始也。……嘗綜前後山之幅員計之，可建郡者三，可建縣者有十數，非一府所能轄。」〔註41〕可見沈氏認爲，原有之行政區劃實不足於有效治理台地，建議台灣應增設爲三府十數縣，方易於統治。同治十三年十二月，沈氏乃奏請於瑯璚地方設恆春縣〔註42〕。光緒元年（一八七五）正月，清廷議准〔註43〕。同年六月，沈氏又以台北地區土地廣闊，人口激增，且淡水已開口通商，經濟繁榮情形複雜，需加重北路治權，非增設府縣難以治其地，上奏「台北擬建一府三縣摺」及「請

〔註37〕陳淑均，《噶瑪蘭廳志》，〈職官志〉，頁53、57。

〔註38〕陳淑均，《噶瑪蘭廳志》，〈規制志〉，頁21。洪敏麟，《臺灣舊地名之沿革》，（台中：台灣省文獻委員會，民國六九年四月），頁388。

〔註39〕陳淑均，《噶瑪蘭廳志》，〈封域志〉，頁6。

〔註40〕賈楨，《籌辦夷務始末》（七），（台北：國風出版社，民國五二年四月），卷九三，頁25至29、27至28。

〔註41〕吳火炳，《沈文肅公（葆楨）政書》，（台北：文海出版社，民國五六年），《近代中國史料叢刊》第六輯（五十四），頁875至878。

〔註42〕同上註，頁938至939。

〔註43〕《大清德宗景（光緒）皇帝實錄》，（台北：華聯出版社，民國五三年一月），卷三，頁5至6。

改駐南北路同知片」。

其奏請「台北擬建一府三縣」之主要理由有五點：

（一）由噶瑪蘭前往府城，十三日始達；由淡水南下府城，亦需七日；而政令皆統於台灣府。當淡水設廳之初，不僅淡北榛莽四塞，即淡南亦土廣人稀，今則村社毘連，荒埔日闢；而噶瑪蘭之情況亦復如此。

（二）台北海岸，前僅八里坌一口，來往社船不過數隻，今則八里坌淤塞，但新添之港口則有大安、後壠、香山、滬尾、雞籠；而雞籠、滬尾港門宏敞，舟楫尤多，岸上洋樓、客棧闤闠，情形複雜。

（三）以前台北土廣人稀，經百餘年的休養生息，今人口已有四十二萬餘人，且近與各國通商華洋雜處，易起爭端，事務繁多。同知半年駐竹塹衙門，半年駐艋舺公所，相距一百二十里，政務易因奔波而曠廢；況淡水廳境內南北相距二百餘里，其間詞訟、械鬥、命盜之案層出不窮，地方官分身無術，難以駕馭，因而廳案易為胥吏所把持，而公事之積壓，巨案之諱飾，均在所難免。

（四）台北所產以靛、煤、茶葉、樟腦為大宗，皆出於淡北，近年荒山窮谷栽種愈來愈盛，洋船盤運，客民叢集，已成為經濟命脈，不可忽視。

（五）淡、蘭文風為全台之冠，每年歲科童試應考，淡屬六、七百人，蘭屬四、五百人，然而赴道考者不及三分之一，無非路途險遠，寒士艱於旅費，以致裹足不前〔註44〕。

基於上述原因，沈葆楨主張今台北之形勢，應建立一府三縣方能有效治理。

「請改駐南北路同知片」中主張：「台灣向設南北路理番同知，南路駐紮府城，北路駐紮鹿港。今內山開闢日廣，民番交涉事件日多，舊制殊苦鞭長莫及，如將南路同知移紮卑南，北路同知改為中路，移紮水沙連（今埔里），各加『撫民』字樣，凡有民番詞訟，俱歸審訊，將來升科等事，亦由其經理；似於民番大有裨益。」〔註45〕光緒元年（一八七五）十二月，清廷准其所奏，自彰化以北到後山另置府，名稱台北府，知府駐艋舺；附廓設淡水縣，其統轄範圍，北至遠望坑（三貂嶺附近）一百二十里，南至頭重溪五十里，東西相距五、六十里不等；裁淡水廳，增置新竹縣，縣治設於竹塹，其統轄範圍，北起頭重溪（中壢、楊梅之間），南至大甲溪，南北相距一百五十里；噶瑪蘭改制為宜蘭縣，原噶瑪蘭通判改為台北府分防通判，駐雞籠；而南路撫民理

〔註44〕吳火炳，《沈文肅公（葆楨）政書》，頁1025至1032。
〔註45〕吳炎炳，《沈文肅公（葆楨）政書》，頁1305至1306。

番同知即改移駐卑南；北路理番同知改爲中路撫民理番同知，移駐水沙連〔註
46〕。至是台灣遂設有台灣、台北兩府，台灣府下轄有台灣、鳳山、嘉義、彰
化、恆春五縣，澎湖、卑南兩廳和中路撫民理番同知。台北府則管轄淡水、
新竹、宜蘭三縣和台北府分防通判（即雞籠廳）。光緒十年（一八八四）五月，
清廷始於台灣埔裏社地方，設撫民通判一員，辦理撫番開墾事宜，乃設有埔
裏社廳；而中路撫民理番同知則仍回駐鹿港〔註 47〕。是時全台之行政區劃爲
二府八縣四廳。

六、三府一直隸州十一縣三廳時期

　　光緒元年台地首次大規模的行政區調整，實與清廷治台態度的轉變有
關。鴉片戰爭後，列強大肆侵擾我國，除英美法等國相繼覬覦台灣外，日本
更是積極策劃南下進犯台灣，牡丹社事件日本藉故出兵佔據台灣琅璚一帶，
此時清廷才開始重視台灣的地位，乃准沈葆楨所議，在台廣增府縣廳，並移
福建巡撫於冬、春兩季駐台，夏、秋兩季駐閩〔註 48〕。至光緒十年（一八八
四）六月，發生中、法戰爭，法軍兩度進犯基隆，封鎖台灣，更使清廷深知
台灣地位的重要。次年七月，欽差大臣左宗棠上奏，支持左侍郎袁保恆所請
將福建巡撫改爲台灣巡撫〔註 49〕；同年九月，清廷下諭：「台灣爲南洋門戶，
關係緊要，自應因時變通，以資控制，著將福建巡撫改爲台灣巡撫，常川駐
紮，福建巡撫事，即著閩浙總督兼管。所有一切改設事宜，該督、撫詳細籌
議，奏明辦理。」〔註 50〕可見清廷已擬將台灣建爲一省。其後不久，便任命
劉銘傳爲首任福建台灣巡撫〔註 51〕，光緒十三年（一八八七）八月，劉銘傳

〔註46〕《大清德宗景（光緒）皇帝實錄》，卷二四，頁 4 至 5。吳火炳，《沈文肅公（葆
　　　　楨）政書》，頁 1029 至 1031。清德宗敕撰，《欽定大清會典事例》，（台北：中
　　　　文書局影印，民國五二年一月），卷六五，頁 25。
〔註47〕台銀經濟研究室編，《台灣通志》，（台北：台灣銀行，民國五一年五月），台
　　　　灣文獻叢刊第一三〇種，冊二，頁 342。清德宗敕撰，《欽定大清會典事例》，
　　　　卷六五，頁 26；卷一五二，頁 24。
〔註48〕《大清德宗景（光緒）皇帝實錄》，卷二十，頁 13。
〔註49〕李騰嶽，〈建省始末〉，《文獻專刊》卷四，第一、二期，民國四二年八月，頁
　　　　18。
〔註50〕《十二朝東華錄（光緒朝）》，（台北：文海出版社，民國五二年九月），卷七
　　　　二，頁 1938。
〔註51〕《大清德宗景（光緒）皇帝實錄》，卷二二三，頁 6。吏部規定，台灣設省後
　　　　應仿照甘肅、新疆之例，稱台灣巡撫爲福建台灣巡撫。引自清德宗敕撰，《欽

向清廷上奏「台灣郡縣添改撤裁摺」，奏摺中劉氏主張：

> 台疆之治法，較內地為難，然台灣各縣幅員卻又比內地為廣，如彰
> 化、嘉義、鳳山、新竹、淡水等縣，縱橫多至二、三百里，鞭長莫
> 及，難以治理；況且防務為治台之要領，轄境太廣則耳目難周，控
> 制太寬則聲氣多阻塞，現當改設之開始，需量於變遷，就山前山後
> 通盤籌劃，添設改撤郡縣。查彰化橋孜圖（今台中）地方，山環水
> 腹，中開平原，氣象宏偉，又當全台適中之地，應建省城。劃分彰
> 化東北之境，設首府曰台灣府，府廓首縣曰台灣縣。將原有之台灣
> 府、縣，改為台南府、安平縣。嘉義之東，彰化之南，方長約百餘
> 里，應添設雲林縣。新竹苗栗街一帶，扼內山之衝，東連大湖，沿
> 山新墾荒地甚多，擬分新竹西南地方添設苗栗縣。此外即裁鹿港同
> 知一缺。淡水之北，東抵三貂嶺，番社紛歧，而基隆為台北第一門
> 戶，通商建埠，交涉紛繁，擬劃淡水東北之地撥歸基隆廳管轄，將
> 原設通判改為撫民理事同知。後山形勢，北以蘇澳為總隘，南以卑
> 南為要區，控扼中權惟水尾（今花蓮瑞穗），實為台東之鎖鑰，擬添
> 直隸州知州一員，曰台東直隸州，其左界宜蘭，右界恆春，仍隸屬
> 於台灣兵備道。〔註52〕

劉銘傳此項增添郡縣的具體辦法為清廷所採行，而這也是滿清治理台灣
時期最後一次的調整行政區劃，全台共分為三府一直隸州十一縣三廳。此次
調整最重要的改變，是行政中心的遷移，巡撫劉銘傳以彰化縣橋孜圖居全台
之中，足以控制南北，且距離海口較遠可防窺伺，除新設一台灣府城外，更
將台灣首府由台南府城搬遷至新台灣府城。台北府下轄有淡水、新竹、宜蘭
三縣和基隆廳，其轄區東南以東澳溪（位蘇澳口南方）與台東直隸州交界，
東、西、北三面臨海，西南至中港溪與台灣府苗栗縣交界。台灣府為首府，
居全台之中，管轄台灣、苗栗、彰化、雲林四縣和埔裏社廳，東及東南、東
北以中央山脈與台東直隸州交界，西及西北、西南界海，南以牛稠溪（即北
港溪）與台南府嘉義縣交界。台南府管轄安平、嘉義、鳳山、恆春四縣及澎
湖廳，東及東南以內山及八窯灣（今屏東縣八瑤灣）與台東直隸州交界，西

定大清會典事例》，卷六五，頁27。
〔註52〕劉銘傳，《劉壯肅公奏議》，（台北：台灣銀行，民國四七年十月），《台灣文獻
　　　　叢刊》第二七種，頁284至287。

及南界海，北以牛稠溪與台灣府雲林縣交界〔註 53〕。然光緒二十年（一八九四）巡撫邵友濂以台灣府由南、北兩府前往，非四、五日不可到，而台中海道又淤淺且風汛靡常，難以駛進輪船，如此南北有事接運遲滯，即平時辦公、物料運送亦圖增勞費；而台北府為全台上游，巡撫、藩司久駐於此，舟車往來方便商民輻輳，而鐵路也已修至新竹，只要經費稍裕便可儲備糧械，做為省城後路，因此奏請以台北府為台灣省會〔註 54〕。清廷接受其建議，並將台北府缺由「衝繁難」缺改編為「衝繁疲難」缺〔註 55〕。

經以上之說明可以發現，清廷對台行政單位的增裁調整，一直是依清政府統治力量維持的需要作為考量的基礎，從未有計劃作全盤而具前瞻性的規劃，即使有地方官員或有識之士，向滿清中央提議調整行政區劃，最初都未受重視，每經內部發生重大叛亂事件，或有外來勢力侵擾，清廷才會基於社會安定與國防安全之需要，作適當之調整。至於人民的生計，政府的職責，似乎並非清政府治理台灣之關鍵要素。難怪台灣道姚瑩稱：「治台之首在於防亂。」〔註 56〕各地的設官經理，是以赤崁府城為中心，向南、北漸次發展，但實際統轄權初期僅侷限於台灣西半部，到嘉慶朝才延伸至後山噶瑪蘭，東部台灣的經理則至同、光年間才開始。

光緒朝台北府與台灣府的設立，主要是清廷治台政策轉趨積極所致，列強對台灣的覬覦，特別是日本的南侵台灣，使清廷開始認知台灣地位的重要，乃有巡撫遷台、台灣設省之議。清廷為有效治理台灣，增加行政區劃及府縣廳轄區範圍的縮減是必然之舉。另外，台灣首府重鎮的轉移，是台灣社會變遷過程中一值得注意的現象。在台灣一府時期，清廷在台地的權力中心一直在台南的台灣府城，而對台的建設也以府城及周邊的城鎮為主；至光緒十三年（一八八七）巡撫劉銘傳才以保衛首府安全為由，將台灣首府搬遷至離海口較遠位居台中的台灣府城，但光緒二十年（一八九四）巡撫邵友濂又以中部台灣府交通不便，且巡撫、藩司皆駐台北府為由，將首府移至台北。於此

〔註 53〕 王世慶編纂，《重修台灣省通志》，（台中：台灣省文獻委員會，民國八十年六月），〈政治志建置沿革篇〉，頁 109 至 114。

〔註 54〕 〈台南府轉行巡撫邵友濂具奏「台灣省會要區地利不宜擬請移設以定規模」摺稿〉，收錄於《劉銘傳撫台前後檔案》，（台北：台灣銀行，民國五八年十月），《台灣文獻叢刊》第二七六種，頁 238 至 240。

〔註 55〕 同前註，頁 240。關於缺分問題，詳參第四章第一節：台灣知府的任用。

〔註 56〕 姚瑩，《中復堂選集》，（台北：台灣銀行，民國四九年九月），《台灣文獻叢刊》第八三種，頁 54。

說明了台地重鎮與權力中心漸往北遷移，台南府城與台南知府的地位轉趨沒落，及巡撫駐紮所在地成為台灣權力中心所在。

第二節　台灣知府的行政地位與行政運作

　　清代地方行政單位為省、道、府、縣四級制。清代初期全國共有十八省；光緒年間，新疆、台灣、奉天、吉林、黑龍江相繼建省，後因甲午戰爭清廷戰敗，台灣割讓給日本，故清末時全國共有二十二省〔註57〕。

　　清代地方行政制度中，省之下有道，道以下有府、縣。清代的道有掌專門業務之道，如督糧道、驛傳道，全國共十七道；有以地區作區劃的道，將全省劃分為若干道區，成為省與府間之一級，統領區內諸府州廳縣，全國共有九十六道〔註58〕，而台灣道便屬此類。道以下為府，全國共有二百一十五府；府以下有縣，全國共有一千三百五十八縣〔註59〕。

　　除府、縣之外，清代地方行政區劃還有州與廳。州有直隸州與散州之別，廳亦有直隸廳與散廳之分；直隸州與直隸廳均直屬於省，其地位相當於府；台灣建省後之台東直隸州便是。直隸州一般有轄縣，而直隸廳沒有轄縣；不過台東直隸州並無轄縣。散州與散廳的地位則相當於縣。不論直隸州或散州，均置知州一人，主持該州政務，但直隸州知州（正五品）的官階比散州知州（從五品）的官階略高。直隸州地位與府相當，但與府有區別；首先，府的屬縣比直隸州的屬縣多些；其次，直隸州知州除了統轄其所屬的各縣外，還要直接治理一個縣；知府則除了統轄其所屬各縣外，並不直接治理某個縣；所以知府官署所在地另有知縣官署，直隸州知州官署所在地並無知縣官署。台灣地方行政之情形，與上述內地之情況大致相同，只因孤懸海外而稍有特例，府之下不設普通州（即散州）、不設直隸廳，台東直隸州之下不設縣，而委由州同、州判分別治之；此外，因台灣與福建往來不便，易導致案件審判遲滯，故自乾隆五十三年（一七八八）起，台灣道員加按察使銜；而設省後

〔註57〕　蕭一山，《清代通史》，（台北：台灣商務印書館印，民國五二年），卷上，頁525、526。

〔註58〕　李國祁，〈明清兩代地方行政制度中道的功能及其演變〉，收錄於《中研院近代史研究所集刊》第三期，（台北：中研院近代史研究所，民國六一年），頁169。

〔註59〕　清史編纂委員會編，《清史》，（台北：國防研究院編印，民國五十年二月），〈職官志三〉，頁1395。

仍舊以台灣道行使按察使之職務〔註60〕。

清朝地方主要的行政長官有總督、巡撫、布政使、按察使、提督學政、道員、知府、知州、知縣等官。總督爲正二品官，可分爲兩種：一種是實際掌理地方行政的最高長官，通常統轄二至三省的政務，但也有只轄一省的，如閩浙總督統轄閩浙兩省；其轄區職權極爲廣泛，《清朝文獻通考》：「總督統轄文武軍民，爲一方保障。」〔註61〕，大略說來就是綜治軍政與民政，統轄和考覈地方文武官員，並負修飭疆土之職，責任非常重大。另外，有不轄疆土而以職務特設之總督，如漕運總督，負責督理水道輸運米糧事；河道總督負責黃河、運河的疏濬及海防河防各工程〔註62〕。巡撫從二品，職務與總督大略相同，另有一些特殊任務，如監理關稅、總理鹽政、監臨鄉試、管理漕政等等。《清朝文獻通考》對其職掌記載得很清楚：「巡撫掌考察布按、諸道及府州縣官吏之稱職不稱職者，以舉劾而黜陟之；用兵則督理糧餉；三歲大比，則爲監臨合省之秀士升于禮部，于一省文職無所不統」〔註63〕。巡撫的轄區僅有一省，如福建巡撫僅轄福建一省，權力當然比總督小，但乾隆以來，除江蘇省外，凡駐有總督的省不再設巡撫而由總督兼任〔註64〕，這樣一來各省僅有總督一員或巡撫一員駐管。

清代每一省在總督、巡撫之下，均置主管民政、財政的布政使與主管司法的按察使。布政使從二品，清初承襲明制，於省之下設承宣布政使司，有左右布政使各一人，至康熙六年（一六六七）才裁成一人，於是每省有一布政使負責管理一省之財政、戶籍，並宣布朝廷命令、考覈道府以下之文官，以供督、撫參考；另外，他還可參與省內一切政務及鄉試〔註65〕。按察使正三品，是提刑按察使司的長官，主要負責司法，《清朝通典》有載：「提刑按察司按察使……掌全省刑名按劾之事，振揚風紀，澄清吏治，大者與藩司會

〔註60〕伊能嘉矩，《台灣文化志》（中譯本），（台中：省文獻委員會編譯，民國七四年十一月），上卷，頁151。清德宗敕撰，《欽定大清會典事例》，（台北：中文書局影印，民國五二年一月），卷二十五，頁20。

〔註61〕清高宗敕撰，《清朝文獻通考》，（台北：新興書局印，民國五二年十月），卷八五，〈職官考九〉，頁5617。

〔註62〕同前註：「漕運總督一人，掌運漕之政。河道總督掌黃河運河之政。」

〔註63〕清高宗敕撰，《清朝文獻通考》，卷八五，〈職官考九〉，頁5617。

〔註64〕程幸超，《中國地方政府》，（香港：中華書局，一九八七年二月），頁187。

〔註65〕清高宗敕撰，《清朝通典》，（台北：新興書局印，民國五二年十月），卷三四，〈職官十二〉，頁2209。

議，以聽於部院，理闔省之驛傳。三年大比為監試官，大計為考察官，秋審為主稿官，與布政使稱兩司。」〔註66〕以上各官在光緒朝以前，台灣均未有設置，惟光緒二年（一八七六）清廷在沈葆楨等人的建議下，為兼顧閩、台之政務，福建巡撫改以冬、春駐台，夏、秋駐閩〔註67〕。至光緒十一年（一八八五）九月，在醇親王奕環等人的奏請下，以台灣為南洋門戶，關係緊要，宜有大員駐紮，才將福建巡撫改為台灣巡撫，不過吏部規定應仿照甘肅、新疆之例，稱台灣巡撫為福建台灣巡撫〔註68〕；凡司、道以下各官之考核大計，閩省由總督主政，台灣由巡撫主政〔註69〕。同年十二月，閩浙總督楊昌濬又奏准於台灣設藩司一員，與巡撫同駐台北府，掌用人、理財〔註70〕。按察使則仍由台灣兵備道兼任，駐台南府〔註71〕。

　　二司之下，則為道員與知府；不過由於福建和台灣有海洋相隔訊息難通，台郡鎮道文武雖隸閩省管轄，但督撫卻難對其做有效之監督，此一嚴重缺陷至康熙中期後逐漸暴露，不肖官員伺機侵漁，政綱日紊，以致民心叛離怨聲載道，康熙六十年（一七二一）朱一貴之亂，全台幾乎為其黨羽所得，令清廷大為震驚，清廷乃規定「每年自京派出御史一員，前往台灣巡察。此御史往來行走，彼處一切信息可得速聞。凡有應條奏事宜亦可條奏，而彼處之人皆知畏懼。至地方事務，御史不必管理。」〔註72〕可見清廷設巡台御史

〔註66〕同前註。

〔註67〕台銀經濟研究室編，《清德宗實錄選輯》，（台北：台灣銀行，民國五三年九月），《台灣文獻叢刊》第一九三種，光緒二年三月初七日，頁22、23。

〔註68〕〈台灣暫難改省摺〉，收錄於劉銘傳，《劉壯肅公奏議》，（台北：台灣銀行，民國四七年十月），《台灣文獻叢刊》第二七種，頁155。台銀經濟研究室編，《清德宗實錄選輯》，光緒十一年九月初五日，頁207。清德宗敕撰，《欽定大清會典事例》，卷六五，頁27。

〔註69〕〈遵議台灣建省事宜摺〉，收錄於劉銘傳，《劉壯肅公奏議》，頁281。唐贊袞，《台陽見聞錄》，（台北：台灣銀行，民國四七年十一月），《台灣文獻叢刊》第三十種，頁12。

〔註70〕〈台灣府轉行閩浙總督楊昌濬奏准台灣添設藩司諭旨並摺稿〉，收錄於《劉銘傳撫台前後檔案》，（台北：台灣銀行，民國五八年八月），《台灣文獻叢刊》第二七六種，頁75至77。台銀經濟研究室編，《清德宗實錄選輯》，光緒十一年十二月，頁211、212。

〔註71〕同前註。台銀經濟研究室編，《台灣通志》，（台北：台灣銀行，民國五一年五月），《台灣文獻叢刊》第一三〇種，冊二，頁338、339。

〔註72〕《大清聖祖仁（康熙）皇帝實錄》，（台北：華聯出版社，民國五三年九月），卷二九五，康熙六十年十月初五條，頁175。巡台御史設置的詳細情形，請參閱何孟興，《清初巡台御史制度之研究》，（東海歷史所碩論，民國七八年五

主要目的，在於代朝廷巡察地方，察吏治以安民，並輔佐督撫耳目所不及。
雍正五年（一七二七）十月，朝廷以台灣道即管理地方又兼學政未免稍繁，
乃將學政一銜轉歸巡台漢御史兼掌〔註73〕。巡台御史的調派，初期頗有成
績，但時日一久，由於巡台御史和閩浙督、撫權力時有衝突，加以數起貪污
瀆職的案件發生，於是乾隆十七年（一七五二）朝廷下令巡台御史改為三年
一任，事畢即返回內地不必駐留〔註74〕。而學政一銜又轉歸道員兼理〔註
75〕。乾隆三十年（一七六五）以巡台御史在台未有所建業，而遽行裁徹又
難防其流弊，遂將其固定遣派再改為督、撫奏請調派，因時酌遣〔註76〕。但
至乾隆五十二年（一七八七）十二月，高宗以御史不能備悉台地情形，易為
地方官欺矇，其設有名無實，乃下令所有請派巡察台灣御史之例，竟行停止
〔註77〕。

　　清代地方官員中，擁有轄區行政權的，督撫以下便是道員。道設道員一
人，正四品。道有以地區而設，或以職務而設，前者有守土之責，如分守道、
分巡道，台灣分巡道屬之；後者無守土之責，如督糧道、驛傳道、屯田道。
最初分守道掌錢穀，分巡道掌刑名，後來漸次演變，錢穀刑名等事分守、分
巡均得掌理，「皆掌佐藩臬、覈官吏、課農桑、興賢能、勵風俗、簡軍實、固
封守，以昌所屬而廉察其政治」〔註78〕，負有彈壓地方及監督管理轄區內事
務之職責。台灣道員其稱銜初為分巡台廈兵備道，道員半年駐台，半年駐廈
門，除兼兵備銜外尚兼理學政〔註79〕。康熙六十年朱一貴反清事件，分巡台

月），頁25至28。
〔註73〕清德宗敕撰，《欽定大清會典事例》，卷二四，頁7；卷三六六，頁7、8；卷
　　　　一○二八，頁8。台銀經濟研究室編，《清世宗實錄選輯》，（台北：台灣銀行，
　　　　民國五二年三月），《台灣文獻叢刊》第一六七種，雍正五年冬十月初六日，
　　　　頁20。
〔註74〕《大清高宗純（乾隆）皇帝實錄》，（台北：華聯出版社，民國五三年十月），
　　　　卷四一六，乾隆十七年六月初四條，頁91。清德宗敕撰，《欽定大清會典事例》，
　　　　卷三六六，頁14。
〔註75〕清德宗敕撰，《欽定大清會典事例》，卷二四，頁12；卷三六六，頁14。
〔註76〕《大清高宗純（乾隆）皇帝實錄》，卷七三六，乾隆三十年夏五月初三丁丑條，
　　　　頁2、3。清德宗敕撰，《欽定大清會典事例》，卷一○二八，頁10。
〔註77〕《大清高宗純（乾隆）皇帝實錄》，卷一二九五，乾隆五二年十二月十七庚戌
　　　　條，頁9。清德宗敕撰，《欽定大清會典事例》，卷一○二八，頁11。
〔註78〕清高宗敕撰，《清朝通典》，卷三四，頁2210。
〔註79〕劉良璧，《重修福建台灣府志》，（台北：台灣銀行，民國五十年三月），《台灣
　　　　文獻叢刊》第七四種，冊三，頁352。南瀛文獻編輯撰，〈清代的官制〉，《南

廈兵備道道員梁文煊自行棄職潛逃，清廷憤而將台灣道員的兵備銜除去〔註80〕。雍正五年（一七二七）清廷又削減道的轄區，將廈門歸於福建興泉道，只留台灣及澎湖歸台灣道管轄，故又稱台澎道〔註81〕。同年十月，又將學政交歸巡台漢御史掌理〔註82〕。但雍正六年（一七二八）以後，同福建布政使不便往來於閩台之間，所以台灣道實際負擔了布政使的部分職權，專掌台澎的財政事務〔註83〕。此外，由於巡台御史與台灣道其職權是互為消長，乾隆以後巡台御史地位的下降，權力自然落到道員之上，乾隆三十二年（一七六七）兵備銜重歸台灣道〔註84〕。乾隆五十一年（一七八六）台灣又爆發了一次大動亂——林爽文抗清事件，其導火線與朱一貴事件相似，即官吏的貪污欺民，事平後清廷探究原因，得知與民眾直接接觸的下級官員亟需整頓，於是台灣道的權力再度加重，乾隆五十三年（一七八八）高宗諭令：「凡遇有補放台灣道員者，俱加按察使銜，俾得自行奏事。」〔註85〕其後，凡台灣「廳縣刑名，由府審轉者，道復核審移司。錢穀冊案，亦多經道稽覈。」〔註86〕但光緒十三年（一八八七）台灣建省後，道員的權責大為縮減，學政事務劃歸巡撫兼理，而戶籍、稅役、錢穀、田畝則全移布政使，僅兵備道銜、按察使銜仍保留〔註87〕。

　　道員之下是知府，為正四品（乾隆十八年後改為從四品）〔註88〕，為府衙的最高首長，統轄府內一切政令，並指揮監督下級官廳事務；但與督撫司道不同，督撫司道專在監督下級官廳，對於人民無直接之關係，然知府係牧民之官，有撫育教養之責；凡徵收租稅，裁判案件，水旱災荒之賑恤，典禮

　　　瀛文獻》第二六卷，（台南：台南縣政府，民國七十年六月），頁 69。清德宗
　　　敕撰，《欽定大清會典事例》，卷二五，頁 21。
〔註80〕張舜華，〈台灣官制中「道」的研究〉，（台大歷史所碩論，民國六九年），頁
　　　30。台銀經濟研究室編，《台灣通志》，冊二，頁 339。伊能嘉矩，《台灣文化
　　　志》（中譯本），頁 152。
〔註81〕《大清世宗憲（雍正）皇帝實錄》，（台北：華聯出版社，民國五三年九月），
　　　卷五三，雍正五年春二月十七日甲戌條，頁 23。
〔註82〕清德宗敕撰，《欽定大清會典事例》，卷二四，頁 7。
〔註83〕張舜華，〈台灣官制中「道」的研究〉，頁 32。
〔註84〕清德宗敕撰，《欽定大清會典事例》，卷二五，頁 18。
〔註85〕清德宗敕撰，《欽定大清會典事例》，卷二五，頁 20。
〔註86〕朱景英，《海東札記》，（台北：台灣銀行，民國四七年五月），《台灣文獻叢刊》
　　　第十九種，卷二，頁 17。
〔註87〕台銀經濟研究室編，《台灣通志》，冊二，頁 339。
〔註88〕清高宗敕撰，《清朝通典》，（台北：新興書局印，民國五二年十月），卷三四，
　　　〈職官志十二〉，頁 2210。

旌表之舉行〔註89〕，與人民關係密切的事多爲知府職責所在，負有教化屬民之實。知府的佐官有同知與通判，但是並不是每位知府一定都配有同知與通判各一人，而是視實際需要設置。同知與通判即是知府的佐貳，自與知府同署辦公，自己並無專管的地方，如台灣海防同知與台灣知府同駐府城；但是，有的同知、通判卻有自己專管的地方，自己有另設之官署，如淡水同知、澎湖通判；同知、通判如有專管的地方，其管轄地稱之爲廳。

知州有府所轄的散州知州及與府平行的直隸州知州。清初散州以縣之地大而事繁者置之，每州設置知州一人，從五品，故散州知州所統轄一如縣制；嗣後因地制宜，或由特設，或由縣升，或以屬州升爲直隸州〔註90〕。直隸州知州，正五品，掌一州之政令，與知縣同爲親民之官，凡刑名、錢穀之事無不親理〔註91〕，惟不同知縣由知府管轄，而直屬於督撫。

知縣，正七品，掌一縣政令，凡縣之司法裁判、租稅徵收、科舉事務、禮教祀典、公共工程、地方治安、社會福祉等事項，皆爲知縣之職責〔註92〕，綜攬了全縣之行政與司法權。故知縣職位雖低，但在地方行政上，卻佔極重要之地位，凡地方之利害休戚，實繫於其一身，由於親理民務所以被稱爲「親民之官」〔註93〕。知縣爲一縣之宰，若能盡心竭力使四境之內民安樂業，便是良司；至於知府，則還有統轄屬員之職，若所屬之內有一人爲官不善，即爲一分曠職。所以，知府所統轄事務之性質雖與知縣相似，但除知府轄區較廣外，還需負責監督下級州縣廳官屬。

綜之，知府爲地方中層官員，扮演了承上啓下的角色，其職責可說是道員的縮小版，監督管理轄區內之事務、綜治刑名錢穀、考覈屬官，惟道轄數府且負彈壓地方動亂之責，權責與官階均比知府大一級。然而，由於台灣地理位置及過去歷史背景的特殊性，使清廷領台二一二年當中有一九二年爲單一台灣府時期，在此期間台灣道與台灣府的轄區幾乎是一致的〔註94〕，而台地一般事務

〔註89〕蕭一山，《清代通史》，卷上，第十九章，頁541。
〔註90〕永瑢等撰，《歷代職官表》，（台北：台灣商務印書館印，民國五七年），卷五四。轉引自徐炳憲，《清代知縣職掌之研究》，（東吳大學中國學術著作獎助委員會叢書之七十，民國六三年七月），頁20。
〔註91〕清高宗敕撰，《清朝文獻通考》，卷八五，〈職官考九〉，頁5619。
〔註92〕張勝彥，《清代台灣廳縣制度之研究》，（台北：華世出版社印，民國八二年三月），頁84。
〔註93〕清高宗敕撰，《清朝文獻通考》，卷八五，〈職官志九〉，頁5619。
〔註94〕雍正五年（一七二七）以前，台灣道員其銜爲台灣廈門道，其轄區兼掌台灣

的處理移至府衙後多已辦妥，道員不過行監督之責或兼管軍務，所以台灣知府的行政地位雖與內地知府相似，但其扮演的角色實比內地知府來得重要。

台灣知府即是重要的地方行政長官，與各級地方首長當有一定之相屬關係及互動模式，其情形如下。首先，督撫對知府有題補升調權，知府出缺督撫得奏請題調補用〔註95〕；若知府遇有錢糧刑名事件，應行降調革職，則督撫題參之日，即行摘印委員署理〔註96〕。有監督考核權，凡三年大計，廳縣察其屬而呈知府，道員察核知府，其考移布政司，由布政司彙覈加考詳呈督撫，督撫乃遍察並註考，轉報吏部〔註97〕。乾隆五十二年（一七八七）台地發生林爽文之亂，清廷認為皆由於地方官任意侵貪，且各官瞻徇相護以致事態擴大，事後高宗乃下諭令：該地將軍、督、撫及水師、陸師兩提督，每年輪值一人前往台灣嚴行稽察道府廳縣是否賢良，並出具考語具奏〔註98〕。台灣設省後，此制度有所改變，福建巡撫改為台灣巡撫，凡司道以下各官考核大計，閩省由閩浙總督主政，台灣轉由台灣巡撫負責。而大計之結果分三等，一曰卓異，凡知府無加派、無濫刑、無盜案、無錢糧拖欠、倉庫銀米無虧空之類屬之；二曰供職，不入舉劾者，屬不好不壞的知府；三曰入於六法者，則劾罰〔註99〕。此外，知府催督錢糧、承辦訟案、緝捕盜賊、勸農課桑、組織保甲、整修工程，無不由督撫督劾辦理。

府庫之錢糧，責成道員查覈，如無侵挪虧空，即具保結送巡撫；廳縣徵收錢糧，知府有催督之責〔註100〕，當知府盤查廳縣錢糧倉庫時，如有不肖知府需索廳縣，廳縣得立即通報司道督撫題參〔註101〕。此外，督撫平時亦當嚴

與廈門；而雍正五年以後，台灣道員轄區縮小，僅管台澎地區，與台灣知府的轄區範圍是一致的。

〔註95〕 傅光森，〈清代總督制度〉，（東海歷史所碩論，民國七九年），頁63。

〔註96〕 清德宗敕撰，《欽定大清會典事例》，卷九一，頁24。

〔註97〕 清德宗敕撰，《欽定大清會典》，（台北：新文豐出版公司印，民國五二年一月），卷十一，頁10。

〔註98〕 台銀經濟研究室編，《清高宗實錄選輯》，（台北：台灣銀行，民國五三年六月），《台灣文獻叢刊》第一八六種，乾隆五二年十二月十七日，頁510；乾隆五十三年六月初六日，頁613。

〔註99〕 清德宗敕撰，《欽定大清會典》，卷十一，頁10。所謂六法，「一曰不謹、二曰罷軟無為、三曰浮躁、四曰才力不及、五曰年老、六曰有疾。」引自同卷，頁14。

〔註100〕 清德宗敕撰，《欽定大清會典事例》，卷一○一，頁3。

〔註101〕 清德宗敕撰，《欽定大清會典事例》，卷一○一，頁1。

飭藩司道府，認真整頓、詳細盤查廳縣錢糧，稍有額缺，立即追繳〔註102〕。簡而言之，廳縣存糧米穀，由知府盤查，司道監管；府庫由道員盤查，布政司監管，最後責成督撫覈實嚴察。

由於台灣府距離福建省城遙遠，除罪應斬絞及重大案件，需令知府赴省再審或委員會審外，其尋常遣軍流徒各犯，均歸台灣道就近審轉，逕詳督撫並移知臬司備案，免其解犯赴省〔註103〕。凡案件之承審，各級地方官皆有其一定之期限，且必需於定限內完結審理。台灣民、刑案件之承審，廳縣限四個月內解府，府連海洋途程，限四個月內解司，按察司限一個月內解督撫，督撫限一個月內咨題，統限十個月內完結。處理命案，廳縣及府解，縮爲限三個月內，其它同盜案，統限八個月內完結。搶竊等雜案，廳縣限二個月，府解限三個月，統限七個月內完結。其命盜重案，府審後，即解台灣巡道勘問，解司審結，督撫題咨完結。而巡道的審轉期限，既在府審三個月內〔註104〕。知府有催督廳縣審案之責，若知府有親管地方自審案件者，由道員催督，如有逾限未完結者，係何官遲延，由督撫查明題參〔註105〕。若遇重大案件或民人之上訴案，道府奉上司之批發控詞加以審驗，無論事情鉅細，均即親身勘問不得轉委，其民間上訴之案，如在督撫具控，即發交司道審判，如在司道處具控，則交知府審判，若在府具控則由知府親審，不得復交原問官〔註106〕。

廳縣自理戶婚田土等案件，除按限審結外，還需設立號簿，開寫已、未完結案件之緣由，由知府按月提取號簿，查覈督催。台灣道分巡所至，摘取廳縣已結未結若干件查覈。年終，道府將所屬並無違限者，通詳督撫藩臬衙

〔註102〕 清德宗敕撰，《欽定大清會典事例》，卷一○一，頁5。

〔註103〕 文孚纂修，《欽定六部處分則例》，（台北：文海出版社，民國五八年），《近代中國史料叢刊》第三四輯，卷四七，頁 5、6。德宗敕撰，《欽定大清會典事例》，卷一二二，頁 10。實例請參王士任，〈揭報戮死人命審實擬絞監候〉，及刑部衙門，〈題報林元致死卓勇請將林元擬絞監候〉，收於《台灣研究資料彙編》，（台北：聯經出版，民國八二年十二月），頁 8284 至 8307、12132 至 12137。

〔註104〕 清德宗敕撰，《欽定大清會典事例》，卷一二二，頁9。實例請參尹繼善，〈題覆同謀毆死人命審實分別擬罪〉，及喀爾吉善，〈奏請展限審明台灣彰化縣境內兇番焚殺兵民案摺〉，收於《台灣研究資料彙編》，頁 7896 至 7940、13988 至 13994。

〔註105〕 清德宗敕撰，《欽定大清會典事例》，卷一二二，頁 2、3。

〔註106〕 文孚纂修，《欽定六部處分則例》，卷四七，頁 11、16。

門存案；若有違限，則議處〔註107〕廳縣官到任之初，需查勘監獄是否堅固完好，並詳具文冊申送上司，倘有毀壞立即補修；知府道員盤查時，應順便查驗。此外，知府應設立循環號簿，飭令所屬廳縣將每日監獄出入人犯姓名填註簿內，按月申送知府查閱，並報督撫存覈〔註108〕。

知府交接轉代，限定兩個月，凡有州縣升任本府，知府升任本道，所有任內經管錢糧等項，除需照例定限盤交結報外，另委台灣道前往徹底清查，加結詳報藩司，再報督撫查覈；如有逾期違報，則台灣道與前後任知府及故官家屬有頂戴者，均照易結不結例奏參革職〔註109〕而州縣官移任交接時，需將任內之戶婚、田土、錢糧等案件，一一造冊交與接代之員，並報明知府查覈，各學正、副教官離任時亦然，將其經管之書籍、器物、學田、租穀造冊交與新任官，並由知府查明加結詳司，轉報督撫〔註110〕。若知府有徇私作弊，或不行查明下級官屬之交代，為上司察獲，將遭罰俸或革職之處分。

廳縣地方有災，州縣應詳報知府、道員，再由其上司轉報督撫，督撫聞知，一面奏題，一面於府內委員會同該廳縣迅速履勘，將受災情形，申報司道，由該道覆查加結詳請督撫具題〔註111〕。府內教官，不僅責令知府稽察，學政亦設立賢否總冊，一一查覈，如有辦事未妥，經學政申飭記過者，逐案註明外，行知該府；其由督撫等衙門及本府申飭記過者，該府亦報明學政，相互登記。至於循分稱職者，學政、知府亦相互登記。大計之年，知府即造詳細考語於冊內，以備上司查覈〔註112〕此外，台灣地方文職官員，自同知以下，道員、知府有督飭之責，若有貪酷乖張之情事，道、府失於揭報，一旦被發現，則需受降級調職之處分〔註113〕。

〔註107〕清德宗敕撰，《欽定大清會典事例》，卷一二二，頁5、16。
〔註108〕文孚纂修，《欽定六部處分則例》，卷四九，頁1。
〔註109〕清德宗敕撰，《欽定大清會典事例》，卷九一，頁20、21。文孚纂修，《欽定六部處分則例》，卷八，頁2。台銀經濟研究室編，《台案彙錄乙集》，（台北：台灣銀行，民國五二年三月），《台灣文獻業刊》第一七三種，頁56、57。
〔註110〕清德宗敕撰，《欽定大清會典事例》，卷九一，頁3、23。
〔註111〕文孚纂修，《欽定六部處分則例》，卷二十四，頁1。
〔註112〕文孚纂修，《欽定六部處分則例》，卷三十，頁5、6。
〔註113〕文孚纂修，《欽定六部處分則例》，卷三十七，頁2。

第三章　台灣府的組織與職掌

第一節　知府與佐貳等輔助官

　　如前章所述，清領台後次年，於全台設一台灣府，下轄三縣，隸屬於福建省之下。依清代官制，府置知府一員，爲府衙最高首長，最初知府爲正四品，乾隆十八年（一七五三）改制爲從四品〔註1〕。清代府衙除置知府一員外，尚有若干佐貳、首領、雜職等輔助官〔註2〕，《清史》〈職官志〉中載：「府：知府一人。同知、通判無定員。其屬，經歷司經歷、知事、照磨所照磨、司獄司司獄。」〔註3〕可見知府一般有同知、通判等無定員的佐貳官，及府經歷、府知事、府照磨、府司獄等首領官。此外，還有府教授、府訓導、府宣課司大使、府稅課司大使、府倉大使、府庫大使、府檢校、府茶飲批驗所大使等輔助官〔註4〕。以泉州府爲例，府內的官員有知府一員、同知二員、通判、推官、經歷司經歷、照磨所照磨、司獄司司獄、儒學教授、訓導、稅課司大使

〔註1〕　清高宗敕撰，《清朝通典》，（台北：新興書局印，民國五二年十月），卷三四，〈職官十二〉，頁2210。

〔註2〕　清代地方正印官，其輔助官有佐貳、雜職、首領等僚屬。八品以上者，稱佐貳；九品及未入流者，曰雜職。佐貳，如其字義爲長官之副，輔佐其事務，一般地方府衙之佐貳有同知、通判；府經歷、府知事、府照磨則稱爲首領官。雜職者，多爲無獨立職權的輔助人員，如府倉大使、府稅課大使、府司獄。

〔註3〕　同前註。

〔註4〕　清高宗敕撰，《清朝通典》，（台北：新興書局印，民國五二年十月），卷三四，〈職官十二〉，頁2210。清史編纂委員會，《清史》，〈職官志三〉，頁1394至1395。織田萬，《清國行政法汎論》，（台北：華世出版，民國六八年三月），頁429。

各一員，及倉大使二員、驛承、僧綱司都綱、道紀司都紀、陰陽正術、醫學正科等各一員。〔註5〕與內地相比，台灣府府衙的組織顯得相當簡略，據蔣毓英《台灣府志》所載：「台灣府：知府一員、海防糧捕同知一員、經歷司經歷一員。……台灣府儒學教授一員。」〔註6〕可見清領台灣之初，台灣府僅設知府、同知、經歷、教授各一員，統領全台，與內地比較之下，台灣府的地位似乎較不重要。不過，隨著時間的延續及在台移墾區的拓展，知府的輔助官及府轄之廳縣均有所增加。雍正元年（一七二三）增置淡水捕盜同知；雍正五年（一七二七）裁撤澎湖巡檢，添設台灣府分府通判一員；乾隆三十一年（一七六六）設南北路理番同知，南路理番同知由海防同知兼任，北路理番同知駐彰化，乾隆五十一年（一七八六）移駐鹿仔港（今鹿港），兼理海防〔註7〕；嘉慶十六年（一八一一）因漢民開墾已及蛤仔難（今宜蘭），漢番問題叢生，乃置噶瑪蘭通判一員駐管；光緒元年（一八七五）設置卑南同知一員，係由原南路理番同知改設，而北路同知改為中路理番撫民同知，移駐水沙連（今埔里）〔註8〕；同年，增設台北府，原噶瑪蘭通判改為台北府分防撫民理番通判，駐基隆；光緒十年（一八八四）於埔裏社地方，設撫民通判一員，辦理撫番開墾事宜〔註9〕。

　　一般情形，同知、通判為知府的佐貳官，並無專管之轄區，與知府同城，但在台灣多數的同知與通判並未和知府同駐府城，而有自己專管的地方，其管轄地稱之為廳。張勝彥《清代台灣廳縣制度之研究》對掌轄區的同知、通判已有詳細之論述，故本文所要討論的佐貳官為掌專職無專管地區的同知和通判，即海防同知與理番同知。

〔註5〕《泉州府志》，（台南：登文印刷局，民國五三年十月），卷二六，〈文職官上〉，頁57、58。

〔註6〕蔣毓英等撰，《台灣府志三種》，（北京：中華書局影印，一九八五年五月），頁193。

〔註7〕台銀經濟研究室編，《清高宗實錄選輯》，（台北：台灣銀行，民國五三年六月），《台灣文獻叢刊》第一八六種，乾隆五十一年正月二十九日，頁300。台銀經濟研究室編，《台灣通志》，（台北：台灣銀行，民國五一年五月），《台灣文獻叢刊》第一三〇種，頁342。

〔註8〕台銀經濟研究室編，《清德宗實錄選輯》，（台北：台灣銀行，民國五三年九月），《台灣文獻叢刊》第一九三種，光緒元年十月二十日，頁19、20。

〔註9〕台銀經濟研究室編，《台灣通志》，頁341、342。清德宗敕撰，《欽定大清會典事例》，（台北：中文書局，民國五二年一月），卷六五，頁26；卷一五二，頁24。

一、知府的職掌

實際上，綜合知府的佐貳、首領、雜職等輔助官的職掌，及胥吏、差役所需辦理的事務，便是知府職責之所在。《清朝文獻通考》：「知府掌一府之政，教養百姓，爲州縣表率。」〔註 10〕《重修福建台灣府志》：「知府一員：總彙四縣刑名、錢穀，兼支放兵餉、經理鹽政。」〔註 11〕可見台灣知府的職掌除與內地知府之職掌相似外，還兼支放兵餉、經理鹽政。府既爲府內最高長官，凡府內一切行政、司法、監察均其責任；詳細來說，知府的職責包括下列諸項：

（一）督徵租稅與盤查錢糧倉庫：廳縣錢糧之徵收與徵收期限，由知府督徵、決定〔註 12〕。查定例官員催徵錢糧，若未於催完先離任者，照離任官例，於現任職罰俸一年〔註 13〕；另叛產租銀（抄封叛逆所遺留之產）自嘉慶二十四年（一八一九）改由台灣府經徵〔註 14〕。地方紳衿抗欠，知縣逐戶開出名單轉報知府，由知府呈報督撫題參。知府每年需盤查廳縣之錢糧與倉庫，若有虧空或多報少之情形，申報藩司議處；知府徇匿不舉或藉機需索廳縣，司道督撫應題參知府治罪〔註 15〕。

（二）支放兵餉、經理鹽政：台地兵餉存放台灣府庫，澎協之兵餉則運至澎湖通判庫內封存，全台官兵俸餉由台灣府自行支放籌撥〔註 16〕。因台、澎兩庫收儲全年兵餉，數量極多，爲嚴密監督，道府除需依例盤查府廳兩庫，並據實加結轉送外，更責任台灣道隨時盤查府庫，避免有虧缺及循情預借等弊〔註 17〕。台灣

〔註 10〕清高宗敕撰，《清朝文獻通考》，（台北：新興書局印，民國五二年十月），卷八五，〈職官志九〉，頁 5619。

〔註 11〕劉良璧，《重修福建台灣府志》，（台北：台灣銀行，民國五十年三月），《台灣文獻叢刊》第七四種，冊三，頁 347。

〔註 12〕台銀經濟研究室編，《清文宗實錄選輯》，（台北：台灣銀行，民國五三年三月），《台灣文獻叢刊》第一八九種，咸豐元年二月十一日，頁 8。

〔註 13〕那蘇圖，〈揭報前曾被參府道催銀完全請准開復〉，引自國學文獻館編，《台灣研究資料彙編》，（台北：聯經出版，民國八二年九月），冊二二，頁 9295。

〔註 14〕台灣守備混成第一旅團司令部編，《台灣史料》，（台北：成文出版社印，民國七四年三月），《中國方志叢書·台灣地區》，第一二○號，頁 63。清高宗敕撰，《欽定大清會典事例》，卷一七二，頁 13。唐贊衮，《台陽見聞錄》，（台北：台灣銀行，民國四七年十一月），《台灣文獻叢刊》第三十種，頁 55。

〔註 15〕清德宗敕撰，《欽定大清會典事例》，卷一七四，頁 17、18。

〔註 16〕朱景英，《海東札記》，（台北：台灣銀行，民國四七年五月），《台灣文獻叢刊》第十九種，卷二，頁 18。清德宗敕撰，《欽定大清會典事例》，卷一八三，頁 48。

〔註 17〕戶部等部，〈奏議覆閩省督喀爾吉善等奏請台澎俸餉改於每年春初一次領

所產海鹽最初是由人民自曬自賣，但造成鹽價浮動不一，雍正四年（一七二六）乃改由台灣府兼管，官收官賣，由閩浙總督總理、福建鹽法道專理〔註18〕。台地所產之鹽全數由官府盤收入倉，府治內設鹽館一所，由各廳縣之販戶、莊戶赴鹽館繳課領單，再執單赴倉領鹽轉運各處銷售。所收鹽銀，除每月支發鹽本及各場館辦事人員工食外，餘悉存入府庫支給養廉、兵餉，並按月造冊上報〔註19〕。同治十三年（一八七四）清廷准沈葆楨所奏，為鞏固台灣防務，應將台地疲弱班兵予以裁徹，補充本地精壯，並將台灣鹽課、關稅、釐金等款撥充海防經費，歸台灣道衙門支銷〔註20〕。光緒十三年（一八八七）台灣建省後，鹽政改歸巡撫掌理，於台北設立全台鹽務總局，直轄於台灣布政吏，台南設置分局，由分巡台灣兵備道管轄〔註21〕。同年，台南知府亦撤支放兵餉之兼務〔註22〕。

（三）掌管司法裁判事務：司法案件的承審，一般是由州縣解府（直隸）州，府州審解臬司，臬司審解督撫核審題咨，層層推鞫，期無枉縱；若遇案情有問題，或犯供翻異，有司則駁回覆審，或再提證佐質詢〔註23〕。台灣向例，凡徒、流以上案件，知府審查後，案犯俱解送內地，由按察使司審轉核辦〔註24〕；乾隆五十三年（一七八八）林爽文之亂後，清廷為加重道權以便自行奏事，凡補放台灣道者具加按察吏銜〔註25〕，由知府審轉之案件，道復核審再移臬司。其後知府監督廳縣之裁判，關於徒罪之裁判，則認可之；若民眾上訴控告及知府認為有必要之時，知府得查銷原則，重新審理，或招喚犯人，親行審問。關於流罪以上者，廳縣則擬律申詳於府，知府亦擬律轉呈

運〉，引自國學文獻館編，《台灣研究資料彙編》，冊三二，頁 14032 至 14036。

〔註18〕丁紹儀，《東瀛識略》，（台北：台灣銀行，民國四六年九月），《台灣文獻叢刊》第二種，頁 16。唐贊袞，《台陽見聞錄》，頁 66。

〔註19〕丁紹儀，《東瀛識略》，頁 16、17。朱景英，《海東札記》，卷二，頁 18。唐贊袞，《台陽見聞錄》，頁 66。

〔註20〕台銀經濟研究室編，《清穆宗實錄選輯》，（台北：台灣銀行，民國五二年十一月），《台灣文獻叢刊》第一九○種，同治十三年五月二十五日，頁 151、152。

〔註21〕伊能嘉矩，《台灣文化志》（中譯本），（台中：省文獻委員會編譯，民國七四年十一月），頁 181。

〔註22〕省文獻委員會編，《台灣文獻》，（《中國方志叢書·台灣地區》，八八號，冊三），頁 860。

〔註23〕刑部副摺，〈議覆福建按察使曹繩柱奏台地審解等事〉，引自國學文獻館編，《台灣研究資料彙編》，頁 16491。

〔註24〕台銀經濟研究室編，《欽定平定台灣紀略》，（台北：台灣銀行，民國五十年六月），《台灣文獻叢刊》第一○二種，乾隆五十三年十二月初八日，頁 1045。

〔註25〕台銀經濟研究室編，《清高宗實錄選輯》，乾隆五十三年六月初六日，頁 613。

於道臺。若有死刑案件，則廳縣隨時報告於督撫，督撫再命台灣知府審理，擬議而後轉呈台灣道〔註26〕。在林爽文案之審判，因悍兵蠹役擾害地方情罪重大者，清廷爲殺雞儆猴立懲罪犯，乃由台灣鎮、道直接在台審明定罪，免再解內地複審，等刑部覆文到台，立即執行判決〔註27〕。其實爲避免台地案件審轉稽延遲滯，乾隆二十七年（一七六二）刑部便已奏請通過，台灣府審解重案，由縣城招解府，府審之後，先行解赴台灣巡道衙門，就近勘審，如有疑點聽由巡道駁審核正，然後再移臬司核審〔註28〕。

　　（四）維護社會治安督導公共事務：知府有責保護境內治安、逮捕盜賊，捕盜同知及其他同知承奉知府之命專任此事。台灣府若有命、盜案件，原則上南路台灣、鳳山二縣歸台灣海防兼理番同知，北路嘉義、彰化二縣歸鹿港理番兼海防同知協同緝捕，淡水同知爲台灣府之轄屬亦協緝〔註29〕。地方發生自然災害，知府應親自或委員同廳縣逐加履勘，以作爲蠲免與救濟之依據〔註30〕；若有米穀欠收情形，知府應查明情況，視實際需要暫緩徵收錢糧〔註31〕。地方發生盜賊案，保長報知縣，知縣報知府，由知府轉報督撫。戶口清冊之轉報，也是如此〔註32〕；清查戶口是減少匪類聚集的有效方法之一，故知府需嚴飭所屬將台地戶口編入保甲，稽察管束〔註33〕。義塚之監督及其董事的

〔註26〕織田萬，《清國行政法汎論》，頁471。台灣守備混成第一旅團司令部編，《台灣史料》，頁62。關於在台民人上訴赴京控告事件，實例可參軍機檔‧道光朝‧二六七三號，道光十九年三月二十五日，〈民人毆傷造成死亡之情事，赴京上訴控訴〉。

〔註27〕台銀經濟研究室編，《欽定平定台灣紀略》，乾隆五十三年十二月初八日，頁1045。

〔註28〕刑部副摺，〈議覆福建按察使曹繩柱奏台地審解等事〉，引自國學文獻館編，《台灣研究資料彙編》，頁16491。

〔註29〕台銀經濟研究室編，《清高宗實錄選輯》，乾隆五十七年五月初十日，頁697。

〔註30〕趙秀玲，〈論清代知府制度〉，《清史研究》第十期，（中國人民大學清史研究所，一九九三年二月），頁49。織田萬，《清國行政法汎論》，頁471。台銀經濟研究室編，《清會典台灣事例》，（台北：台灣銀行，民國五五年五月），《台灣文獻叢刊》第二二六種，〈救災〉，頁71。

〔註31〕德舒，〈奏報地方情形摺〉，引自國學文獻館編，《台灣研究資料彙編》，冊三三，頁14310至14315。

〔註32〕張壽鏞等編，《皇朝掌故彙編》，（台北：文海出版社，民國五三年六月），中冊內編，卷五三，〈保甲〉，頁1。

〔註33〕刑部，〈「爲內閣抄出浙閩總督楊廷璋奏」移會：請停台灣搬眷之例，酌籌禁戢偷渡之條〉，引自國學文獻館編，《台灣研究資料彙編》，冊三八，頁16466至16468。

委囑，養濟院的管理，亦專責知府；而官方祠廟祭典中，知府也多擔任主祭或陪祭之職〔註34〕。另外，維持台地物價的穩定，亦是知府重要職責，為避免政府買穀補倉，造成米價市場高揚，知府應將買穀官價曉諭民眾，並由各屬嚴加查察各屬出糶穀石有無按市中時價公平採買，另應嚴查有無胥吏侵扣買戶；倘州縣豐收價平，則官穀應酌量採買，不拘多寡〔註35〕；價貴則減糶以濟民食，俟豐收再採買以還官倉〔註36〕。

（五）主持科舉及教育事務：府有府學，掌理府內教育，其事務之管理與監督為知府之職責，而書院的設置管理亦由知府督導，府城內的崇文書院則亦由知府主持；又遇學政每三年施行巡迴試驗，試場一切供給，知府應盡力辦理之且親行準備試驗，稱之「府考」〔註37〕。到了光緒元年（一八七五）台灣因增設台北府，台屬之考試改歸巡撫主政〔註38〕。

（六）監督委署廳縣與考察僚屬：清代台灣官制，府之下還有廳縣，知府經由廳縣綜攬府內治務，故知府主要職掌之一便是監督下級官廳，廳縣屬官之為政若有不當之處，知府需負起監督不周之責，過輕則罰俸，重則以降調或革職處分之〔註39〕。廳縣長官離任，勢必委官暫署，委署之事亦為知府之專責，知府於所屬之中慎選賢能之員，詳呈督撫嚴行考核，擇稱職者委用，但行保舉連坐法〔註40〕。大計之年，廳縣佐貳首領屬官，令廳縣官開造賢否事實，申送知府填註考語入冊，送上司查核〔註41〕。廳縣官及府佐貳屬官，亦由知府會同推官註考，送台灣道考核，布、按兩司轉呈督撫〔註42〕。教官

〔註34〕村上玉吉，《南部台灣誌》，（台南州共榮會編纂，昭和九年八月），頁86。

〔註35〕喀爾吉善，〈奏陳賣補倉貯之法摺〉，引自國學文獻館編，《台灣研究資料彙編》，冊三二，頁14211。鐘音，〈奏報地方情形摺〉，引自國學文獻館編，《台灣研究資料彙編》，冊三六，頁15911至15913。

〔註36〕鐘音，〈奏報地方情形摺〉，引自國學文獻館編，《台灣研究資料彙編》，冊三六，頁15876。

〔註37〕織田萬，《清國行政法汎論》，頁472。台灣守備混成第一旅團司令部編，《台灣史料》，頁64。朱景英，《海東札記》，頁22。

〔註38〕台銀經濟研究室編，《清德宗實錄選輯》，光緒元年十二月二十日，頁19。

〔註39〕來保，〈題覆查核鳳山縣修建倉廒動用工料銀兩並承造遲延縣官應准開復〉，引自國學文獻館編，《台灣研究資料彙編》，冊十八，頁7697。

〔註40〕清高宗敕撰，《清朝文獻通考》，卷五五，〈選舉九〉，頁5370。台灣守備混成第一旅團司令部編，《台灣史料》，頁63。

〔註41〕清德宗敕撰，《欽定大清會典事例》，卷八十，頁3。

〔註42〕同前註，頁6。

之考核也專責知府，由督撫、學政設立賢否總冊，大計之年，知府造入詳細考語於冊內，備上司查核，如有錯誤遺漏，罰俸一年〔註43〕。雖然知府的監督權主要是針對其下屬官僚而言，但實際上對台地各級文武官弁均有督查稟報之責，若通同循隱一經發覺，知府一併嚴參〔註44〕。

（七）修造水師戰船：戰船是水師重要的配備，但其修造則是由文官負責。台、澎戰艦最初是由福建全省廳員分派修造。康熙三十四年（一六九五）改歸福建全省州縣按糧分派，台屬三縣亦在均派之內，分修數隻船艦。至康熙三十九年（一七○○）則議歸全省道、府監修。台、澎戰艦共九十八隻，台灣道、府各承修十八隻，其餘仍由內地修造〔註45〕；但不久又議歸內地承修，惟朽爛不堪駕駛的戰船才留台修補。直到康熙四十四、五年間，才專屬台灣道、府承修，而府之派船數倍於道，由台灣府與內地福州府分修〔註46〕。其後不久專責知府，道標船亦歸於府；凡人手之雇募及購料，領價報銷，均由台灣府督飭妥辦〔註47〕。雍正三年（一七二五），經總督覺羅滿保題准，將台、澎戰船九十八隻於台灣設廠修造，委令台道、台協副將監督，於是各船盡歸台廠承修，而道、協之責任獨重〔註48〕。查定例台灣船隻是三年一小修，五年一大修，每到檢修年限督撫必先委台灣知府看驗各船損壞情形及應修船數，再報呈督撫司道，由台道會同台協副將共同勘估修造船隻所需銀兩，上報中央後由司庫撥出工料運費銀，再將所需物料由內地運至鹿港，在台承修〔註49〕。若修造船艦銀兩不足，

〔註43〕台銀經濟研究室編，《清高宗實錄選輯》，乾隆五十三年三月初四日，頁57。

〔註44〕《欽定吏部則例》，（台北：成文出版社印，民國五五年三月），卷三十，〈學校〉，頁13、14。

〔註45〕黃叔璥，《台海使槎錄》，（台北：台灣銀行，民國四六年十一月），《台灣文獻叢刊》第四種，頁36。

〔註46〕李元春，《台灣志略》，（台北：台灣銀行，民國四七年六月），《台灣文獻叢刊》第十八種，頁64。「台、澎九十八隻戰船中，二十一隻由台廈道承修，其餘七十七隻由台灣府與福州府對半分修」。引自周元文，《重修台灣府志》，頁333。

〔註47〕李元春，《台灣志略》，頁64。清初台廈道兼兵備銜，乃於台灣鎮鎮標營下撥部分官兵歸道員統領，此軍隊便稱道標營，其下所屬之船隻稱「道標船」。康熙六十年朱一貴反清事件，台廈兵備道道員棄職潛逃，清廷乃將台灣道員的兵備銜除去，道標營之官兵則回歸鎮標營。

〔註48〕劉良璧，《重修福建台灣府志》，冊三，頁327。清代將領所統率的部隊主要分為標、協、營、汛四大系統。督、撫、提督、總兵官所統之軍稱標；副將所屬之兵稱協；參將、遊擊、督司、守備所屬稱營；最基層者為汛，主要是由標、協、營中分布出來，由千總、把總帶領。

〔註49〕《明清史料戊編》，（台北：中研院歷史語言研究所編印，民國四三年八月），

則於道府以上各官之「養廉」內分年攤扣〔註50〕。

以上這些眾多事務勢非知府一人所能獨立完成，因此需設同知、通判、經歷等佐貳首領官以為輔助，在府衙內則設有書吏和差役以協助知府執行公務；此外，知府還聘請幕友、雇用家丁幫助處理繁雜之公私事務。

二、佐貳、首領官

自清廷領台，台灣便設有海防同知；不過其最早的名稱為「海防糧捕同知」〔註51〕，康熙三十五（一六九六）以後，則稱為「海防總捕同知」〔註52〕，至乾隆七年（一七四二）才改稱為「台灣海防同知」，簡稱為「台防同知」〔註53〕。台灣為海島之地，海防同知一官實關緊要，官秩正五品，最初專任稽查台、澎各港口船隻出入事務，及台灣、鳳山、諸羅三縣捕務。雍正初年台灣增設淡水同知、澎湖通判及彰化知縣，淡水及澎湖一帶海口船隻，轉由淡水廳和澎湖廳稽查；台防同知專司稽查鹿耳門海口，但仍兼三縣捕務；淡水同知除稽查北路海防外，亦兼督彰化捕務，雍正九年（一七三一）後，更劃大甲溪以北之刑名、錢穀均歸其管理〔註54〕。乾隆五十年（一七八五），清廷又在彰化添設北路海防同知一員，由北路理番同知（乾隆三十一年設）兼任，乾隆五十一年移駐鹿港，彰化縣所轄之海洋事件及彰化、嘉義之命、盜案件由其緝捕〔註55〕；台防同知則專司鹿耳門海口、大港（在鹿耳門旁）、旗後港（高雄港）及東港出入船隻，兼督台灣、鳳山二縣捕務〔註56〕。

清領台灣初期，台灣與內地的往來，規定以台灣府的鹿耳門與對岸之廈門為正口，船隻往來只許由正口出入。凡船隻人員欲到台灣者，由廈防廳發

第八本，〈閩浙總督覺羅伍納題本〉，頁 741、742。

〔註50〕台銀經濟研究室編，《清仁宗實錄選輯》，（台北：台灣銀行，民國五二年十二月），《台灣文獻叢刊》第一八七種，嘉慶十一年五月二十三日，頁 81、82。

〔註51〕蔣毓英等撰，《台灣府志三種》，頁 193。

〔註52〕高拱乾，《台灣府志》，（台北：台灣銀行，民國四九年二月），《台灣文獻叢刊》第六五種，頁 53。

〔註53〕劉良璧，《重修福建台灣府志》，冊三，頁 347。

〔註54〕余文儀，《續修台灣府志》，（台北：台灣銀行，民國五一年四月），《台灣文獻叢刊》第一二一種，頁 119、120。

〔註55〕台銀經濟研究室編，《清高宗實錄選輯》，乾隆五十一年正月二十九日，頁 300；乾隆五十七年五月初十日，頁 697。

〔註56〕同前註。台銀經濟研究室編，《安平縣雜記》，（台北：台灣銀行，民國四八年八月），《台灣文獻叢刊》第五二種，頁 37。

給照票，並會同武汛驗照，人貨與照單相符才放船出口；自台回廈者則由台防廳換給印單，並於鹿耳門會同武汛點驗出口〔註57〕。倘出入有私冒夾帶者，嚴與查辦；此外，所給印單，台廈兩廳彼此彙移查銷，如有一船未到及久未銷者，即予以查辦。海防同知稽查海口的重點有二：一爲防止無照偷渡，清廷領有台灣之初，採消極防患的治台政策，爲防止台灣成爲盜藪聚集、反清復明的基地，除編查流寓，更行海禁政策，內地人民往台灣者需由官府給照票，內容詳明其來台原由、往何處，除入籍台灣者外，必再開回籍期限，到台經台灣海防廳驗明後，轉發知縣查明〔註58〕。二爲違禁貨物的管束。台灣府產米素饒，而泉、漳諸府等處米少價貴，多仰給於台粟，但爲避免漳、泉之民任意搬買造成台灣米貴，或商、漁船將台粟多搬運它處接濟洋盜，以致漳、泉諸府失所援濟，故清廷嚴禁隨意私運台穀出洋販賣〔註59〕；其它如硫磺、鐵、軍器與大黃藥等亦是禁管物品〔註60〕。大黃藥之所以管禁，是因大黃藥向爲民間療病所必需，因不准與俄羅斯交通貿易，爲防奸商私行偷漏，在台灣大黃藥的運賣需由官方給票，在海口驗明方許通行〔註61〕。另外，台地運補內地府廳縣倉之兵眷米粟，亦由海防同知查管。

　　乾隆四十九年（一七八四）福建將軍永慶上奏「請設鹿港正口疏」，認爲向來台灣與內地往返船隻以鹿耳門、廈門爲正口，而今泉州之蚶江口偷渡被捉拏者愈來愈多，且北路諸羅、彰化等地，以鹿港出洋，從蚶江進口較爲便利，故奏請增設彰化縣之鹿港與泉州府之蚶江爲正口，而南路台灣、鳳山等

〔註57〕伊能嘉矩，《台灣文化志》（中譯本），頁170。朱景英，《海東札記》，卷二，頁18。

〔註58〕周元文，《重修台灣府志》，（台北：台灣銀行，民國四九年七月），《台灣文獻叢刊》第六六種，冊三，頁326。清德宗敕撰，《欽定大清會典事例》，卷六三○，頁12。

〔註59〕清德宗敕撰，《欽定大清會典事例》，卷二三九，頁21、22；卷六二九，頁3。高其倬，〈請開台灣過米之禁疏〉，見《清奏疏選彙》，（台北：台灣銀行，民國五七年十一月），《台灣文獻叢刊》第二五六種，頁36、37。

〔註60〕台銀經濟研究室編，《清聖祖實錄選輯》，（台北：台灣銀行，民國五二年三月），《台灣文獻叢刊》第一六五種，頁134。台銀經濟研究室編，《清高宗實錄選輯》，頁657。〈閩浙總督程祖洛奏酌籌台灣善後事宜摺〉，見台銀經濟研究室編，《台案彙錄甲集》，（台北：台灣銀行，民國四八年一月），《台灣文獻叢刊》第三一種，頁121、122。

〔註61〕清德宗敕撰，《欽定大清會典事例》，卷六二八，頁16、17。唐贊袞，《台陽見聞錄》，（台北：台灣銀行，民國四七年十一月），《台灣文獻叢刊》第二○種，頁25。

地，仍以鹿耳門出洋、由廈門進口爲正道〔註62〕。建議獲清廷採納，於是翌年設置北路海防同知，由北路理番同知（乾隆三十一年設）兼任，而在台灣府治者改稱南路海防同知（乾隆三十一年設北鹿理番同知時亦兼任南路理番同知）。新設口開渡後，其廈門商運船隻仍照舊編記冊檔出入掛驗，不許越赴蚶江渡載，如有違例偷渡、人照不符及夾帶禁物等事，嚴加查拏治罪，至於鹿港海口出入船隻，則由鹿港（海防）同知查察〔註63〕。至乾隆五十五年（一七九〇）又准淡水廳之八里坌與福州之五虎門設口〔註64〕；道光四年（一八二四）以鹿港口門淤淺商舟不至，准彰化縣之五條港（台中港附近）與對岸之蚶江互航，以利商船運米〔註65〕。蓋因福建福州、福寧、泉州、漳州四府兵多米少，有賴台灣額徵米粟內運，其後又增加戍台兵眷米糧亦以台穀運給，清廷乃規定往來台海的商船配運米穀載往內地，但因鹿港口門淤淺商舟難以通運，造成台穀積滯，清廷只得增開港口以利商船〔註66〕。後來因渡台限制裁徹，海防同知的事務減少，因此五條港乃由北路海防同知兼管，而八里坌由淡水同知權宜監督之。到了光緒元年（一八七五）十一月，清廷以前所行違禁貨物之管理亦解除，遂裁南、北路海防同知〔註67〕。

　　台灣海防廳除設同知一員外，下設有配運總科，承辦船務；又設有金迎祥、金安瀾等報館，以報船隻出入。凡漳、泉等府船隻一到，由報館送牌呈驗，船內貨物起卸裝載完備後，仍由報館繳費領牌出口；出口時，海防廳分派家丁及書差會同武口汛弁上船查驗，無私載違禁、貨物漏稅才許出海〔註68〕。海防同知除督理海防事務外，自乾隆三十一年（一七六六）兼理番事務後，番民控爭事件、屯餉之發放、屯千總、把總、外委之拔補考驗，均由台防同知掌理〔註69〕。

〔註62〕周璽，《彰化縣志》，（台北：台灣銀行，民國五一年十一月），《台灣文獻叢刊》第一五六種，頁395、396。

〔註63〕清德宗敕撰，《欽定大清會典事例》，卷二三九，頁33。

〔註64〕清德宗敕撰，《欽定大清會典事例》，卷二三九，頁35。

〔註65〕連橫，《台灣通史》，（台北：台灣銀行，民國五一年二月），《台灣文獻叢刊》第一二八種，頁541。

〔註66〕姚瑩，《東槎紀略》，（台北：台灣銀行，民國四六年十一月），《台灣文獻叢刊》第七種，頁23。

〔註67〕伊能嘉矩，《台灣文化志》（中譯本），頁171、172。

〔註68〕台銀經濟研究室編，《安平縣雜記》，頁37。實際運作情形請參傅恆，〈奏覆閩省盛京二處海運雜糧籌酌流通事宜〉，引自國學文獻館編，《台灣研究資料彙編》，冊二八，頁11913至11917。

〔註69〕台銀經濟研究室編，《安平縣雜記》，頁37、38。

同知之下設有理番經承，辦理屯政及近山一帶設置通事、土官、隘丁等事務，凡遇新官到任，通事、土官必繳舊戳換給新戳，屯兵腰牌亦歸辦理，一切撫墾事宜、屯番互控案件，均歸理番經承〔註70〕。另外，海東書院產業亦曾由其管理。光緒元年，南路海防理番同知改駐卑南成為卑南廳同知後，海東書院產業改由海東之監院掌理，而海口之稽查轉由各縣查驗〔註71〕。

　　清初，台地民番交涉事件及番人的一切事務，在縣由知縣，在廳由同知或通判辦理，並無專門處理番人事務的機構。後來隨著漢民拓墾漸廣，漢番糾紛事件層出不窮有嚴予管束以安定台疆之必要，乾隆三十一年閩浙總督楊廷璋上奏「請設鹿港理番同知疏」：認為民番雜處日久生弊，不法之漢民侵佔番社土地，侵漁肥己以致番眾流離失所，實為台地隱憂，而廣東猺排猺人與台灣熟番無異，向設有理猺同知專管，故主張應將淡水廳及彰化、諸羅二縣所屬番社，設立理番同知一員，駐彰化縣城舊淡水同知衙署，頒給北路理番同知關防；至於南路台灣、鳳山兩縣，因社民較少，而台灣府海防同知專管船政事務較為簡少，應由其兼管理番事務〔註72〕。同年十一月二十八日清廷批准所奏，乃裁泉州府西倉同知，添設北路理番同知，其所需俸廉役食均照西倉同知額編之數，改撥於台灣府存留經費項下；而原台防同知換給台灣府海防兼南路理番同知關防〔註73〕。乾隆五十年（一七八五），添設北路海防同知，因北路理番同知駐彰化縣城，離鹿港僅二十里，往來稽察還可勝任，乃令理番同知特兼海防。其後林爽文之亂，縣衙被毀，於是乾隆五十三年林亂平定，北路理番兼海防同知遂移駐鹿港〔註74〕。

　　理番同知的職責如其頭銜所稱，主在處理一切民番交涉之事，不過概指熟番之事，對於生番依然劃界，嚴禁逾越。歸納各方之記載，理番同知的職掌可分以下幾項：

〔註70〕台銀經濟研究室編，《安平縣雜記》，頁40。
〔註71〕台銀經濟研究室編，《安平縣雜記》，頁37、38。
〔註72〕周璽，《彰化縣志》，頁393至395。姚瑩，《中復堂選集》，（台北：台灣銀行，民國四九年九月），《台灣文獻叢刊》第八三種，頁36、37。
〔註73〕同前註。台銀經濟研究室編，《台灣通志》，頁342。清德宗敕撰，《欽定大清會典事例》，卷二七，頁12。
〔註74〕周璽，《彰化縣志》，頁67、68。溫吉編譯，《台灣番政志》，（台中：省文獻委員會，民國四六年十二月），頁91。實際上乾隆五十一年正月二十九日清廷已議准台灣府理番同知移駐鹿港，而至乾隆五十三年林爽文之亂結束後，北路理番兼海防同知之廳署才搬遷至鹿港。

（一）對於奸棍、豪強違例購典番地者，加以取締清理歸番。

（二）如有漢民違例與番婦私婚、佔居番社，立即緝捕逐出。

（三）查察官吏有無派累番社採買及需索供應者〔註75〕。

（四）清查生番、熟番分界勒石，界以外任聽生番採捕，但需防止民人越界墾地、搭寮、抽藤、捕鹿及私挾貨物擅出界外，並防禦生番惹事〔註76〕。

（五）每年巡視各番社，並由該同知入內山犒賞生番鹽、布等物〔註77〕。每五年丈量地籍，清理其侵害番界之民。

（六）管理土番義學，督導幼童就學，並監督社師。

（七）鼓勵熟番改易漢俗，及指導其從事生產。

（八）防禦生番，保護人民。選拔熟番社之土目（即土官），舉用通達事理之番人或漢人為通事，令土目、通事執行官府之政令，並以漢通事馴化生番〔註78〕。

（九）自乾隆五十三年（一七八八）起，清廷以熟番能協助官兵平定林爽文之亂，建立大功，其力可用，乃於番社行屯防之制〔註79〕。屯兵之檢閱拔補雖由武職負責，但平時的監督則是南北路理番同知的任務〔註80〕。屯兵的經費來自於屯餉與屯地，前者是由地方官招佃徵租，屯地係界外未墾之荒埔，撥給屯弁、屯丁自行耕種。至於屯餉是由各廳、縣按季經徵批解府庫，再轉交由理番同知發放給兵弁；另外屯餉之查核及積欠之督徵，屯地實際使用情形的管理，均是理番同知職責所在〔註81〕。

其它如番戶的編審、管理、輸餉等等，亦均是理番同知的職責〔註82〕。

〔註75〕周璽，《彰化縣志》，頁 394。朱景英，《海東札記》，頁 19。

〔註76〕清德宗敕撰，《欽定大清會典事例》，卷六二九，頁 8、9。

〔註77〕屠繼善，《恆春縣志》，（台北：台灣銀行，民國四九年五月），《台灣文獻叢刊》第七五種，頁 281。

〔註78〕溫吉編譯，《台灣番政志》，頁 92。宋增璋編著，《台灣撫墾志》，（台中：省文獻委員會編印，民國六九年十月），頁 75、76。

〔註79〕溫吉編譯，《台灣番政志》，頁 326。

〔註80〕溫吉編譯，《台灣番政志》，頁 108。清德宗敕撰，《欽定大清會典事例》，卷六二八，頁 26。

〔註81〕〈台澎道飭清釐屯地稟扎〉，收於台銀經濟研究室編，《台案彙錄甲集》，頁 61。

〔註82〕卓宏祺，〈清代台灣理番政策之研究〉，（政大邊政所碩論，民國七七年六月），頁 70。

綜之，理番同知職在使熟番安分守法、生番不敢爲亂，漢奸惡豪無所施其伎倆。嘉慶十七年（一八一二）八月，新設之噶瑪蘭廳，其首長則以民番糧捕通判之職銜兼管廳轄之熟番，置於理番同知之轄外。光緒元年（一八七五），北路理番同知改爲中路撫民理番同知，移駐埔裏社，及南路理番同知移駐卑南，改名爲南路撫民理番同知後〔註83〕，中路撫民理番同知及南路撫民理番同知均成爲地方區域的首長，不再是僅掌專職的輔助官。

台灣知府的輔助官除海防同知、理番同知外，還設有首領官經歷一員，兼司獄務〔註84〕。府經歷，爲知府普通事務的代辦人，凡應辦之公事知府未能兼及者，則酌委經歷處理〔註85〕。此外，府衙一切公務文牘，經歷皆有經管閱讀之責，並受知府之命掌管府庫〔註86〕。司獄者，內地秋審時人犯之招解及平常隨時人犯之招解，皆先寄府監，獄務繁重，故一般府衙均設有司獄管理〔註87〕。然台郡並未設司獄司司獄，而是由府經歷兼理專任，凡輕罪案犯，一切提牢、禁卒歸其督率。同治十二年（一八七三）由於經費的裁減，凡解府之命盜案犯及一般輕罪犯，均寄縣獄，經歷所兼之獄務，隨之取消〔註88〕。

清代官方所設之學校，在府通稱爲府儒學，在廳、縣則稱廳儒學、縣儒學。府儒學通常設教授、訓導各一人，廳、縣則設教諭、訓導〔註89〕。台灣府初僅設儒學教授一人，秩正七品，職任教導本學廩、膳、增廣及附學文、武生員，敦品立行，考課其藝業之勤惰，每月課詩文一次，優等者由公捐學田項下之收入租息分別獎賞，以示鼓勵。凡歲、科考試學政按臨，例將本學

〔註83〕台銀經濟研究室編，《台灣通志》，冊二，頁341、342。
〔註84〕劉良璧，《重修福建台灣府志》，冊三，頁348。村上玉吉，《南部台灣志》，（台南州共榮會編纂，昭和九年八月），頁86。
〔註85〕南瀛文獻編輯撰，〈清代的官制〉，《南瀛文獻》第二十六卷，（台南：台南縣政府，民國七十年六月），頁79。奧村金太郎、蔡國琳編，《台南縣誌》，（台北：成文出版社印，民國七四年三月），《中國方志叢書·台灣地區》，第二六一號，頁14、15。
〔註86〕周詢，《蜀海叢談》，（台北：文海出版社，民國五五年），《近代中國史料叢刊》第一輯，卷二，頁10（總頁293）。奧村金太郎、蔡國琳編，《台南縣誌》，頁14。村上玉吉，《南部台灣志》，頁86。
〔註87〕周詢，《蜀海叢談》，卷一，頁67（總頁151）。
〔註88〕奧村金太郎、蔡國琳編，《台南縣誌》，頁15。村上玉吉，《南部台灣志》，頁86。
〔註89〕清史編纂委員會編，《清史》，〈職官志三〉，頁1395。

文武生員申送考試（武生僅有歲試），分等第錄取，發府學存案。列一等者，逢本學廩、增出缺，由其備文申請，學政批准頂補；若廩生出缺，而一等生均已補完，列二等之附生不可頂補，須由增生中錄取二等名次最高者頂補〔註90〕。雍正十年（一七三二）台灣府添設訓導一員，秩從八品，佐助府儒學教授〔註91〕。台地之教授、訓導及教諭等員，均由內地人員調補，原則上先由泉州府屬之晉江、安溪、同安，漳州府屬之龍溪、漳浦、平和、詔安等七學之調缺教職內選補；倘有不足或人地未宜，則自福建全省教職內選補〔註92〕。

　　府學生員丁憂、事故降革、開復，都由府儒學教授註冊詳報。每逢歲試之年，例舉本學優生一、二人，申詳學政咨部註冊；逢鄉試之年，亦由送考。又每年之歲貢、恩赦之年的恩貢及每十二年一次的拔貢，均由府學教授選拔並造冊申送學政。此外，廩生俸金的支領，春秋祭祀，學中大成殿、崇聖祠、朱子祠及各宦、鄉賢、節孝等祠，學田及聖廟香燈田均歸府學掌理；有時教授、訓導亦兼委辦海東、崇文書院監院事務。而本學佾生、講生、禮生，須由給照；府屬街境里堡耆老，舉為鄉飲賓、頂戴榮身者，亦由府學給照。凡府試、院試，學政或知府將派令教授、訓導監場、蓋戳、收卷〔註93〕。然至光緒十四年（一八八八）台灣建省後，台灣府學改名為台南府學，裁去訓導一缺，僅存儒學教授一員〔註94〕。

第二節　胥吏、差役與幕友

　　清代地方衙署，上自督撫署，下迄府廳縣衙門，均有人數不等的書吏、差役（以下簡稱吏役）與幕友，襄助堂官處理繁雜之公私事務。書吏掌理衙署案牘之事，俗稱書辦〔註95〕，或曰胥吏〔註96〕。差役則為衙署中執雜役之

〔註90〕台灣銀行經濟研究室編，《安平縣雜記》，頁41。清史編纂委員會編，《清史》，〈職官志三〉，頁1395。

〔註91〕劉良璧，《重修福建台灣府志》，頁219。

〔註92〕周璽，《彰化縣志》，頁71。

〔註93〕台灣銀行經濟研究室編，《安平縣雜記》，頁42。

〔註94〕莊金德編，《清代台灣教育史料彙編》，（台中：省文獻委員會，民國六二年四月），頁134。

〔註95〕臨時台灣舊慣調查會，《清國行政法》，（台北：南天書局，民國七八年三月），第一卷下，頁183。徐珂編，《清稗類鈔》，（上海：商務印書館，民國六年），冊三九，〈胥吏類〉，稗八一，頁3。

〔註96〕織田萬，《清國行政法汎論》，（台北：華世出版，民國六八年三月），頁589。

人，亦稱差人〔註97〕，有如今日公家機關工友。清代任官有迴避本籍的規定，故地方印官對轄區之人地並不熟悉，有賴衙門之吏役為之溝通，然而吏役俱係當地人士，其盤踞地方處事偏袒、舞弊在所不免，印官難以信任，必自帶幕友、家丁加以監視。幕友，又稱幕賓或師爺，並非建制內的正式職員，而是知府私人雇用的行政助手，是知府運籌帷幄的智囊團〔註98〕。家丁，又稱執事家丁，為知府自己帶入官署的親信奴僕〔註99〕，亦屬非正式之編制。幕友和家丁，其地位雖有高低之別，但均為知府的班底，以個人身分與知府同進退，惟均無一定之組織，且清代台灣之方志並未記載知府之幕賓與執事家丁的額數與工作銀兩，故僅簡述。反之，胥吏和差役因盤踞衙門，印官莫可奈何，且有其固定之組織，分掌衙內一切事務，自宜予詳述。以下分別就台灣建省前台灣府與建省後台南府府衙內之組織和運作情形加以論述。

一、胥吏

　　清代地方衙門，「有官則必有吏，有官則必有役」〔註100〕，因清代之官員一般均不習吏務，案牘之事皆由胥吏分科掌理，各依其房科治事〔註101〕；差役係衙署內供驅使奔走而設，亦為各級衙門所必需。《大清會典》中稱：「設在官之人以治其房科事，曰吏。」〔註102〕《清國行政法汎論》謂吏係「各衙門之掌簿書案牘者，皆掌地方治務全體之職務。」〔註103〕《大漢和辭典》亦稱：「吏胥係掌官衙中簿書案牘等事」〔註104〕。綜之，胥吏係各衙門掌簿書、案牘等事之下級公務員，為清代堂官賴以行政、辦事，故衙署中「抱案

〔註97〕徐珂編，《清稗類鈔》，冊三九，〈胥吏類〉，稗八一，頁 16。

〔註98〕Tung Tsu Ch'u，Local Goverment in China under the Ch'ing（Harvard University Press，1962），p.93，p.105.宮崎市定，〈清代的胥吏和幕友〉引自《日本學者研究中國史論著選譯》，（北京：中華書局，一九九三年九月），第六卷（明清），頁 514。

〔註99〕Tung Tsu Ch'u，Local Goverment in China under the Ch'ing，p.247.

〔註100〕陳宏謀，〈分發在官法戒錄檄〉，引自《皇朝經世文編》，（台北：世界書局，民國五三年六月），第二冊，卷二四，頁 8。

〔註101〕徐珂編，《清稗類鈔》，冊三九，〈胥吏類〉，稗八一，頁 3。

〔註102〕清德宗敕撰，《欽定大清會典》，（台北：新文豐出版公司印，民國五二年一月），卷十二，頁 13。

〔註103〕織田萬，《清國行政法汎論》，頁 433、589。

〔註104〕諸橋轍次，《大漢和辭典》，（東京：大修館書店，昭和四九年九月），卷二，頁 838。

牘、考章程、備繕寫，官之賴於吏者不少；拘提奔走，役之效於官者亦不少」〔註105〕。

胥員的稱謂繁多，一般以書吏、吏胥、胥吏、胥書、吏書、書辦、書差、掌案、衙役等最爲常見。但依清代官方之類別，吏有經制與非經制之分；經制吏又分爲京吏和外吏，京吏有三種，一曰供事，二曰儒士，三曰經承；外吏之別有四，一曰書吏，二曰承差，三曰典吏，四曰攢典；非經制者則有貼寫和幫差〔註106〕。府衙胥吏爲外吏，而外吏之名稱隨衙門大小有不同之稱呼與等級，四種外吏之區別如下：

書吏：總督巡撫學政、各倉各關監督之吏，皆稱書吏。

承差：總督巡撫於書吏之外，復設承差。

典吏：司道府、廳州縣之吏，皆稱典吏。

攢典：首領官、佐貳官、雜職官之吏，皆稱攢典〔註107〕。

可見府衙經制之吏，官曰典吏。據《大清會典事例》載，台灣府之典吏有二十四人〔註108〕。而其階級自然是攢典不及典吏，典吏次於書吏，承差不如書吏。

至於地方衙署之房科，有稱三班六房者〔註109〕，亦有稱八房者〔註110〕。依劉良璧《重修福建台灣府志》中載：「台灣府，大門之內，左爲土地祠，右爲官廳。大堂下兩旁爲六房，外環以木柵，前列照牆，規模軒敞。」〔註111〕可見台灣府衙創建之時便設有六房協助知府襄辦公務，而此六房者係仿效朝廷中央吏、戶、禮、兵、刑、工六部，蓋「各衙門書役，俱有承辦案件之責。各衙署設立科房，原係該吏辦公收存案件之所。」〔註112〕因此，胥吏必須在科房承辦公務，而衙署公務亦均出自科房。

〔註105〕陳宏謀，〈分發在官法戒錄檄〉，引自《皇朝經世文編》，第二冊，卷二四，頁8。

〔註106〕清德宗敕撰，《欽定大清會典》，卷十二，頁13。

〔註107〕同上註。

〔註108〕清德宗敕撰，《欽定大清會典事例》，（台北：中文書局影印，民國五二年一月），卷一四九，頁18。

〔註109〕徐珂編，《清稗類鈔》，冊三九，〈胥吏類〉，稗八一，頁1。

〔註110〕見《台灣慣習記事》（中譯本），（台中：省文獻委員會譯編民國七五年），第一卷上，頁10；第二卷上，頁196；第二卷下，頁241。

〔註111〕劉良璧，《重修福建台灣府志》，（台北：台灣銀行經濟研究室，民國五十年三月），《台灣文獻叢刊》第七四種，冊三，頁338。

〔註112〕清德宗敕撰，《欽定大清會典事例》，卷一四六，頁15、16。

依《台灣私法》記載：「台灣的道、府及縣各衙門，自康熙五十五年（一七一六）以來均設有八房科」〔註113〕有多位學者採此說〔註114〕，但此說似有錯誤，因劉良璧《重修福建台灣府志》係乾隆六年（一七四一）完成，當時台灣府仍是六房之組織，而乾隆二十八年（一七六三）余文儀《續修台灣府志》亦載六房〔註115〕；縣衙之房科，亦至光緒年間才有八房科之設〔註116〕。台灣府何時由六房增為八房，確切時間已無法考知，不過據筆者之推估，應如縣衙門至光緒年間才增設，《南部台灣誌》中謂：「（台南）府署近來之景狀，多與舊誌不符，……儀門內左為吏房、官廳、戶房、禮房、兵房，右為承發房、庫神祠、庫房、刑房、工房。」〔註117〕由其「近來」一語推算，八房科的設立應距日本治台時間不久。而據《台灣慣習記事》中載：「光緒十一年（一八八五）制定，衙署之分課，在府為府八房。」八房之組織，即原來之六房加上承發房和庫房〔註118〕。但《台灣史料》中載，（舊）台灣府亦設有八房，且除上述八房之組織外，還設有糧總科〔註119〕。

各房皆設有總書一名，幫書若干名，其各房職掌約略如下：

吏房：掌官吏之任命、黜陟及每三年舉行屬員之大計。辦理各房首書之推選，及左右典吏五年役滿之送考選官。處理在籍官紳受職出任、丁憂起服、忌明、死亡等事項；此外，各房幫書之頂充入卯、管內各縣幕友家丁姓名之編輯報告，均由吏房書吏掌理。

戶房：處理知府更替之際有關府庫公款交代事宜，及經徵銀穀、公款有虧

〔註113〕陳金田譯，《台灣私法》第一卷，（台中：省文獻委員會編印，民國七九年六月），頁252。

〔註114〕如戴炎輝，《清代台灣之鄉治》，（台北：聯經出版，民國八一年五月），頁633。黃水沛，《台灣省通志稿》，卷三，〈政事志・建置篇〉，（台中：省文獻委員會編印，民國四七年六月），頁44。李汝和，《台灣省通志》，卷三，〈政事志・建置篇〉，（台中：省文獻委員會編印，民國六一年十二月），頁29。

〔註115〕余文儀，《續修台灣府志》，（台北：台灣銀行經濟研究室，民國五一年四月），《台灣文獻叢刊》第一二一種，冊一，頁64。

〔註116〕張勝彥，《清代台灣廳縣制度之研究》，（台北：華世出版社，民國八二年三月），頁107。

〔註117〕村上玉吉，《南部台灣誌》，（台南州共榮會編纂，昭和九年八月），頁159。

〔註118〕台灣慣習研究會，〈台南縣下移民之沿革〉，引自《台灣慣習記事》（中譯本），（台中：省文獻委員會，民國七五年六月），第二卷上，頁196。

〔註119〕台灣守備混成第一旅團司令部編，《台灣史料》，（台北：成文出版社印，民國七四年三月），《中國方志叢書・台灣地區》，第一二〇號，頁70。

空短缺者，例應追徵處分。掌理官紳捐納銀米及田園租稅之徵收，受理轄區內廳縣徵收錢糧等款之報銷與轉報。支給府內各官、吏、役及廩膳生之食俸。所屬地方如有災荒，則需辦理賑濟，豁免糧賦；接受所屬廳縣按旬造報農作耕種情形，並收解官庄銀兩及其它錢糧銀稅。詳報民人土地開墾之情況，開築水圳埤塘以利灌溉田園，嚴辦民間私鑄銀錢，管理養濟院口糧之收支等事項。

禮房：經承國家大婚、萬壽、國喪時應行之典禮，舉辦每年例行之慶賀典禮、朔望行香、春秋祭祀、歲科考試。辦理歷代賢良名宦入祠配祀之事，及生員鄉試、舉人會試之賓興典禮（送別禮）並發給盤費。接受所屬廳縣所呈對本土有功之神靈者，轉請編入祀典；及受理各廳縣舉報貞、孝、節、烈，旌表建坊。辦理修志採訪，經理崇文書院之課士、膏伙、租稅等事項，及轄區內各書院山長之延聘、造冊申報，義塚董事及府城隍廟、法華寺、開元寺主持之任免，均由禮房承辦。

兵房：司驛遞、海口警察、軍器之管理，各國通商、互市、遊歷保護，保甲之編造，船隻往來之稽驗，辦理武童生之歲試及武舉人之會試。凡水陸各營兵制武備、開山撫番、罌粟禁種犯之裁判、畜養魚蝦塭潭之民事控訴裁判、開港通商等事項，均由兵房辦理。

刑房：經承叛亂、土匪、強盜、械鬥、秘密結社、屠牛、賭博犯之裁判；掌理所屬各縣自理詞訟逐月造報清冊、府衙之裁判案件及府案勘審後提報上級衙門覆核定案。

工房：掌理衙署、城隍、營舍、砲台、倉庫、道路、橋梁、河港、堤岸等工程之修建，鑄戶給牌開鑄，接受房屋宅地之訴訟裁判及地震火災之救助〔註120〕。

承發房：掌理文書往復、公文揭示、代書考試等事項。凡收到公文送予門政呈官拆閱後，由簽押掛號發交各房經書辦理存檔；各經書應繕辦者，均交由承發房彙付門簽送刊或送印，蓋印後仍交該房封發。凡民間控告呈稟，均由該掛號送署錄批發貼，狀紙亦由該房發賣；新任府憲考取代書，亦由承發房造名送考。

庫房：司府庫之出納檢查、小錢之使用及銅錢偽造犯之裁判等事項。辦理請領台澎水陸各營官兵俸餉、硝磺火藥公費，水師各營巡洋口糧，盤查府庫存儲公項之文卷。

〔註120〕台灣守備混成第一旅團司令部編，《台灣史料》，頁66至70。

糧總科：經理各縣之抄封叛產、租稅徵收、田園塭潭之丈量及其賦稅之徵收，境內各縣軍隊米糧之分配支放，處理有關土地金錢借貸之訴訟裁判，以及徵收官租、建設倉廠〔註121〕。

　　各房均設有首書一人及幫書、清書若干人。首書又稱總書，總攬該房事務，承知府或幕友之命敘稿、謄寫公文，並約束幫書和清書。總書之下，置幫書以幫理房務；清書係總書或幫書為工作需要所僱用者，不登記入卯冊內，其工作為從事繕寫公文，故又稱之為貼寫〔註122〕。幫書係就清書中之諳練公事者，由總書稟舉，經知府准允充任而登記於卯冊〔註123〕。幫書分為內、外卯，內卯係已就役辦事者，外卯之幫書雖亦入卯冊，但不辦事僅為候補人員而已；常有富戶為保身家、避免徭役或減輕攤派金，付若干銀兩給總書，以便掛名幫書〔註124〕。根據《台灣史料》載，台南府衙首書共八人，幫書內卯有四十人，外卯百餘人，清書則有二十人〔註125〕。此外，還有左典史、右典史各一人〔註126〕，左典史為吏、戶、禮三房之首長，右典史為兵、刑、工三房之首長，各指揮、監督三房〔註127〕。

　　八房胥吏，各治其房科之文牘，其主要職務有五項：一、擬稿：衙內各種公文，依其內容由承發房批送於各房，責由該管房擬稿，並於文後署名，然後呈交知府或幕友查閱；或經幕友刪補查閱後，再送請知府批閱。二、冊報：胥吏應造報各種清冊，以便知府呈報於上級衙門。三、簽註意見：知府辦案時，胥吏需檢俱歷年有關檔案，並簽註其意見以供知府參考。四、備冊：各房隨業務所需，胥吏應造備各種簿冊，以供查對。五、保管檔案：胥吏依

〔註121〕南瀛文獻編輯撰，〈清代的官制〉，《南瀛文獻》第二六卷，（台南：台南縣政府，民國七十年六月），頁78。台灣守備混成第一旅團司令部編，《台灣史料》，頁70、71。

〔註122〕清德宗敕撰，《欽定大清會典事例》，卷一四六，頁10。Tung Tsu Ch'u，Local Goverment in China under the Ch'ing，p.38.宮崎市定，〈清代的胥吏和幕友〉，引自《日本學者研究中國史論著選譯》，第六卷（明清），頁509。

〔註123〕奧村金太郎、蔡國琳編，《台南縣誌》，（台北：成文出版社印，民國七四年三月），《中國方志叢書・台灣地區》，第二一六號，頁10。

〔註124〕Tung Tsu Ch'u，Local Goverment in China under the Ch'ing，p.11.清德宗敕撰，《欽定大清會典事例》，卷七四七，頁14。奧村金太郎、蔡國琳編，《台南縣誌》，頁11。

〔註125〕台灣守備混成第一旅團司令部編，《台灣史料》，頁65。

〔註126〕村上玉吉，《南部台灣誌》，頁82。

〔註127〕奧村金太郎、蔡國琳編，《台南縣誌》，頁41、67。

各房之職責，保管其經管之檔案〔註 128〕。

　　胥吏的地位介於官員與差役之間，其資格只要身家清白，並無重役（役滿再續）、冒充、犯過違礙等弊，且心地善良文理通順者皆可充任〔註 129〕，由府衙署自行招募，但知府需加具印結，並造役冊送管道（台灣道）查覈〔註 130〕。依《大清會典》記載：「外省典吏攢典經制額缺，擇勤慎無違礙者承充，具結送該管衙門著役，每歲終仍取結送覈。」〔註 131〕府衙胥吏的稽察是由台灣道員負責，防止有重役、冒充、役滿不退之情事，及吏員舞文弄法〔註 132〕。胥吏表面看來地位很低，實際上擁有很大的職權，常可藉職責之便貪污舞弊，為避免此一弊害，經制胥吏有任期的限制，五年期滿，禁止連任，但役滿後得考職銓選〔註 133〕，由總督或巡撫試以告示及申文各一題，詳送吏部，通過考職者分為兩等，一等得敘從九品官，二等得任未入流官。此外，如果當差胥吏勤慎，文理明通者，亦可被錄取〔註 134〕。

　　胥吏之役食銀兩並非由公庫支給，而是由偏款雜項收入支給，至於無津貼者，則以陋規或收賄為唯一所得〔註 135〕。如吏員經辦稿案，向人民收取規費，以資開油墨、紙筆等辦公費及維持家計。清代台灣衙門之陋規項目繁多，入息極為豐厚〔註 136〕，且吏員又為文官正途出身〔註 137〕故能吸引粗通文墨者

〔註 128〕戴炎輝，〈清代地方官治的組織與應用〉，《憲政時代》第一卷第二期（民國六四年十月），頁 78。Tung Tsu Ch'n, Local Goverment in China under the Ch'ing, pp.41～42.

〔註 129〕李榮忠，〈清代巴縣衙門書吏與差役〉，《歷史檔案》，一九八九年第一期，頁96。清德宗敕撰，《欽定大清會典事例》，卷一四六，頁 4。

〔註 130〕清德宗敕撰，《欽定大清會典事例》，卷一四六，頁 1 至 4。「舊制，書吏承充按納銀數多寡，分送各衙門辦事。康熙二年覆准，停止援納，俱令各衙門召幕。」

〔註 131〕同上註，頁 1。

〔註 132〕清德宗敕撰，《欽定大清會典》，卷十二，頁 13。

〔註 133〕清德宗敕撰，《欽定大清會典事例》，卷一四六，頁 16。宮崎市定，〈清代的胥吏和幕友〉，引自《日本學者研究中國史論著選譯》，第六卷（明清），頁511。

〔註 134〕Tung Tsu Ch'u, Local Goverment in China under the Ch'ing, p.44.清德宗敕撰，《欽定大清會典》，卷十二，頁 13。

〔註 135〕台灣慣習研究會，〈台南縣下移民之沿革〉，引自《台灣慣習記事》（中譯本），第二卷上，頁 196。宮崎市定，〈清代的胥吏和幕友〉，引自《日本學者研究中國史論著選譯》，第六卷（明清），頁 524。

〔註 136〕台灣慣習研究會，〈台南縣下移民之沿革〉，引自《台灣慣習記事》（中譯本），第二卷上，頁 197。據調查「上自知府、下至家丁差役，每年有三百元以上，

投入其間。清代對胥吏雖不給薪俸，但台灣的道、府及各縣衙門，在衙署印官卸任時，都會慰贈營銀給八房吏員，八房吏員乃共以此款或個人捐款購置田園，並將田租收益作爲祭祀歷任長官長生祿位、慶祝現任長官生日、辦公、吏員家中慶弔及子女教育等經費〔註138〕。

二、差役

　　差役，係奔走於公家執雜役者，亦是府衙門內地位最低之公務執行者。清代官衙中有所謂三班六房者，三班即指皂班、快班及民壯等差役〔註139〕。台灣之道府州縣廳均設有監獄，因此各級衙門均有皂、快之設，擔任出差、調查、拘提、傳票遞送、催繳地租、督促，及從事兇盜等之逮捕事項〔註140〕。

　　清初台灣府衙的差役，分別有門子二名、馬快十名、步快十六名、皂隸十六名、燈夫四名、轎傘扇夫七名、禁卒十二名、庫子四名、斗級六名〔註141〕，共計七十七名。雍正五年（一七二七）台灣府燈夫四名，奉裁充餉〔註142〕；另據道光二年（一八二二）《台灣府賦役冊》載，台灣府衙增設民壯八名〔註143〕。其職掌分別如下：

　　門子：掌看管門戶，開關儀門。

　　　　　二萬元以下之陋規收入。」

〔註137〕《欽定大清會典》吏部條載：「凡官之出身有八，一曰進士，二曰舉人，三曰貢生，四曰廕生，五曰監生，六曰生員，七曰官學生，八曰吏。」引自清德宗敕撰，《欽定大清會典》，卷七，頁1。

〔註138〕陳金田譯，《台灣私法》第一卷，頁252、253。

〔註139〕姚文桐，〈今之牧令要務策〉，收於《皇朝經世文續編》（上），（台北：國風出版社，民國五三年六月），卷二一，頁6。陳天錫，〈清代不成文之幕賓門丁制度〉，收錄於繆全吉，《清代幕府人事制度》，（台北：中國人事行政月刊社，民國六十年），頁279。

〔註140〕《台灣慣習記事》（中譯本），第一卷上，頁108。此外台灣之官衙還有道十三班、府六班、縣四班之組織稱謂。參見《清經世文編選錄》，（台北：台灣銀行，民國五五年七月），《台灣文獻叢刊》第二二九種，頁68。

〔註141〕高拱乾，《台灣府志》，（台北：台灣銀行，民國四九年二月），《台灣文獻叢刊》第六五種，冊二，頁142。周元文，《重修台灣府志》，（台北：台灣銀行，民國四九年七月），《台灣文獻叢刊》第六六種，冊二，頁190、191。劉良璧，《重修福建台灣府志》，（台北：台灣銀行，民國五十年三月），頁214、215。

〔註142〕王必昌，《重修台灣縣志》，（台北：台灣銀行，民國五十年十一月），《台灣文獻叢刊》第一一三種，冊一，頁126。

〔註143〕台銀經濟研究室編，《台灣府賦役冊》，（台北：台灣銀行，民國五一年二月），《台灣文獻叢刊》第一三九種，頁27。

馬快：供奔走驅使，偵緝密探，多充馳馬速遞之役。

步快：其職似馬快，多以步行執役，擇機警手足便捷者充任。

皀隸：衙內值堂出庭行杖，衙外跟隨知府出巡，任護衛儀仗以壯威者。

燈夫：司衙署燈燭之役者。

轎傘扇夫：爲主管撐傘、抬轎、執扇之役。

禁卒：掌理監獄，看管監犯。

庫子：看管錢銀及倉庫。

斗級：管米糧出入。

民壯：原係取自民間之壯丁，教以技藝而備守城禦寇，後用以守倉庫、
監獄，護送解款與人犯，及應雜差供奔走均其職務〔註144〕。

其中皀隸、快班係衙役的核心，《台南縣誌》謂：「步快、皀隸、馬快，受知
府之命，以捕盜爲其常職，但不無其特殊職務：步快捕拿人犯；皀隸刑訊人
犯，執以笞刑，查訪民案；馬快乃重罪犯的偵探，捕拿強盜、土匪。」〔註145〕
衙門差役中除庫丁、斗級、民壯外，其它均列於賤民之階。《大清會典事例》：
「凡衙門應役之人，除庫丁、斗級、民壯仍列於齊民，其皀隸、馬快、步快、
小馬、禁卒、門子、弓兵、仵作、糧差及巡捕營番役，皆爲賤役。」〔註146〕
差役即多被視爲賤役，何以仍有人願充此役？推究其因，乃差役可免徭役，
得倚恃官勢，又可需索陋規之故〔註147〕。《諸羅縣志》謂：「胥吏各處所有，
台屬爲盛。……一衙門而數百眾、一皀快而十數幫，非舞文撞歲、見事風生
欺官以朘民之膏血，何以飽其蹊壑乎！吏書之勢，艷於紳士，皀快之燄，烈
於書吏。」〔註148〕藍鼎元亦曰：「一名皀快，數十幫丁；一票之差，索錢六、
七十貫或百餘貫不等。吏胥權勢，甚於鄉紳，皀快煊赫，甚於風憲，由來久
矣」〔註149〕。故台地之胥役比內地更熾，而內地稍通筆墨而無籍者，常渡台

〔註144〕詹德隆，〈清代台灣各級衙門之書吏與差役〉，《史聯雜誌》第十六期（民國七
　　　十九年六月），頁10。徐炳憲，《清代知縣職掌之研究》，（東吳大學中國學術著
　　　作獎助委員會叢書之七十，民國六三年七月），頁77至79。Tung Tsu Ch'u，
　　　Local Goverment in China under the Ch'ing，pp.57～61.

〔註145〕奧村金太郎、蔡國琳編，《台南縣誌》，頁16。

〔註146〕清德宗敕撰，《欽定大清會典事例》，卷十七，頁3。

〔註147〕Tung Tsu Ch'u，Local Goverment in China under the Ch'ing，pp.62～63.

〔註148〕周鍾瑄，《諸羅縣志》，（台北：台灣銀行經濟研究室，民國五一年十二月），《台
　　　灣文獻叢刊》第一四一種，冊二，頁150。

〔註149〕藍鼎元，〈與吳觀察論治台灣事宜書〉，收於丁曰健，《治台必告錄》，（台北：

謀差役一職〔註150〕。乾隆年間，高宗便了解台地差役的囂張，府、縣差役私設班館，擅置刑杖，更勾黨盤結為惡殃民，故下諭嚴禁地方衙門私設班館及刑具，違者一經發現，不僅將縱容之地方官從重治罪，對失察之上司一併嚴加議處〔註151〕。官衙差役膽敢囂張，不外乎地方官平日倚之為耳目，不肖之官縱其貪婪，而昏憒者受其欺蒙，以致差役有恃無恐，使吏治民生大受影響。在史料中雖常見台地差役貪汙舞弊情事，但基本上其所記載者都是廳縣衙門之差役，特別是海防廳之差役，其陋規需索最多〔註152〕；至於專指台灣府衙差役舞弊者，則少有見聞〔註153〕。其原因可能是府衙差役的需索，多是上級差役對下級差役的剝削，並非直接對民眾取賄，故少被揭發。

三、幕友

清代地方各級衙門，均聘有幕友以襄助堂官處理行政事務，堂官稱幕友為師爺〔註154〕。地方堂官之所以延聘幕友，主要原因有二：

（一）地方堂官多出身科舉，不習吏事，而異途出身者，更是缺乏治國

台灣銀行經濟研究室，民國四八年七月），《台灣文獻叢刊》第十七種，頁57。
〔註150〕周鍾瑄，《諸羅縣志》，頁150。
〔註151〕台銀經濟研究室編，《清高宗實錄選輯》，（台北：台灣銀行，民國五三年六月），《台灣文獻叢刊》第一八六種，乾隆五十三年九月初八日，頁635。
〔註152〕「商船出入台灣，俱有掛驗陋規。在府則同知家人書辦掛號，例錢六百；在鹿耳門則巡檢掛號，例錢六百；而驗船之禮不在此數。若舟中載有禁物，則需索數十金不等。……六百雖微，而六百非止一處。台船每歲出入數千，統而記之，金以數千兩矣。」引自藍鼎元，〈與吳觀察論治台事宜書〉，收於《平台紀略》，（台北：台灣銀行，民國四七年四月），《台灣文獻叢刊》第十四種，頁51。
〔註153〕專指台灣府府衙胥吏藉勢營私之實例，筆者僅見一實例。道光二十一年間有官員上奏：「台灣府已革胥吏許東燦改名許朝錦，冒捐同知，包充府署差役，一家兄弟盡充府衙房書差役，恃勢橫霸；並與知府周彥結為師生，賄賂公行。該處捐辦考棚城工，該革吏營充總辦，侵蝕洋銀數萬餘元；其私吞、詐索、私押、擄搶、圖佔、拷掠、奪產等款，自督、撫以至該縣各衙門俱存有控告案據。歷任地方官受其簸弄，置之不問。」但其後經總督鄧廷楨調查，奏稱：「許東燦並無勒派漁利及包充書差、恃勢橫行與知府周彥結拜師生之事。惟於林國華捐贖城工番銀那修考棚，已屬專擅；復乘羅登榜因事管押，假捏打點名色，詐騙番銀四百圓。依例應從重發往新疆充當苦差，以示懲儆。」引自《清宣宗實錄選輯》，頁208、209。另參刑部「為核議內閣抄出前任閩浙總督顏等奏」移會，《台案彙錄辛集》，頁263、264。
〔註154〕徐珂編，《清稗類鈔》，冊十一，〈幕僚類〉，稗二八，頁3。

齊民、辦理政務的能力〔註155〕，尤其裁判、徵稅皆非其所長，而地方事務卻是以此等事務爲主。此外，堂官雖有佐雜差役，但其權限不大，亦非堂官所辟舉，自難予信任。

（二）地方堂官有迴避本籍之例，故堂官對該管地方，言語不通且人地兩疏，又不習地方慣例，衙內雖有吏役但均係土著，多互通聲氣，常挾制、欺騙堂官〔註156〕，故堂官只得私聘師爺以爲佐助。

因清代之方志均未記載府衙內幕友之組織情形，以下僅依日人編著之《台灣史料》及《南部台灣誌》所載加以論述。幕友的類別繁多，一般常見的有刑名、錢穀、書啓、硃墨、徵比、帳房、教讀等七種〔註157〕。堂官幕友的人數與類別，視各衙門事務簡繁而定，建省前之台灣府與建省後之台南府，其府衙之幕友均爲四人，分別爲刑席幕友、錢席幕友、書啓、賬房各一人〔註158〕。其中刑、錢兩席幕友最爲各衙門堂官所依重，因刑名攸關地方社會安定，錢穀爲國家財政來源，故此兩項最爲清廷所重視，中央對地方官之考課亦以這兩項最嚴。然清代地方官多由科舉出身，面對此類實際行政，則比較爲無知，而那些經捐納、軍功出身者，更顯拙劣；因此，延聘刑、錢幕友，便成爲地方官員的第一要務，而其束脩亦特厚，俗稱大席。其它幕友則爲小席，束脩亦較大席爲少〔註159〕。刑席幕友所掌者，即襄助知府處理命盜等刑事訴訟案件〔註160〕，清代行政、司法單位不分，各衙門遇有訴訟案件，往往名在官而實由幕友資助，不過聽訟是主官之事，非幕友可專主，但案件處理之緩急，計道里之遠近，催差、集審則是幕友之責〔註161〕，換言之，刑幕於聽訟實居

〔註155〕徐炳憲，《清代知縣職掌之研究》，頁46、47。

〔註156〕繆全吉，〈清代刑幕述要〉，引自《中國法制史論集》，（台北：中華法學協會、中國文化學院法律研究所，民國五七年），頁325。宮崎市定，〈清代的胥吏和幕友〉，引自《日本學者研究中國史論著選譯》，第六卷（明清），頁515。Tung Tsu Ch'u，Local Goverment in China under the Ch'ing，p.104.

〔註157〕繆全吉，《清代幕府人事制度》，頁41。

〔註158〕台灣守備混成第一旅團司令部編，《台灣史料》，頁65。村上玉吉，《南部台灣誌》，頁82。

〔註159〕周詢，《蜀海叢談》，（台北：文海出版社，民國五五年，《近代中國史料叢刊》第一輯，卷二，頁383、384。陳天錫，〈清代不成文之幕賓門丁制度〉，清代幕友之中「以刑、錢最尊崇，賬房、書啓、教讀、閱卷次之，徵比、硃墨又次之。」引自繆全吉，《清代幕府人事制度》，頁277。

〔註160〕繆全吉，《清代幕府人事制度》，頁45。

〔註161〕汪輝祖，〈佐治藥言〉，引自《皇朝經世文編》，第二冊，卷二五，頁4。

幕後襄助之重要地位。

　　錢糧之事上關國計下及民生，知府視爲地方庶政之要務。「夫府曰知府，縣曰知縣，謂其于一府之事，與一縣之事，無所不當知也。今則謂之知一府之錢穀而已矣，知一縣之錢穀而已矣。」〔註162〕此言雖不免誇張，但卻說明了錢席幕友的重要性，其職掌除當理催科、解款等有關錢糧事項外，尚包括民間若干民事訴訟案件，如辦理戶、婚、田、土等案件〔註163〕。因刑、錢二席最關緊要，其盤踞地方把持公事者，時而見聞，杜士彥〈通籌台灣利弊以靖海疆疏〉中便稱：「台灣道府廳縣幕友，往往盤踞數十年，有本官離任，互爲囑託，而後任復用者；有在台閒住，仍復干預公事，夤緣爲奸者。……臣又聞道府所用幕友，每年廳縣，各送脩金，以一縣百餘金計，可得千金，幕友之逗留不去，實由於此。竊思幕友與屬員交通，則本官之喜怒、公事之准駁，皆可暗通消息，曲爲彌縫，於吏治大有關係，應請一併嚴禁。」〔註164〕

　　小席之中，以書啓幕友較爲重要，且爲上下衙門普遍之設置；書啓一席「多司應酬，亦兼及公事」，所謂「司應酬」是指爲知府書寫一切應酬交際通候往來的函扎信稿〔註165〕。繆全吉稱：「書啓幕席，專司主官之應酬文字、機要文書及其它代筆事務。」〔註166〕此一工作在清代崇尚官樣文章之官場中頗受重視。書啓幕席與掌理案牘的書辦，兩者雖均掌筆墨之務，但書啓在府衙之地位甚高於書辦，頗受主官之禮遇。帳房幕友，掌理府庫銀錢出納，此席通常委任親人爲之，蓋因銀錢出入其中難免有不可究詰之事，故帳房一席在幕友中的地位可謂親而不尊〔註167〕。

　　上述中約略可知，幕友與書吏之職掌似乎是重疊，兩者之關係是怎樣的情形？而知府與書吏、幕友的關係又是如何呢？清代各部司官不習吏事，堂官更無用論，一切案牘皆由書吏主掌，故每辦一案，堂官委之司官，司官委

〔註162〕繆全吉，《清代幕府人事制度》，頁45。

〔註163〕繆全吉，《清代幕府人事制度》，頁46。繆全吉，〈清代刑幕述要〉，引自《中國法制史論集》，頁319。

〔註164〕台銀經濟研究室編，《道咸同光四朝奏議》，（台北：台灣銀行，民國六十年三月），《台灣文獻叢刊》第二八八種，頁18、19。

〔註165〕郭潤濤，〈清代幕府的類型與特點〉，《貴州社會科學》，一九九二年第十一期（總第一一九期），頁47。

〔註166〕繆全吉，《清代幕府人事制度》，頁47。

〔註167〕繆全吉，《清代幕府人事制度》，頁51。

之書吏，書吏檢閱成案比照律例，呈之司官，司官略加潤色，呈之堂官，堂官若不駁斥，則定案〔註 168〕。幕友亦掌案牘之事，但幕友經常只是把胥吏的案稿審核後轉達給知府，在周鎬上給巡撫的建言中便提到：「幕賓案牘即繁，一切片稿，半由（胥吏）擬送。」〔註 169〕此外，府衙雖有房科書辦處理日常案牘，但諺云：「清官難逃猾吏，蓋官統群吏，而群吏各以其精力，相與乘官之隙；官之為事甚繁，勢不能一一而察之。」〔註 170〕知府可倚者惟幕友，而幕友為政之道，則在佐官而檢吏。府衙內幕友各有專司，可以察胥吏之弊，而吏與幕實擇術懸殊，「吏樂百姓之擾，而後得藉以為利，幕樂百姓之和，而後能安於無事」，故約束書吏是幕友的主要事務之一〔註 171〕。

　　書吏和差役均是府衙內正式的職員，但一般來自士大夫的記載，對其並無好評甚至視為吏治之毒瘤，因其所到之處任其向事件關係人貪取，以致民不堪其弊〔註 172〕，而且知府在台灣因迴避本籍之例，人地生疏自難以信任土著吏差，故須延聘幕友裏辦，並自帶家丁赴官，使其控制、監督吏差。家丁跟幕友一樣，均不在編制之內，是知府私雇之員；而其雖名為家丁，但仍參與公務。據《台灣史料》之記載，台灣府知府之家丁差使有四十八人〔註 173〕。而建省後之台南府，據《南部台灣誌》載其家丁人數約二、三十人，其存立於府衙之名目，主要為門政、接帖、簽押〔註 174〕。門政掌公文之收發，書吏差役之召喚，及士紳求見時執帖〔註 175〕。接帖，當府衙開庭時，為知府準備其座席及所需器具〔註 176〕。簽押，司民、刑事件訴訟狀之轉呈，先送至刑、

〔註 168〕徐珂編，《清稗類鈔》，冊十一，〈幕僚類〉，稗二八，頁 5。

〔註 169〕周鎬，〈上玉撫軍議〉，引自《皇朝經世文編》，第二冊，卷二四，頁 7。

〔註 170〕汪輝祖，〈佐治藥言〉，引自《皇朝經世文編》，第二冊，卷二五，頁 4。

〔註 171〕同上註。

〔註 172〕台灣慣習研究會，〈台南縣下移民之沿革〉，引自《台灣慣習記事》（中譯本），第二卷上，頁 197。《清經世文編》亦載：「衙門差役一遇訟事差出，除酒食、鹿車費用外，需索差禮一、二十兩；稍拂其意，即拘禁班防，肆行酷打。」引自《清經世文編選錄》，（台北：台灣銀行，民國五五年七月）《台灣文獻叢刊》第二二九種，頁 68。

〔註 173〕台灣守備混成第一旅團司令部編，《台灣史料》，頁 65。

〔註 174〕村上玉吉，《南部台灣誌》，頁 84。

〔註 175〕小林里平，〈清朝時代台灣之司法制度〉，引自《台灣慣習記事》（中譯本），（台中：省文獻委員會，民國七六年二月），第二卷下，頁 241。Tung Tsu Ch'u，Local Goverment in China under the Ch'ing，p.76，p.78.

〔註 176〕鈴木宗言，〈台灣之訴訟法（三）〉，引自《台灣慣習記事》（中譯本），（台中：省文獻委員會，民國七三年六月），第一卷上，頁 108。小林里平，〈清朝時

錢幕友核閱，閱後由簽押轉呈知府請其批示〔註177〕。

第三節　台灣府的經費分配與官員之待遇

　　清廷在台灣的經費開支，隨著官方實際統轄權的擴張而逐漸增加；各項經費的分配，也隨著不同時期政策的擬定與改變，而有不同的變化。於此，擬劃分四個階段，來觀察清廷在台灣經費的分配與轉變，並從中探究清廷治台的重點為何。此四個階段分別為，一府三縣時期、一府四縣二廳時期、一府四縣三廳時期、光緒朝台南一府四縣一廳時期。

一、一府三縣時期

　　清廷打敗台灣鄭氏後，在台設一台灣府，下轄台灣、鳳山、諸羅三縣。有關台灣府之經費分配情形，茲分五類來觀察，分別為人事費用、行政費用、文教祭祀費、建設費、救濟費；其中人事費包括官員之薪俸與差役工食費。

　　依上述分類，蔣毓英《台灣府志》中之存留經費分配情形可列表如下：

表3-1　康熙二十四年台灣府經費分配情形

官員薪俸		俸　銀	實給薪銀	合　計
	道員	62.044 兩	42.956 兩	105 兩
	知府	62.044 兩	42.956 兩	105 兩
	本府同知	42.556 兩	37.444 兩	80 兩
	府經歷	24.202 兩	15.798 兩	40 兩
	台鳳諸三縣官員	243.412 兩	152.228 兩	395.64 兩
差役工食費		人　數	每人年薪	總　計
	道衙差役	39 名	6.2 兩	241.8 兩
	知府署差役	77 名	6.2 兩	477.4 兩
	同知署差役	31 名	6.2 兩	192.2 兩
	經歷署差役	6 名	6.2 兩	37.2 兩
	三縣縣衙差役	520 名		3025.42946 兩

代台灣之司法制度〉，引自《台灣慣習記事》（中譯本），第二卷下，頁242。
〔註177〕徐珂編，《清稗類鈔》，〈獄訟類上〉，稗二五，頁2。小林里平，〈清朝時代台灣之司法制度〉，引自《台灣慣習記事》（中譯本），第二卷下，頁241。

行政庶務費	進表紙張銀	8.057964 兩
	新官到任祭品銀	5.76 兩
	囚犯月糧銀	70 兩
文教祭祀費	府縣儒學聖廟香燈銀	10.08 兩
	府縣學廟壇春秋祭銀	528 兩
	鄉飲銀	27.03 兩
	習儀救護庭燎香燭銀	1.8 兩
	祈晴禱雨香燭銀	5.4 兩
	迎春禮銀	13 兩
建設費	修理廟壇銀	2.714 兩
	修理倉監銀	60 兩
救濟費	恤孤貧衣布銀	268.2538 兩
	濟孤貧月糧銀	468.322335 兩

附註：以上銀兩數僅取至小數點下六位。

資料來源：蔣毓英，《台灣府志》，收於《台灣府志三種》，（北京：中華書局影印，一九八五年五月），頁一六九至一八八。

上列數據綜合統計所得如下：

官員薪俸	725.64 兩	11.65%
差役工食費	3974.02946 兩	63.81%
行政庶務費	83.817964 兩	1.35%
文教祭祀費	585.31 兩	9.40%
建設費	122.714 兩	1.97%
救濟費	736.576135 兩	11.83%
總　計	6228.087559 兩	100%

　　從其百分比之分配可明顯看出，清廷統治台灣初期最大的開銷是人事費用的支出，官員的薪俸加上差役工食費竟佔清廷對台總支出的 75.5%。其次是社會救濟 11.8%，再次為文教祭祀費 9.4%。其中對台之建設經費約佔 2%，可充分証明清廷對治理台灣消極的態度；且其開支並非便民、積極性的公共工程建設，而是用於文廟、祠壇、倉庫、監獄之維修。民眾真正受益者，僅社會救濟銀，但此開支又只用於補助靠近府、縣城鎮之貧困民眾，對於私渡

來台無籍者及多數的番眾，根本毫無助益。整體而言，台灣府經費的分配是以官方的行政支出為主，而地方建設費、社會救濟銀不過是象徵性的預算，且其使用對象亦侷限於靠近南部府城之人地。

官員待遇方面，知府年支領俸薪銀合計為一百零五兩，與其長官道員的年薪待遇相同；清代官員薪俸的支領是依品級而定，道員正四品，知府從四品，皆為四品官故薪俸銀合計均為一百零五兩，不論正、從。府同知（海防總捕同知）正五品，俸薪銀八十兩；府經歷正八品，俸薪銀四十兩。

其後，隨著台灣逐漸的開發與漢民移墾的增加，清廷在台的經費支出也逐年增加。依高拱乾於康熙三十五年（一六九六）新增訂的《台灣府志》中記載，官員薪俸的支出，增加了府學教授俸銀三十一兩五錢二分，及三縣縣學教諭九十四兩五錢六分〔註178〕，使其開支由原來七百二十五兩六錢四分增加為八百五十一兩七錢二分，亦即官員薪俸總開支增加 17.4%。差役工食費方面，增加府儒學差役費用開列四十四兩三錢三分三釐三毫三絲，三縣儒學差役費一百五十一兩五錢九分九釐九毫九絲，使差役總開支增加為四千一百六十九兩九錢六分六釐九毫七絲八忽〔註179〕，差役總開支增加 4.9%；而台灣府人事費用共增加 6.9%。其它詳細情形請參表 3-2。

表 3-2　康熙二十三年至三十五年間台灣府經費分配的增改

	康熙二十四年	康熙三十五年	增加%
官員薪俸	725.64 兩	851.72 兩	17.38%
所佔百分比	11.56%	12.67%	
差役工食費	3974.030 兩	4169.967 兩	4.93%
所佔百分比	63.81%	62.03	
行政庶務費	83.818 兩	78.058 兩	-6.87%
所佔百分比	1.35%	1.16%	
文教祭祀費	585.31 兩	823.227 兩	40.65%
所佔百分比	9.40%	12.25%	

〔註178〕 高拱乾，《台灣府志》，（台北：台灣銀行出版，民國四九年二月），《台灣文獻叢刊》第六五種，頁 144。每縣教諭之薪俸為三十一兩五錢二分，三縣總計為九十四兩五錢六分。
〔註179〕 高拱乾，《台灣府志》，頁 143 至 145。其它有關台灣府全部經費的分配情形請參節末附表 3-7。

	康熙二十四年	康熙三十五年	增加%
建設費	122.714兩	62.714兩	−48.9%
所佔百分比	1.79%	0.92%	
救濟費	736.576兩	736.576兩	0%
所佔百分比	11.82%	10.96%	
總　計	6228.088兩	6722.262兩	7.93%

附註：經費銀兩僅取至小數點下三位。

資料來源：請參表 3−1 與節末附表 3−7。

　　文教祭祀費中則增加了三項開支，分別為進士、舉人、貢生之旗匾費十六兩二錢四分九釐九毫九絲、舉人會試盤費九十兩、廩生食銀一百四十四兩六錢六分六釐五毫〔註180〕，但刪除了迎春禮銀十三兩，所以文教祭祀費增加了 40.7%；是各項經費中百分比提升最多的，其支出佔總經費 12.3%，排行亦由第三提升為第二，僅次於人事費用。於此可明顯看出，台地文教大有進步及報考科舉人員的增加；亦可反應，清廷希望透過儒學教化台地民眾使其順服，並透過科舉進升攏絡台地人士。所有經費中，惟有行政庶務費及建設費減少，分別刪除了新官到任祭品銀五兩七錢六分和修理倉、監銀六十兩，各減少了 6.9%和48.9%〔註181〕。建設費的大量減少，可再次証明清領台灣之初對台建設的忽視。

二、一府四縣二廳時期

　　到了一府四縣二廳時期，經費的分配則有較明顯的轉變，而官員的待遇亦有大改變。台灣在康熙一朝，隨著漢民的增多，拓墾地的推廣，漢番問題與日俱增，且每縣所轄之範圍過廣，知縣難以治理，清廷乃於雍正元年（一七二三）增置彰化縣與淡水廳〔註182〕；雍正五年（一七二七）裁撤澎湖巡檢，增設澎湖廳，添派通判一員駐紮〔註183〕。隨著廳縣的增設，到了乾隆年間台

〔註180〕高拱乾，《台灣府志》，頁 146。
〔註181〕高拱乾，《台灣府志》，頁 145 至 146。
〔註182〕《大清世宗憲（雍正）皇帝實錄》，（台北：華聯出版社，民國五十三年九月），卷十，頁 7。
〔註183〕同上註，卷五十三，頁 23。

灣府的人事費用支出自然大為提升〔註184〕。參照表3－3將康熙三十五年和乾隆九年台灣府之經費分配加以比較：

表3－3　康熙三十五年至乾隆九年間台灣府經費分配的增改

	康熙三十五年	乾隆九年	增加%
官員薪俸	851.72兩	1521.72兩	78.66%
所佔百分比	12.67%	17.39%	
差役工食費	4169.967兩	4798.116兩	15.06%
所佔百分比	62.03%	54.83%	
行政庶務費	78.058兩	100.587兩	28.86%
所佔百分比	1.16%	1.15%	
文教祭祀費	823.227兩	1141.063兩	38.61%
所佔百分比	12.25%	13.04%	
建設費	62.714兩	74.071兩	18.11%
所佔百分比	0.92%	0.85%	
救濟費	736.576兩	1115.270兩	54.41%
所佔百分比	10.96%	12.74%	
總　計	6722.262兩	8750.827兩	7.93%

附註：經費銀兩僅取至小數點下三位。

資料來源：請參節末附表3－7、附表3－8。

　　官員薪俸佔總經費的比例由12.7%提高為17.4%。依常理隨著廳縣的增加，差役工食費理應和官員薪俸一樣有大幅的提升，但結果並不然，官員薪俸增加78.7%，但差役工食費僅增加15.1%，且其所佔總經費百分比亦由62%降為54.8%，其原因主要是府經費中刪除了四縣民壯經費共一千二百四十兩，及四縣燈夫差役銀九十九兩〔註185〕。民壯費用大幅的刪減，可能是因為乾隆初年台地較為安定之故〔註186〕。另外可喜的是救濟費增加了三百七十八

〔註184〕以乾隆九年時台灣府之經費分配為例（詳參節末附表3－8），官員薪俸總計一千五百二十一兩七錢二分，差役工食銀為四千七百九十八兩一錢一分六釐三毫零八忽，人事費用合計約六千三百二十兩。比康熙三十五年台灣府之人事經費約增加一千二百九十八兩。

〔註185〕劉良璧，《重修福建台灣府志》，（台北：台灣銀行，民國五十年三月），《台灣文獻叢刊》第七四種，頁217。

〔註186〕據張菼統計，台地從乾隆元年至十四年均無民變的發生。張菼，〈清代初期治

兩九錢六分，其經費的大幅提升，似乎意味著清政府重視台地社會的穩定，以鞏固在台之政權。

若由細部觀察，官員薪俸中府、縣學於雍正十一年（一七三三）各增訓導一職，與府教授、縣教諭支領同一薪俸；但自乾隆元年（一七三六）起，府、縣訓導各員照品級給與全俸，年俸爲四十銀兩，而府教授、縣教諭的薪俸亦有所增加，均由原來的三十一兩五錢二分分別增加爲四十五兩與四十兩〔註187〕。由此可發現，清廷漸重視在台的教育、科舉、祭典等事務〔註188〕；且文教祭祀費中府縣學廟壇春秋祭銀亦增加了一四八兩〔註189〕。

官員的待遇亦自此一時期開始有很大的轉變，官員除領薪俸外，另有養廉銀之發放〔註190〕。清代自雍正年間以後，各省陸續建立養廉銀制度，而福建省實行養廉銀制，或說在雍正四年，或說在雍正七年〔註191〕。然而台灣官員養廉銀之發放，可能始於雍正七年（一七二九），因《澎湖紀略》中載：澎湖通判自雍正七年開始支領養廉銀五百兩〔註192〕；因此推算其它府、廳、縣官員之養廉銀亦於此年開始發放。官員養廉銀的多寡，不同於薪俸視品級大小而有高低之別，而是依職位之簡繁給予較薄或較優之待遇。台灣道員與知府的養廉銀均爲每年一千六百兩（爲原薪俸十五倍之多），台防同知、淡防同知、澎湖通判每年各五百兩，縣丞、典史、巡檢之養廉銀則少很多，每人僅有四十兩，各縣知縣稍有不同，台灣縣事務紛繁，知縣每年養廉銀一千兩，鳳山、諸羅、彰化三縣縣務略減，三縣知縣每年養廉銀各八百兩〔註193〕。自

台政策的探討〉，（台中：省文獻委員會，民國五九年），《台灣文獻》卷二一期，頁36。

〔註187〕劉良璧，《重修福建台灣府志》，頁219。

〔註188〕因教授、訓導、教諭主要的工作爲教育學生、主辦科舉、舉行祭典。

〔註189〕請參節末附表3-7、3-8中府縣學廟壇春秋祭銀項。

〔註190〕養廉銀：廉意指廉恥，養廉便是養成廉恥之心；其發放的對象是清政府的官員。養廉制度的用意是希望透過養廉銀的發放，增加官員之待遇，使官員能安分守己，不致貪污犯法。引自鄧青平，〈清雍正年間（一七二二～三五）的文官養廉制度〉，《新亞學報》卷十期一，（一九七三年，七月），頁331。

〔註191〕請參佐伯富，〈清代雍正朝における養廉銀の研究——地方財政の成立をめぐつて（一）〉，《東洋史研究》第二九卷第一期，（昭和四五年六月），頁45。

〔註192〕轉引自張勝彥，《清代台灣廳縣制度之研究》，（台北：華世出版社，民國八二年三月），頁140，註7。原載於胡建偉，《澎湖紀略》，（台北：台灣銀行，民國五十年七月），《台灣文獻叢刊》第一○九種，頁54。

〔註193〕范咸，《重修台灣府志》，（台北：台灣銀行，民國五十年十一月），《台灣文獻叢刊》第一○五種，238至240。

於養廉銀的來源，主要是由台地所徵收的耗羨銀兩內支給〔註194〕。

若將養廉銀數加入台灣府之人事費用內，台灣府衙的經費分配則有很大的改變，如下表：

表3-4 乾隆九年台灣府經費分配情形

	官員薪俸	差役工食費	行政庶務費	文教祭祀費	建設費	救濟費
經費	10221.72	4798.116	100.587	1141.063	74.071	1115.270
比例	58.57%	27.50%	0.58%	6.54%	0.42%	6.39%

附註：經費銀兩僅取至小數點下三位。

資料來源：請參節末附表3-8。

若與表3-3相對照，乾隆九年（一七四四）台地官員的待遇支出與康熙三十五年（一六九六）比較，增加了百分之一千一百，共九千三百七十兩；而人事費用所佔比例亦由原來的 74.7%，增加為 86.1%。隨著人事費用的大幅提升，其它開銷所佔之百分比自然相對地減少，但經費分配多寡的順序維持不變，人事費用最多，文教祭祀費其次，救濟費第三。

乾隆年間所寫成的台灣府志，除了上引乾隆九年劉良璧的《重修福建台灣府志》外，還有范咸於乾隆十二年（一七四七）完成的《重修台灣府志》及余文儀於乾隆二十八年（一七六三）寫成的《續修台灣府志》。三本府志之經費分配並無很大差異，僅部分稍有增刪，其差異如下：

表3-5 乾隆九年、十二年、二十八年台灣府經費分配之變化

		官員薪俸	差役工食費	行政庶務費	文教祭祀費	建設費	救濟費	總　計
乾隆九年	經費	10221.72	4798.116	100.587	1141.063	74.071	1115.270	17450.827
	比例	58.57%	27.50%	0.58%	6.54%	0.42%	6.39%	100%
乾隆十二年	經費	12621.72	5022.314	100.584	1140.88	73.071	1115.268	20073.837
	比例	62.88%	25.02%	0.50%	5.68%	0.36%	5.56%	100%

〔註194〕同前註。所謂「耗羨」：指向民眾收取額外副加稅，以補足政府收取正賦過程中的耗損。如民眾繳納地租有穀耗、火耗之副稅。穀耗為補民納穀租入國庫的手續中，因受鼠雀偷食之耗損；火耗補為納銀後，在改鑄為庫平銀的過程中所流失之耗損。

增加比例		19.01%	4.67%	0%	0%	1.35%	0%	1.28%
乾隆二十八年	經費	12621.72	4949.774	90	1105.08	73.071	983.675	19778.32
	比例	63.82%	25.03%	0.46%	5.59%	0.37%	4.97%	100%
增加比例		0%	−1.44%	−10.52%	−3.14%	0%	−15.83%	−1.67%

附註：經費銀兩僅取至小數點下三位。

資料來源：請參節末附表 3－8、3－9、3－10。

　　乾隆十二年府衙經費的變化，主要是增加了兩察院官員（巡察滿御史與巡察漢御史）的養廉銀二千四百兩與差役工食費二百七十二兩八錢〔註195〕，使得人事費持續增加，所佔比例也提高為 87.9％。到了乾隆二十八年，可明顯看出台灣府的經費開始實行緊縮政策，除官員薪俸和建設費維持不變外，其它經費均有所刪減，其中以救濟費刪減最多，高達一百七十六兩五錢九分三釐。其原因可能是台灣經過八十年的經營開發，人民生計有所改善，故救濟費給予部分刪減〔註196〕其次是行政庶務費刪減了 10.5％，進表紙張銀全額刪除；而清廷所重視的文教祭祀，亦刪減了春秋祭品銀三十五兩八錢。可見清廷對台經費之使用，開始有較為積極的規劃。

三、一府四縣三廳時期

　　一府四縣三廳時期，主要是增加了噶瑪蘭廳的經費。嘉慶年間由於噶瑪蘭地區屢受海盜的侵擾，及漢民漸多以至番民問題叢生，於是嘉慶十六年（一八一一）設廳置通判一員，管理命盜雜案及徵收銀穀，駐紮於五圍（今宜蘭）

〔註195〕范咸，《重修台灣府志》，頁 224、228、232、235、238。巡台御史雖在康熙六十年便已設置，但其開支預算是由清廷中央編列；至乾隆年間，其養廉銀與差役工食費的支出才由台灣府編列。

〔註196〕救濟銀的刪減中，隨著各縣的經濟開發不一，故有不同的刪減額；台灣縣開發程度最好，刪減的最多，其次為鳳山縣，再次為彰化縣，諸羅縣則未刪減。各縣刪除額數如下：

	台灣縣	鳳山縣	諸羅縣	彰化縣
刪　減	66.1728 兩	62.502 兩	0	47.918 兩
百分比	66.17%	65.63%	0%	65.63%

資料來源：余文儀，《續修台灣府志》，（台北：台灣銀行，民國五一年四月），《台灣文獻叢刊》第一二一種，頁 289、293、298、301。

〔註197〕。此後歷經道光、咸豐、同治三期，台灣行政區劃未再變更。若將此
期台灣府衙的經費分配與乾隆二十八年（一七六三）時的經費支出比較，其
變化如表3－6：

表3－6　乾隆二十八年至道光二年間台灣府經費分配的增改

	乾隆二十八年	道光二年	增加%
官員薪俸	12621.72 兩	11539.24 兩	－8.58%
所佔百分比	63.82%	54.07%	
差役工食費	4949.774 兩	7534.375 兩	52.22%
所佔百分比	25.03%	35.14%	
行政庶務費	90 兩	90 兩	0%
所佔百分比	0.46%	0.42%	
文教祭祀費	1105.08 兩	1212.429 兩	9.71%
所佔百分比	5.59%	5.65%	
建設費	73.071 兩	74.071 兩	1.37%
所佔百分比	0.37%	0.35%	
救濟費	983.675 兩	983.517 兩	0%
所佔百分比	4.97%	4.38%	
總　計	19778.320 兩	21442.632 兩	

附註：經費銀僅取至小數點下三位。

資料來源：請參節末附表3－10、3－11。

　　觀察表3－6，台灣府的經費分配情形大致上沒有改變，人事費用仍佔最
高，文教祭祀費次之，再次為社會救濟。較為奇特的是，道光二年的官員薪
俸總額竟比乾隆二十八年少8.6%，但差役工食費卻增加了52.2%。其原因主
要是刪除了兩察院養廉銀二千四百兩〔註198〕，並非官員個人薪俸減少；而官
員待遇增加的費用，除噶瑪蘭廳官員的薪水外，還有乾隆三十一年（一七六
六）閩浙總督蘇昌等以台灣熟番戶口眾多，奏請設理番同知一員管理民番交

〔註197〕陳淑均，《噶瑪蘭廳志》，（台北：台灣銀行，民國五二年三月），《台灣文獻叢
　　　　刊》第一六〇種，頁53、331至333。

〔註198〕巡查台灣御史之例於乾隆五十二年十二月停止。台銀經濟研究室編，《清高宗
　　　　實錄選輯》，（台北：台灣銀行，民國五三年六月），《台灣文獻叢刊》第一八
　　　　六種，乾隆五十二年十二月十七日，頁510。

涉事件，故增加了理番同知薪俸銀八十兩，養廉銀五百兩〔註199〕。差役方面，其人數增加很多，乾隆二十八年台地編制內的差役有九百二十人，道光二年增爲一千三百七十六人〔註200〕，共增加了四百五十六人；差役人數的激增，相對也使差役工食費大幅提高。差役人數眾多，對人民無謂的需索相對增加，然而遇事時更造成互相推委塞責，此一情形勢必造成吏治的敗壞，嘉慶以後台灣吏治情況愈來愈差，與差役額數過度膨漲應有所關連。文教祭祀費增加了9.7%，增加費用來自各縣開支中增加了文昌祠祭品銀共五十二兩，以及廩生名額的增多，由六十人增爲九十八人，使得廩生食銀約增加了一百一十兩〔註201〕；而此兩項費用的增加，則顯示著清廷很重視在台的文教科舉。

　　清代台灣官員的待遇，到了同治年間又有所增加。雍正年間養廉的發放，其目的雖是爲了解決官員薪俸太少不足開銷，減少貪污舞弊情事，乃於耗羨銀下撥給養廉銀；然而實際上，薪俸加上養廉銀之收入，仍然不足供應官員延聘幕友、人情應酬及其它費用之開銷〔註202〕，於是各種增息陋規仍然存在，且台灣孤懸海外，民情不穩，亂事時有，官員事務較內地繁多，若不使之辦公有贄，不但不肖者因之貪污舞弊激生事端，即使賢能之員亦無從施展，因此爲裁汰各衙門陋規，鼓勵官員士氣，清廷乃增給各官津貼銀，由公款中酌撥銀兩以津貼其不足之開銷〔註203〕。府衙各官之津貼銀分別爲，知府自同治七年（一八六八）起每年由鹽課項下支領一萬三千六百兩，後改爲一萬兩；府經歷自同治八年起，亦由鹽課項下年支六八洋銀二百四十元〔註204〕。

〔註199〕台銀經濟研究室編，《清高宗實錄選輯》，頁150。台銀經濟研究室編，《台灣府賦役冊》，（台北：台灣銀行，民國五一年二月），《台灣文獻叢刊》第一三九種，頁27。謝金鑾、鄭兼才，《續修台灣縣志》，（台北：台灣銀行，民國五一年六月），《台灣文獻叢刊》第一四○種，頁86。

〔註200〕請參節末附表3-10、3-11，差役工食費項。

〔註201〕請參節末附表3-10、3-11，文教祭祀費項。

〔註202〕清代官員之薪俸與養廉銀常不足公家的扣罰與攤捐。因在清代律例中，官員有小過錯常以罰俸的方式來懲處，而當時台灣在清帝國中是個多民亂的區域，官員要完全避免扣罰並不容易。另外，修造船費不足、平定民變過程中不足經費的攤派，地方廟宇、學校、倉廒、官廳的修建經費亦常是由台地官員捐攤。

〔註203〕林豪，《澎湖廳志》，（台北：台灣銀行，民國五二年六月），《台灣文獻叢刊》第一六四種，頁174。南瀛文獻編委會，〈清代的官制〉，（台南：台南縣政府，民國七十年六月），《南瀛文獻》第二十六卷，頁71。

〔註204〕唐贊袞，《台陽見聞錄》，（台北：台灣銀行，民國四七年十一月），《台灣文獻叢刊》第三十種，頁70。南瀛文獻編委會，〈清代的官制〉，頁76、79。

四、光緒朝台南一府四縣一廳時期

　　到了光緒年間，隨著清廷對台治理轉趨積極，不但大幅增加行政區劃為三府十一縣三廳，經費方面亦有明顯的提升，僅台南一府四縣一廳（佔全台行政區三分之一）的經費即高達一萬六千三百多兩〔註205〕；而光緒十六年（一八九〇）台地三府的存留經費亦增為二萬五千一百九十兩多〔註206〕，與僅八年之距道光二年（一八二二）全台之總經費二萬一千四百四十多兩，約增加了三千七百四十八兩。然觀察表 3－6，道光二年全台存留經費與乾隆二十八年（一七六三）有六十年之遙的經費相比，不過增加一千六百六十多兩。由此便可看出清廷對台之態度不再是防止台灣成為反清與盜藪的大本營，而是主動對台地進行開發建設。但經費的分配情形基本上是沒有改變的，人事費用一直佔總開支四分之三強，文教祭祀費次之，救濟費排行第三；而光緒朝台南府的建設費用僅佔 0.5％〔註207〕，可見清廷對台積極的建設、管理，是以人事的統御為主，使台地民眾順服於清政府，對於便民的地方建設似乎不是清政府考量的重點，其所在意的不過是財政上稅收的擴增，及防止台地成為外人經濟掠奪的目標。

　　整體而言，從帳面上的資料來看，有關府衙官員的待遇不算優渥。雍正以後，知府、同知、府經歷雖都有養廉銀的發放，但實際上養廉銀並無法達到養廉的目的，鄭光策便稱「朝廷所設官司廉俸，非扣罰即公捐，非部規即

〔註205〕請參節末附表3－12：〈光緒朝台南一府四縣一廳時期之府衙經費分配〉。

〔註206〕光緒十六年台灣、台南、台北三府的總存留經費為二萬五千一百九十兩八錢七分八釐四毫。引自《劉銘傳撫台前後檔案》，（台北：台灣銀行，民國五八年八月），《台灣文獻叢刊》第二七六種，頁221。

〔註207〕〈道光二年及光緒年間台灣府經費分配之變化〉

		官員薪俸	差役工食費	行政庶務費	文教祭祀費	建設費	救濟費	總計
道光二年	經費	11539.24	7534.375	90	1212.429	74.071	983.571	21442.632
	比例	54.07％	35.14％	0.42％	5.65％	0.35％	4.38％	100％
光緒年間	經費	9490.2	5064.89	70	1135.784	73.071	547.757	16382.702
	比例	57.93％	30.92％	0.43％	6.93％	0.45％	3.34％	100％

附註：經費單位為「銀兩」。

資料來源：參節末附表3－11、附表3－12。

私例，有名無實，百不一存」〔註208〕。然而在現實生活中，知府的收入應相當豐厚。因台地官員除正項之薪俸養廉外，還有許多的規費收入，而其總額通常高達正項待遇的數倍。左宗棠的奏摺中便曾提到：

> 台灣物產豐饒，官斯土者，惟務收取陋規，以飽私囊。廳、縣有收
> 至二萬餘兩者；台灣道除收受節、壽禮外，洋藥、樟腦規費概籠入
> 己；知府於節、壽禮外，專據鹽利。〔註209〕

可見台地官員陋規需索的收入相當可觀。加上台灣地處海外，常有上級官府監督不及之處，所以常成為內地官員的「調濟之區」，因此高宗的諭文中稱：「（調台）各員不以涉險為虞，轉以得調美缺為喜，到任後利其津益，貪黷無厭」〔註210〕，便不難理解。而到了同治年間，沈葆楨亦奏稱：「福建地瘠民貧，州縣率多虧累，恆視台地為調濟之區。」〔註211〕

附表3-7 〈康熙三十五年台灣府經費分配情形〉

官員薪俸		俸　銀	實給薪銀	合　計
	道員	62.044 兩	42.956 兩	105 兩
	知府	62.044 兩	42.956 兩	105 兩
	本府同知	42.556 兩	37.444 兩	80 兩
	府經歷	24.202 兩	15.798 兩	40 兩
	府學教授	31.52 兩		31.52 兩
	台鳳諸三縣官員	243.412 兩	152.228 兩	395.64 兩
	三縣縣學教諭	94.56 兩		94.56 兩
差役工食費		人　數	每人年薪	總　計
	道衙差役	39 名	6.2 兩	241.8 兩
	知府署差役	77 名	6.2 兩	477.4 兩
	同知署差役	31 名	6.2 兩	192.2 兩

〔註208〕鄭光策，〈台灣設官莊議〉，收錄於台銀經濟研究室編，《清經世文編選錄》，（台北：台灣銀行，民國五五年七月），《台灣文獻叢刊》第二二九種，頁 12。

〔註209〕左宗棠，《左文襄公奏牘》，（台北：台灣銀行，民國四九年十月），《台灣文獻叢刊》第八八種，頁 12。

〔註210〕台銀經濟研究室編，《清高宗實錄選輯》，乾隆五十二年十二月十七日，頁509。

〔註211〕沈葆楨，《福建台灣奏摺》，（台北：台灣銀行，民國四八年二月），《台灣文獻叢刊》第二九種，頁 4。

	經歷署差役	6 名	6.2 兩	37.2 兩
	府學差役	7 名		44.33333 兩
	三縣縣衙差役	520 名		3025.433659 兩
	三縣縣學差役	24 名		151.59999 兩
行政庶務費	進表紙張銀			8.057964 兩
	囚犯月糧銀			70 兩
文教祭祀費	府縣儒學聖廟香燈銀			10.08 兩
	府縣學廟壇春秋祭銀			528 兩
	鄉飲銀			27.03 兩
	習儀敕護庭燎香燭銀			1.8 兩
	祈晴禱雨香燭銀			5.4 兩
	廩生食銀			144.6665 兩
	進士舉人貢生旗匾銀			16.24999 兩
	舉人會試盤費			90 兩
建設費	修理廟壇銀			62.714 兩
救濟費	恤孤貧衣布銀			268.2538 兩
	濟孤貧月糧銀			468.322325 兩

附註：以上銀兩數僅取至小數點下六位。

資料來源：高拱乾，《台灣府志》，（台北：台灣銀行，民國四九年二月），《台灣文獻
　　　　　叢刊》第六五種，頁 141 至 160。

附表 3－8　〈乾隆九年台灣府經費分配情形〉

官員薪俸		俸薪銀	養廉銀	合　計
	道員	105 兩	1600 兩	1705 兩
	知府	105 兩	1600 兩	1705 兩
	海防同知	80 兩	500 兩	580 兩
	府學教授訓導	85 兩		85 兩
	府經歷	40 兩	40 兩	80 兩
	二廳廳署官員	203.04 兩	1080 兩	1283.04 兩
	四縣縣衙官員	583.68 兩	3880 兩	4463.68 兩
	縣學教諭訓導	320 兩		320 兩
	總　　計	1521.72 兩	8700 兩	10221.72 兩

附註：1. 二廳爲淡水海防廳與澎湖廳。四縣爲台灣、鳳山、諸羅、彰化四縣。
　　　2. 府縣學教授、教諭薪俸原爲三十一兩五錢二分，自乾隆元年起，教授薪俸增爲四十五兩，教諭增爲四十。（劉良璧，《重修福建台灣府志》，頁 219）
　　　3. 二廳之中，淡水同知薪俸八十兩，澎湖通判六十兩，養廉銀各五百兩。

		人　數	每人年薪	總　計
差役工食費	道衙差役	39 名	6.2 兩	241.8 兩
	知府署差役	73 名	6.2 兩	452.6 兩
	海防同知署差役	29 名	6.2 兩	179.8 兩
	經歷署差役	14 名	6.2 兩	86.8 兩
	府學差役	7 名		44.33333 兩
	二廳廳衙差役	156 名		835.76 兩
	四縣縣衙差役	482 名		2754.889659 兩
	四縣縣學差役	32 名		202.13332 兩
	總　計	832 名		4798.116309 兩
行政庶務費	進表紙張銀			10.586946 兩
	囚犯口糧銀			90 兩
文教祭祀費	府縣聖廟香燈銀			12.6 兩
	府縣學廟壇春秋祭銀			676 兩
	祭關帝廟祭品銀			96 兩
	鄉飲銀			33.03 兩
	習儀拜賀救護香燭銀			2.4 兩
	祈晴禱雨謝神香燭銀			6.6 兩
	廩生食銀			173.5998 兩
	進士舉人貢生旗匾銀			20.83332 兩
	舉人會試盤費			120 兩
建設費	修理廟壇銀			74.071 兩
救濟費	恤孤貧衣布銀			341.2696 兩
	濟孤貧月糧銀			774 兩

附註：以上銀兩數僅取至小數點下六位。

資料來源：劉良璧，《重修福建台灣府志》，（台北：台灣銀行，民國五十年三月），《台灣文獻叢刊》第七四種，頁 213 至 242。養廉銀部分請參范咸，《重修台灣府志》，（台北：台灣銀行，民國五十年十一月），《台灣文獻叢刊》第一○五種，頁 238 至 240。

附表 3-9 〈乾隆十二年台灣府經費分配情形〉

官員薪俸		俸薪銀	養廉銀	合　計
	巡視兩察院		2400 兩	2400 兩
	道員	105 兩	1600 兩	1705 兩
	知府	105 兩	1600 兩	1705 兩
	海防同知	80 兩	500 兩	580 兩
	府學教授訓導	85 兩		85 兩
	府經歷	40 兩	40 兩	80 兩
	二廳廳署官員	203.04 兩	1080 兩	1283.04 兩
	四縣縣衙官員	583.68 兩	3880 兩	4463.68 兩
	縣學教諭訓導	320 兩		320 兩
	總　計	1521.72 兩	8700 兩	12621.72 兩
差役工食費		人　數	每人年薪	總　計
	兩察院差役	50 名		272.8 兩
	道衙差役	39 名	6.2 兩	241.8 兩
	知府署差役	73 名	6.2 兩	425.6 兩
	海防同知署差役	29 名	6.2 兩	179.8 兩
	經歷署差役	14 名	6.2 兩	86.8 兩
	府學差役	7 名		44.333 兩
	二廳廳衙差役	160 名		860.56 兩
	四縣縣衙差役	482 名		2708.489 兩
	四縣縣學差役	32 名		202.132 兩
	總　計	886 名		5022.314 兩
附註：主要增加兩察院差役 50 名 272.8 兩及增禁卒 4 名 24.8 兩。 　　　四縣縣衙差役員額雖未減少，但經費約減少 46.4 兩。				
行政庶務費	進表紙張銀			10.584 兩
	囚犯口糧銀			90 兩
文教祭祀費	府縣聖廟香燈銀			12.6 兩
	府縣學廟壇春秋祭銀			676 兩
	祭關帝廟祭品銀			96 兩
	鄉飲銀			33.03 兩
	習儀拜賀救護香燭銀			2.4 兩

	祈晴禱雨謝神香燭銀	6.6 兩
	廩生食銀	173.598 兩
	進士舉人貢生旗匾銀	20.652 兩
	舉人會試盤費	120 兩
建設費	修理廟壇銀	73.071 兩
救濟費	恤孤貧衣布銀	341.268 兩
	濟孤貧月糧銀	774 兩

附註：以上銀兩數僅取至小數點下六位。

資料來源：范咸：《重修台灣府志》，《台灣文獻叢刊》第一〇五種，頁 219 至 240。

附表 3−10　〈乾隆二十八年台灣府經費分配情形〉

官員薪俸		俸薪銀	養廉銀	合　計
	巡視兩察院		2400 兩	2400 兩
	道員	105 兩	1600 兩	1705 兩
	知府	105 兩	1600 兩	1705 兩
	海防同知	80 兩	500 兩	580 兩
	府學教授訓導	85 兩		85 兩
	府經歷	40 兩	40 兩	80 兩
	二廳廳署官員	203.04 兩	1080 兩	1283.04 兩
	四縣縣衙官員	583.68 兩	3880 兩	4463.68 兩
	縣學教諭訓導	320 兩		320 兩
	總　　計	1521.72 兩	8700 兩	12621.72 兩
差役工食費		人　數	每人年薪	總　計
	兩察院差役	50 名		68.2 兩
	道衙差役	39 名	6.2 兩	241.8 兩
	知府署差役	73 名	6.2 兩	425.6 兩
	海防同知署差役	29 名	6.2 兩	179.8 兩
	經歷署差役	14 名	6.2 兩	86.8 兩
	府學差役	7 名		44.333 兩
	二廳廳衙差役	160 名		860.56 兩
	四縣縣衙差役	516 名		2840.549 兩
	四縣縣學差役	32 名		202.132 兩
	總　　計	920 名		4949.774 兩

行政庶務費	囚犯口糧銀	90 兩
文教祭祀費	府縣聖廟香燈銀	12.6 兩
	府縣學廟壇春秋祭銀	640.2 兩
	祭關帝廟祭品銀	96 兩
	鄉飲銀	33.03 兩
	習儀拜賀救護香燭銀	2.4 兩
	祈晴禱雨謝神香燭銀	6.6 兩
	廩生食銀	173.598 兩
	進士舉人貢生旗匾銀	20.652 兩
	舉人會試盤費	120 兩
建設費	修理廟壇銀	73.071 兩
救濟費	恤孤貧衣布銀	164.675 兩
	濟孤貧月糧銀	774 兩

附註：以上銀兩數僅取至小數點下六位。

資料來源：余文儀，《續修台灣府志》，(台北：台灣銀行出版，民國五一年四月)，《台灣文獻叢刊》第一二一種，頁 283 至 306。

附表 3－11 〈道光二年台灣府經費分配情形〉

官員薪俸		俸薪銀	養廉銀	合 計
	道員	105 兩	1600 兩	1705 兩
	知府	105 兩	1600 兩	1705 兩
	海防同知	80 兩	500 兩	580 兩
	理番同知	80 兩	500 兩	580 兩
	府學教授訓導	85 兩		85 兩
	府經歷	40 兩	40 兩	80 兩
	二廳廳署官員	271.52 兩	1500 兩	1771.52 兩
	四縣縣衙官員	726.72 兩	4040 兩	4766.72 兩
	縣學教諭訓導	320 兩		320 兩
	總 計	1813.24 兩	9780 兩	11593.24 兩

附註：三廳為淡水海防廳、澎湖廳與噶瑪蘭廳。四縣為台灣、鳳山、諸羅、彰化四縣。

差役工食費		人 數	每人年薪	總 計
	道衙差役	39 名	6.2 兩	241.8 兩
	知府署差役	93 名		610.534 兩
	海防同知署差役	29 名	6.2 兩	179.8 兩
	理番同知署差役	49 名	6.2 兩	303.8 兩
	經歷署差役	6 名	6.2 兩	37.2 兩
	府學差役	7 名		44.333 兩
	三廳廳衙差役	371 名		1747.46 兩
	四縣縣衙差役	750 名		4167.316 兩
	四縣縣學差役	32 名		202.132 兩
	總 計	1376 名		7534.375 兩
行政庶務費	囚犯口糧銀			90 兩
文教祭祀費	府縣聖廟香燈銀			12.6 兩
	府縣學廟壇春秋祭銀			585.6 兩
	祭關帝廟祭品銀			96 兩
	文昌祠祭品銀			52 兩
	鄉飲銀			33.03 兩
	習儀拜賀救護香燭銀			2.4 兩
	祈晴禱雨謝神香燭銀			6.6 兩
	廩生食銀			283.547 兩
	進士舉人貢生旗匾銀			20.652 兩
	舉人會試盤費			120 兩
建設費	修理廟壇銀			74.071 兩
救濟費	恤孤貧衣布銀			712.553 兩
	濟孤貧月糧銀			225.964 兩

資料來源：台銀經濟研究室編，《台灣府賦役冊》，（台北：台灣銀行，民國五一年二月），《台灣文獻叢刊》第一三九種，頁 27 至 30、42 至 44、55 至 57、70 至 74、82 至 83。《福建賦役全書——台灣府賦役冊》，（台北：成文出版社，民國七二年三月），《中國方志叢書·台灣地區》第三七號，頁 275。柯培元，《噶瑪蘭志略》，（台北：台灣銀行，民國五一年二月），《台灣文獻叢刊》第九二種，頁 51、52。

附表 3－12 〈光緒朝台南一府四縣一廳時期府衙之經費分配〉

官員薪俸		俸薪銀	養廉銀	合　計
	道員	105 兩	1600 兩	2705 兩
	知府	105 兩	1600 兩	1705 兩
	府學教授	45 兩		45 兩
	府經歷	40 兩	40 兩	80 兩
	澎湖廳署官員	91.52 兩	540 兩	631.52 兩
	四縣縣衙官員	623.68 兩	3600 兩	4223.68 兩
	縣學教諭	80 兩		80 兩
	總　計	1090.2 兩	8400 兩	9470.2 兩

附註：1. 一廳為澎湖廳。四縣為嘉義縣、安平縣、鳳山縣、恒春縣。

2. 台灣建省後，因台灣道加按察使銜，職責繁重，光緒十四年八月劉銘傳奏准將巡道養廉銀調高為三千兩。（《月摺檔》，光緒朝，光緒十四年八月四日）

3. 光緒十四年台南府學裁去訓導一缺，僅留教授。安平縣學亦於光緒三年裁去訓導一職，僅留教諭。（《安平縣雜記》，頁 44、97）恒春縣無設縣學；嘉義縣未設訓導，僅教諭一員；鳳山縣原僅教諭一員，光緒十六年移雲林縣，本缺裁。（《台灣通紀》，頁 340、344）

差役工食費		人　數	每人年薪	總　計
	道衙差役	39 名	6.2 兩	241.8 兩
	知府署差役	73 名	6.2 兩	452.6 兩
	經歷署差役	14 名	6.2 兩	86.8 兩
	府學差役	7 名		44.3 兩
	澎湖廳衙差役	67 名		336.6 兩
	四縣縣衙差役	588 名		3751.224 兩
	二縣縣學差役	16 名		101.066 兩
	總　計	804 名		5014.39 兩

行政庶務費	囚犯口糧銀	70 兩

文教祭祀費	府縣聖廟香燈銀	12.56 兩
	府縣學廟壇春秋祭銀	565.8 兩
	祭關帝廟祭品銀	78 兩
	海神廟外十六廟祭品銀	64 兩

	文昌祠祭品銀	58 兩
	鄉飲銀	27 兩
	習儀拜賀救護香燭銀	2.4 兩
	祈晴禱雨謝神香燭銀	6.6 兩
	廩生食銀	202.5 兩
	進士舉人貢生旗匾銀	18.924 兩
	舉人會試盤費	100 兩
建設費	修理廟壇銀	74.071 兩
救濟費	恤孤貧衣布銀	423.547 兩
	濟孤貧月糧銀	124.21 兩

附註：光緒年間未再有新修之嘉義、鳳山縣志，故本表中此二縣之資料係採用道光二
　　　年的存留經費。

資料來源：台銀經濟研究室編，《安平縣雜記》，（台北：台灣銀行，民國四八年八月），
　　　　　《台灣文獻叢刊》第五二種，頁 70 至 74、90 至 92、96 至 100。屠繼善，
　　　　　《恒春縣志》，（台北：台灣銀行，民國四九年五月），《台灣文獻叢刊》第
　　　　　七五種，頁 119、120。林豪，《澎湖廳志》，頁 102、103、174。台銀經濟
　　　　　研究室編，《台灣府賦役冊》，頁 42 至 44。

第四章　台灣知府之人事嬗遞分析

　　本章討論的重點在清代台灣知府人事制度，擬透過史料說明與知府人事量化資料相互對照，能對台灣知府的人事任用有所瞭解。並藉由與全國及閩省知府的統計資料相比較，以便看出清代知府的人事任用在內地與台灣有何異同，以及造成不同的原因。

第一節　台灣知府的派任

　　清代文官任用之形式，有特簡、開列、吏部銓選、奏薦、題調等五種〔註1〕。一般而言，知府的任命方式有兩種，或由吏部銓選，或由督撫題調；吏部銓選稱為內選，督撫題調稱為外補〔註2〕。地方官員之選任本屬吏部之權責，然因地方諸般行政事務皆歸督撫處理裁斷，故對所屬官吏之選用，以歸督撫為便，是以除內選外，別設外補。台灣因受一海之隔的地理位置與特殊歷史背景之影響，有關知府的任用與內地情形不太一樣；這些特別的規定和限制，顯示出清廷治理台灣所採方法的因地制宜性。

　　清領有台灣後，設一府三縣，其文員之選派，最初依侍郎蘇拜等具題經議政王等會同議覆，主張所有台灣及澎湖的文職員缺聽由吏部補授具題

〔註1〕　織田萬，《清國行政法汎論》，（台北：華世出版，民國六八年三月），頁663
　　　　至686。特簡：又曰特授，由皇帝直接任命，官吏的資格不受限制。開列：由
　　　　吏部（或軍機處）開列員缺名單，再由皇帝圈選。吏部銓選：由吏部依照進
　　　　陞條例銓選。奏薦：由吏部或本屬衙門直接奏請任命，不經開列銓選。題調：
　　　　以督撫的職權直接任官。
〔註2〕　織田萬，《清國行政法汎論》，頁679。

〔註3〕。但康熙二十三年（一六八四）四月，福建提督施琅奏請派文員至台灣任職時，吏部回覆稱：「台灣係新地方，正需才能官員之時，於閩省現任官員內選擇調補。至調補各官，俟三年俸滿，該督撫具題到日，以伊等應陞員缺於即陞官員內先行陞用之中，又先行陞用。」但吏部同時亦聲明嗣後如有文員出缺，則由吏部依常例論俸升補〔註4〕。由此可知，台灣初入清帝版圖為有效治理，知府是由吏部委閩浙督、撫於閩省現任官員內就近題補。蓋閩省各官蒞任已久，對台灣之風土民情、地方險要多有習聞，故一旦有事不虞棘手；而被調台任職之官員，俸滿後得享有於應升員缺中又先行升用。但此舉基本上只是一種臨時性的權宜措施。

康熙二十七年（一六八八）首批赴台任職之文官任期屆滿後，吏部以康熙二十三年舊例已規定：「嗣後台灣員缺，由部會照常例補受」，主張台灣文官出缺應由吏部依推升之法論俸升補，然聖祖卻接納福建巡撫張仲舉會同閩浙總督王新命之提議，赴台任職之文官應在閩省現任官員內選擇調補，可得就近之便與熟悉職務之利，且人地相宜遇事不虞棘手〔註5〕。因此部會議覆同意：「查廣西南寧等四府官員之缺，該督撫將廣西品級相當現任官員內選擇保題補授，台灣係海外遠疆，嗣後缺出，亦應照廣西南寧等府之例，將現任官員補調可也」〔註6〕。故自康熙二十七年九月開始，台灣知府之任用正式由閩浙督撫於閩省現任官員內揀選適格且合例之人員調補〔註7〕。但是，如果閩省現任官員內沒有品級相當可調赴台灣任職之人選時，則仍由吏部銓選〔註8〕。此外，如任內有參罰記錄、任期未滿或年力及辦事才能有所不及之閩省現任官員，閩浙督、撫均不能將其調赴台灣任職〔註9〕。可見清領台之初，對官員

〔註3〕〈署理閩浙總督宜兆熊殘題本〉，收於《臺案彙錄乙集》，（台北：台灣銀行，民國五二年六月），《台灣文獻叢刊》第一七三種，頁1。

〔註4〕〈暫署閩浙總督策揭帖〉，收於《臺案彙錄乙集》，頁92、93。

〔註5〕策楞，〈揭報選補台灣知府〉，收錄於國學文獻館編，《台灣研究資料彙編》，（台北：聯經出版，民國八二年九月），頁9077至9081。

〔註6〕〈暫署閩浙總督策揭帖〉，收於《臺案彙錄乙集》，頁93。

〔註7〕《大清聖祖仁（康熙）皇帝實錄》，（台北：華聯出版社，民國五三年九月），卷一三七，康熙二十七年九月癸巳，頁7。

〔註8〕周鍾瑄，《諸羅縣志》，（台北：台灣銀行，民國五一年十二月），《台灣文獻史料叢刊》第一四一種，頁47。

〔註9〕〈福建巡撫黃國材奏摺〉，收於《臺案彙錄乙集》，頁2。清德宗敕撰，《欽定大清會典事例》，（台北：中文書局，民國五二年一月），卷六十，頁2。查定例：「台灣各缺，俱令該督、撫揀選調補。」又定例：「調補官員，除降革、

的選派並不馬虎，調台官員除了要品級相當外，還需符合無參罰、期滿、有才能之規定。而在選員的過程中，閩浙總督、福建巡撫對台灣文官的人事任用權，其影響力遠大於吏部。在任何朝代，文官的選用關係著政局的穩定與否，清代吏部對台灣文員有許多任例的規定，顯示了清廷重視台灣的持有，而其另一用意便是避免閩浙督、撫濫用職權任用私人。督撫的派任權除需合例外，清廷對其人事任用權還採取彈性的監督與制衡，其方法主要有二，第一是規定調補知縣以上之官員，須赴吏部引見，察其賢否〔註10〕，若皇帝品評不嘉，則交吏部會覈〔註11〕，此例自然對督撫產生監督之效；雍正元年（一七二三），福建巡撫黃國材雖以台灣在海外遠隔重洋，如有因丁憂、病故等事出缺，內地聞知已遲，若再引見赴任，將使台灣文缺久懸多事，奏請取銷文官赴京引見〔註12〕。但清廷並未接納其意見。其二，知府雖由閩浙督、撫選員調補，但其所欲調補之人選，需先交吏部審查其資格是否與任例相符，若其資格不符，吏部可加以議駁〔註13〕。

乾隆元年（一七三六），內地道、府缺分任用之法有所更改，明令「道府員缺，衝繁疲難四項三項者，開列缺單，請旨簡用，二項一項者，歸月分銓選」〔註14〕。清代地方文官，依其所轄治地方大小，民俗之淳頑，事務之繁簡，及地略之重要程度，分別以衝、繁、疲、難四字來區別缺分之緊要與否，四項兼者為最要缺，三項兼者為要缺，二項及一項者為中缺和簡缺〔註15〕。

留任、例有參展及督催分數錢糧承追虧空贓罰不准調補外，其承追督催不作分數之雜項錢糧及降俸、住俸、罰俸、緝拿之案，仍准調補。」引自〈吏部題本〉，收於《臺案彙錄乙集》，頁124。

〔註10〕周鍾瑄，《諸羅縣志》，頁47、48。實際運作情形中，官員對品補調不用赴部引見，惟論俸推升者才需赴部引見。實例請參楊廷璋，〈奏請調陞知府摺〉，收錄於國學文獻館編，《台灣研究資料彙編》，頁16541。史貽直，〈題覆台灣彰化縣知縣准以張世珍調補〉，收錄於國學文獻館編，《台灣研究資料彙編》，頁16031、16032。

〔註11〕織田萬，《清國行政法汎論》，頁708。

〔註12〕〈福建巡撫黃國材奏摺〉，收於《臺案彙錄乙集》，頁2。

〔註13〕織田萬，《清國行政法汎論》，頁680、681。

〔註14〕清德宗敕撰，《欽定大清會典事例》，卷六一，頁18、19。所謂「月分銓選」，即吏部每月銓選之法，二四六八十十二月雙月日大選，除班、升班於雙月開選，但閏月不選；一三五七九十一月單月日急選，補班於單月開選。此外，月選亦按不同種族分配銓選，滿洲、蒙古、漢軍官於上旬銓選，筆帖式於中旬、漢官於下旬銓選。引自《欽定大清會典》，（台北：新文豐出版公司印，民國五二年一月），卷九，頁1。

〔註15〕清史編纂委員會編，《清史》，（台北：國防研究院編印，民國五十年十二月），

以台灣知府的缺分而言，台南府知府（含建省前之台灣府）與台北府知府同屬衝繁難缺，而駐紮彰化縣橋孜圖的台灣府知府屬衝繁疲難缺〔註16〕。最要缺與要缺之人選，因地方事務繁多複雜，為收治理之績效，需以練達之員或具行政經驗之文官出任，故委由吏部或督撫開列知府人選名單，再由皇帝圈選。乾隆十七年（一七五二）吏部亦再次說明，福建原屬邊疆兼屬海疆，遇有需人之時，由該督撫具題請旨揀發〔註17〕。然而，台灣知府的派任，在此期間實際上仍是由閩浙督、撫奏請補調；如乾隆七年（一七四二）台灣知府錢洙在任病故，閩浙督、撫於閩省現任官員中選擇興化府知府范昌治調補台灣知府〔註18〕。直至乾隆五十二年（一七八七），台地因林爽文之亂，高宗為整飭吏治，避免督撫用人有夤緣瞻徇之弊，才將台灣道府員缺改為「請旨簡放」〔註19〕，即由閩浙督、撫開列名單，再由皇帝作決選。但基本上不論督撫題調或皇帝圈選，台灣知府的調派，閩浙督、撫均擁有主要的影響力；若非督撫所喜歡的人選，根本不會列入人選名單。

由於台灣文官依例應自閩省現任官員中挑選品級相當之員對品補調〔註20〕，是以當台灣某一缺分之文官出缺時，即由閩浙督、撫飭令藩（布政使）臬（按察使）兩司，於閩省同一品級之文官中挑選。就知府的員缺而言，與台灣府知府同等品級之文官，則有泉州、漳州、福州、建寧、汀州、興化、邵武、延平等八府，雍正十二年（一七三四）又增加福寧府〔註21〕。如在現

〈選舉志五〉，頁1331。傅宗懋，〈清代文官缺分研究〉，《政治大學學報》，第二一期，頁151至175。織田萬，《清國行政法汎論》，頁433。

〔註16〕唐贊袞，《台陽見聞錄》，（台北：台灣銀行，民國四七年十一月），《台灣文獻叢刊》第三十種，頁16。《台灣輿地彙鈔》，（台北：台灣銀行，民國五四年九月），《台灣文獻叢刊》第二一六種，頁41。〈台南府轉行巡撫邵友濂具奏「台灣省會要區地利不宜擬請移設以定規模」摺稿〉，收於《劉銘傳撫台前後檔案》，（台北：台灣銀行，民國五八年八月），《台灣文獻叢刊》第二七六種，頁240。

〔註17〕清德宗敕撰，《欽定大清會典事例》，卷六二，頁7。

〔註18〕策楞，〈揭報選補台灣知府〉，收錄於國學文獻館編，《台灣研究資料彙編》，頁9085至9087。

〔註19〕《大清高宗純（乾隆）皇帝實錄》，（台北：華文書局印，民國五三年），卷一二九五，頁9。

〔註20〕〈福建巡撫黃國材奏摺〉，收入《臺案彙錄乙集》，頁2。

〔註21〕湯熙勇，《清代台灣文官的任用方法及其相關問題（1684～1887）》，中研院三民所專題選刊（八十），（台北：中研院三民主義研究所，民國七七年三月），頁7。

任文官中無法尋覓出適任之人選時，則由督撫奏請吏部銓選。

至於原定調台官員必須「無參罰」的標準，雍正元年（一七二三）福建巡撫黃國才建議：「若必欲無參罰之員，方准調補；查無參罰人員，或因到任未久，或人地不甚相宜，俱未便調補。且調台各官，俱係對品調補並非陞轉，如遇俸滿陞轉，仍查該員並無參罰方得陞轉。以後台灣文職缺出，可否不論有無參罰之員，俱准調補。」〔註22〕但這些意見並未獲採納。至乾隆六年（一七四一）閩浙總督宗室德沛會同署理福建巡撫王恕，以台灣難治理，為求可勝任之員，必於繁缺選才，但繁缺多有處分，若不變通用人，合例者短於才，勝任者格於例，因此奏請「調台官員，任內雖有參展各案，但實係才幹」者，請放寬准予提調，清廷則回覆「照此定例則不可，或隨本奏請則可」〔註23〕。顯然「無參罰」的規定已稍有放寬，閩浙督、撫雖希望只要是真實幹員即使受過行政處分亦請准予調補台灣官職，但高宗並未直接答應其請求，不過卻允許督撫以專摺奏請的方式任用未合例之人員。至乾隆七年時，吏部則明確放寬規定：「知府督催錢糧，較承追經徵錢糧之州、縣責任稍輕，嗣後台灣知府員缺，倘所屬知府內無合例可調之人，其任內有督催錢糧未完一分以下者，由吏部於題覆本內聲明請旨」〔註24〕。

乾隆十三年（一七四八）清廷議准：「知府凡有應題員缺，必本任內閱俸五年以上，方准題升；應調員缺，必本任內閱俸三年以上，方准題調」〔註25〕。次年，閩浙總督喀爾吉善以台灣一府遠在海外，大小官員均由內地調補，即須覈其年力，又應察明其辦事才能，如照內地要缺之法俸滿始准調補，將會造成「合例者未必勝任，勝任者又難合例」的問題；後經吏部議覆准其所請，嗣後惟台屬各官不論閱俸年限，但仍照舊例遴選補調〔註26〕。至此又破除了調台之閩省官員須原職銜俸滿才可轉調之規定，可見清廷為配合台灣用人的因地制宜性，不斷放寬閩省赴台官員的任用標準。而乾隆四十四年（一七七九），又以道、府員缺俱由福建內地調補，被調人員之空缺需揀員補用，而台員俸滿回至內地又復空閒待補，如此周折相當煩瑣，於是諭令互為對調最為

〔註22〕　〈福建巡撫黃國材奏摺〉，收入《臺案彙錄乙集》，頁2。
〔註23〕　《大清高宗純（乾隆）皇帝實錄》，卷一三五，頁15。
〔註24〕　清德宗敕撰，《欽定大清會典事例》，卷六五，頁18。
〔註25〕　清德宗敕撰，《欽定大清會典事例》，卷六十，頁1。
〔註26〕　〈吏部題本〉，引自《臺案彙錄乙集》，頁124。清德宗敕撰，《欽定大清會典事例》，卷六十，頁2、3。

簡捷，以俸滿之台灣道、府人員調補調台之閩省道、府員缺〔註27〕。

　　嘉慶十九年（一八一四），台灣知府的任用又有所變動，督撫提報知府人選後，再由吏部知照軍機處請旨簡用，至於知府以下各缺，則由督撫於內地揀選賢能之員調補〔註28〕，使得知府的銓選更加嚴謹。然而其後，台灣知府員缺常面臨一時不得其人的困擾，於是同治九年（一八七〇）又改為「嗣後遇有台灣府缺出，即著該督、撫奏明請旨，於閩、浙兩省知府內揀員調補。倘一時不得其人，並准於應升人員內擇其人地相宜者，奏明題補。……如閩、浙兩省知府中均無可調之員，准於候補知府中之曾任實缺知府，並由曾任地方正印保升知府及應升人員內一體揀選。」〔註29〕

　　由上述說明中可以得知，台灣建省前知府的任用，最初是暫由閩浙督、撫於閩省現任官員中揀選調補，但因台灣遠離中央且又有特殊的歷史背景，為收因地制宜之效，自康熙二十七年（一六八八）起才照廣西南寧等府之例，台灣文員正式由督撫於閩省現任官員內揀選能力足之人員調補。此外，為了避免督撫濫用職權任用私人，吏部有赴台官員必須能力足、俸滿、無參罰的規定。到了乾隆末年，因林爽文之亂高宗為整飭吏治，將道府員缺改由督撫開列名單，由皇帝決選。不過這些限制常導致，台灣知府有缺時卻無法在閩省找到適當人選赴任，因而一再地修改原先的規定，除准於閩、浙兩省選員調補外，也允許於曾任實缺知府之候補知府及應升知府之人選中揀補，但基本上是以「人地相宜」為原則。

　　台灣知府的調補一般雖須依例補授，但仍有例外的個案與方法，如督撫可以「專摺奏請」的方式來任用與例不符之人員，亦可運用署理或差委的方式規避吏部的限制，任用與例不符的知府。嘉慶五年（一八〇〇）仁宗即諭令：「閩省漳、泉、台灣三府所屬，如有陞調缺出，倘實無合例之員堪以陞調，該督原可專摺奏請，即部臣（吏部）照例議駁，朕仍可酌量准行。」〔註30〕同治元年（一八六二）九月福建巡撫徐宗幹奏請以候補知府陳懋烈補授台灣

〔註27〕清德宗敕撰，《欽定大清會典事例》，卷六五，頁21。乾隆四十四年十月高宗下諭「台灣道張棟三年俸滿，由興泉永道俞成調補，而興泉永道所留員缺，即令張棟補授。嗣後如有台灣道、府期滿調回者，照此辦理。」引自《清高宗實錄選輯》，（台北：台灣銀行，民國五三年六月），頁242。

〔註28〕清德宗敕撰，《欽定大清會典事例》，卷六十，頁3；卷六五，頁23。

〔註29〕清德宗敕撰，《欽定大清會典事例》，卷六五，頁24。

〔註30〕戶部「為內閣抄出閩浙總督玉奏」，引自《明清史料己編》，（台北：中研院歷史語言研究所，民國四七年四月），第九本，頁870。

知府，吏部以台灣府員缺應由實缺人員內請旨簡用，該撫所請與例未符，原不可遵行辦理，然穆宗卻降旨：因人地相需，仍准其以陳懋烈補授，但嗣後不得援以爲例〔註31〕。同治九年（一八七〇）二月，閩浙總督英桂、福建巡撫卞寶第未候諭旨遽請任用浙江知府陳思燆爲台灣府知府，與舊章不符（原來只能於閩省現任官員內揀員調補），吏部雖以「督撫調補知府與例不符，請旨辦理」，但穆宗卻特准其所請，且寬恩免其違例所應得之處分，並開例准於閩、浙兩省知府內揀員調補〔註32〕。另如光緒三年（一八七七）台灣新設台北府知府員缺，沈葆楨、何璟與丁日昌三人明知隔省調署知府無例可循，但仍奏請德宗能逾格施恩，能以江蘇海州直隸州知州林達泉試署〔註33〕；吏部雖以此案違例加以駁議，但德宗以海疆要缺因地擇人起見仍准其所請，僅申明「嗣後不得援以爲例」〔註34〕。不過，以不符例的方式來任用台灣知府仍可見聞，如光緒九年（一八八三），依例初任候補人員不准調補要缺，但閩浙總督何璟、署閩省巡撫張兆棟仍以閩浙兩省實缺知府中非現居要缺即人地未相宜，或到省未久於缺情形不熟未便調補，今候補知府程起鶚實屬人地相宜，請以調任台灣府知府〔註35〕。可見任用與例不符的知府仍然存在，而「因地擇員」亦成爲清廷對台人事任用的主要考量原則。

自光緒十三年八月（一八八七）台灣建省後，台灣文官的調用及考核大計，改由福建台灣巡撫就台辦理〔註36〕。台灣所需之文官，仍由吏部分發文員到閩，再行咨調到台。有關知府的派任則未有重大改變，只是隨著福建台灣巡撫的設立，其對台灣的人事任用影響力遠大於閩浙總督，台灣省的知府轉由台灣巡撫請旨委用〔註37〕。不過，對於知府的下屬廳、縣員缺，其任用標準大爲放寬，光緒十三年十月巡撫劉銘傳以台地多煙瘴、水土惡劣，人人

〔註31〕《大清穆宗毅（同治）皇帝實錄》，（台北：華聯出版社，民國五三年一月），卷四二，同治元年九月壬子，頁16。
〔註32〕《大清穆宗毅（同治）皇帝實錄》，卷二七六，同治九年二月己酉，頁25、24。
〔註33〕《光緒朝東華續錄選輯》，（台北：台灣銀行，民國五八年十月），《台灣文獻叢刊》第二七七種，頁28。
〔註34〕同前註，頁31。《大清德宗景（光緒）皇帝實錄》，（台北：華聯出版社，民國五三年一月），卷五六，八月丙午，頁5。
〔註35〕《月摺檔》，（台北：故宮博物院館藏），〈光緒朝〉，光緒九年二月十七日，頁45至48。
〔註36〕〈台灣府轉行巡撫劉銘傳具奏「台灣光緒十三年八月至十二月調委署代理州縣各員缺」摺稿〉，收於《劉銘傳撫台前後檔案》，頁155、156。
〔註37〕《光緒朝東華續錄選輯》，頁166。

視為畏途，「（知縣）熟悉地方情形，堪勝繁劇者，輒以格於成例，不容假以事權，棄置殊為可惜。是於合例者無人可用，可用者又不能合例，徒使地方久懸要缺，遴委無人，未免貽誤。」〔註38〕乃向清廷奏請飭令吏部暫時調整台灣廳、縣員缺補署辦法，希望其任用暫行不論資格，俾得人地相宜，等全台生番歸化，一律分治設官，再循照吏部之規定〔註39〕。次年五月清廷同意台地試行變通補署章程，使台灣文員之任用由台灣巡撫全權負責，不須受閩浙總督之牽制。

第二節　台灣知府的籍貫

清代官員的銓選，有迴避之規定，其目的在防止官員因同宗、同鄉、同門等關係而徇私，有礙於公務的執行〔註40〕。《大清會典》載：「巡道管轄數府，及知府以下管轄一府一州一縣者，迴避至本省其他府州縣，皆由督撫調補。」〔註41〕地方文官除須迴避本籍外，鄰省出任者亦須距本籍五百里之外；所以有此規定，乃因「地方密邇，恐其中有嫌疑牽扯等弊」〔註42〕台灣知府的調補除須迴避本籍而無閩籍文員出任外，還有其它特殊規定。乾隆三十四年（一七六九），閩浙總督崔應階上奏，以「台灣地方半係粵莊，俱廣東人居住，若地方官亦係粵人，恐不無瞻循同鄉，即或遇事秉公，又易生怨滋事，辦理頗為掣肘」，奏請「嗣後台灣文職各官，凡籍隸廣東人員，俱令迴避」，清廷議准〔註43〕。因而，赴台任職的知府除因本籍的關係須迴避閩人外，又須迴避粵人。

到了乾隆三十六年（一七七一），金門鎮總兵龔宣以「同鄉相信，易於聽從」，處理台灣迭起的閩粵械鬥有其妙用，而崔應階前奏，不拘大小文員概令

〔註38〕〈台灣水土惡劣知縣員缺請飭部暫寬例章變通補署摺〉，收錄於《劉壯肅公奏議》，（台北：台灣銀行，民國四七年十月），《台灣文獻叢刊》第二七種，頁401、402。

〔註39〕《月摺檔》，〈光緒朝〉，光緒十三年十月十一日。

〔註40〕魏秀梅，《清代之迴避制度》，（台北：中研院近史所，民國八一年五月），中研院近史所專刊（66），頁1。

〔註41〕清德宗敕撰，《欽定大清會典事例》，（台北：中文書局影印，民國五二年一月），卷十，頁11。

〔註42〕清德宗敕撰，《欽定大清會典事例》，卷四七，頁2。陶希聖、沈任遠，《明清政制治度》，（台北：台灣商務印書館，民國五六年八月），頁149。

〔註43〕清德宗敕撰，《欽定大清會典事例》，卷六五，頁19。

回避，未免因噎廢食，且台灣武職不避閩籍，獨有文職屏除粵人，實有失公平，故奏請酌改前令〔註44〕。同年四月高宗諭令：「嗣後調台文員，照武職不避閩人之例，無分粵籍。惟知縣與民切近，除廣東惠、潮二府、嘉應一州等三屬人員不預選調外，餘俱與別省通行精擇。」〔註45〕雖然，乾隆皇帝取消迴避閩人任台文職之例，但由表4－1我們可以發現，迴避本籍之例，仍然影響著台灣知府的任派，在清治時期根本沒有閩籍人員擔任台灣知府。

　　清廷以邊族的身分入主中國，在用人的政策上有其特殊的規定，而在旗籍、漢籍自有不同的任免與待遇，如《大清會典事例》中便有外官從六品以下之文官不授滿人之規定，而康熙四十七年（一七○八）七月福建總督欲以滿籍之岳色勤調任台灣府同知，聖祖亦諭令：「滿州從未用過，另題。」〔註46〕故在本文的計量上旗、漢分別計算。根據表4－1，康熙時期知府屬旗籍的比例33.3％，是各朝代中最高的，且高於內地各時期知府籍屬旗籍的比例〔註47〕。這可能是因台灣初入版圖且地理位置偏遠，又曾是明鄭反清的淵藪，常有海賊出沒，情況特殊須特別防範，乃多用漢軍旗員以穩定台灣政局。

〔註44〕清德宗敕撰，《欽定大清會典事例》，卷六五，頁19、20。

〔註45〕同前註。《大清高宗純（乾隆）皇帝實錄》，（台北：華聯出版社，民國五三年十月），卷八八二，乾隆三十六年四月癸未，頁25至27。

〔註46〕《宮中檔康熙朝奏摺》，（台北：故宮博物院印，民國六五年），第一輯，頁933至936。

〔註47〕李國祁、周天生、許弘義，《清代基層地方官人事嬗遞現象之量化分析》，（台北：行政院國科會印，民國六四年四月），《行政院國家科學委員會叢書》第七種，頁54。清代各朝旗籍知府之百分比：

順治	康熙	雍正	乾隆	嘉慶	道光	咸豐	同治	光緒
9.6％	21.7％	15.6％	24.2％	21.2％	23.0％	18.8％	19.2％	20.8％

表4—1　台灣知府籍貫表

朝代	項目	旗籍 滿州	旗籍 蒙古	旗籍 漢軍	旗籍 小計	漢籍 奉天	漢籍 直隸	漢籍 山東	漢籍 山西	漢籍 河南	漢籍 陝西	漢籍 甘肅	漢籍 江蘇	漢籍 安徽	漢籍 浙江	漢籍 福建	漢籍 江西	漢籍 湖南	漢籍 湖北	漢籍 四川	漢籍 廣東	漢籍 廣西	漢籍 貴州	漢籍 雲南	漢籍 小計	合計	不詳人數
康熙	人數			3	3	2	1	1	2												1				7	9	
康熙	百分比			33.3	33.3	22.2	11.1	11.1	22.2												11.1				77.7		
雍正	人數						1	2		1			1		2					1					8	8	
雍正	百分比						12.5	25.0		12.5			12.5		25.0					12.5					100.0		
乾隆	人數	4		1	5		4	2			1		5		11		1	2				1	1		28	33	
乾隆	百分比	12.1		3.0	15.2		12.1	6.1			3.0		15.2		33.3		3.0	6.1				3.0	3.0		84.8		
嘉慶	人數	2			2		1	2		1			1	3	1							1			10	12	
嘉慶	百分比	16.7			16.7		8.3	16.7		8.3			8.3	25.0	8.3							8.3			83.3		
道光	人數	1	1		2		1	2	1				1	4			2								10	12	3
道光	百分比	8.3	8.3		16.6		8.3	16.6	8.3				8.3	33.3			16.6								83.3		
咸豐	人數							2											1	1					4	4	
咸豐	百分比							50.0											25.0	25.0					100.0		
同治	人數						1							1			1		1		1				5	5	4
同治	百分比						20.0							20.0			20.0		20.0		20.0				100.0		

籍貫 朝代	人數與 百分比	旗籍				漢籍																			合計	不詳 人數
		滿州	蒙古	漢軍	小計	奉天	直隸	山東	山西	河南	陝西	甘肅	江蘇	安徽	浙江	福建	江西	湖南	湖北	四川	廣東	廣西	貴州	雲南	小計		
光緒	人數	1			1		1						1	1	2		3	1	1	1					11	12	2
	百分比	8.3			8.3		8.3						8.3	8.3	16.7		25.0	8.3	8.3	8.3					91.7		
總計	人數	8	1	4	13	2	8	11	3	2	1		9	9	16		7	3	3	3	3	2	1		82	95	9
	百分比	8.4	1.1	4.2	13.7	2.1	8.4	11.6	3.2	2.1	1.1		9.5	9.5	16.8		7.4	3.2	3.2	3.2	3.2	2.1	1.1		86.3	104	

資料來源：請參閱錄〈台灣知府人事資料〉。

附註：根據附錄台灣知府（含建省後台南知府）共一三五個任次，其中有六個任次未到任，故實際有一二九個任次，共一〇四人。

表4-2 清代台灣知府與全國及閩、漢、黔三省知府籍貫比較

地區	籍貫	滿漢別 旗人					漢人																				
		滿州	蒙古	漢軍	不詳	小計	奉天	直隸	山東	山西	河南	陝西	甘肅	江蘇	安徽	浙江	福建	江西	湖南	湖北	四川	廣東	廣西	貴州	雲南	不詳	小計
全國	百分比	8.4	0.9	4.9	6.5	20.7	5.2	9.5	4.9	4.1	3.6	2.6	0.8	9.0	4.4	8.6	1.9	3.4	1.8	2.0	1.7	1.9	1.1	1.7	1.0	7.6	79.3
福建	百分比	5.6	0.7	3.4	10.8	20.5	2.9	9.2	6.7	1.8	4.0	2.7	1.1	10.3	4.3	9.5	0.2	3.4	0.7	1.3	2.0	3.6	2.2	0.5	0.7	10.3	79.5
台灣	百分比	8.4	1.1	4.2		13.7	2.1	8.4	11.6	3.2	2.1	1.1		9.5	9.5	16.8		7.4	3.2	3.2	3.2	3.2	2.1	1.1			86.3
雲南	百分比	9.5	1.0	5.5	3.5	19.4	2.5	8.0	4.0	1.5	2.0	3.5		5.5	5.5	10.4	1.5	7.0	2.5	3.5	4.5	2.0	3.0	2.5		10.4	80.6
貴州	百分比	5.8	1.4	10.1	5.8	23.2	1.4	5.8	2.9	2.9	7.2	2.9	1.4	11.6		10.1			1.4	4.3	2.9	2.9			2.9	11.6	76.8

資料來源：1. 請參表4-1。

2. 李國祁、周天生、許弘義，《清代基層地方官人事嬗遞現象之量化分析》，《行政院國科會叢書》第七種，頁54、55、96、97、102至105。

根據表 4－2，將台灣知府的籍貫統計數字與全國、閩省及屬邊區的雲南省、貴州省相互比較，我們發現台灣知府任用旗人的比例，比全國及其它省分的旗籍知府比例約少了三分之一。造成這個現象的原因，可能是：（一）台灣當時屬孤懸海外的邊區，調台任職一般被視為苦差，故旗人多儘量設法避免，特別是旗籍滿洲人在清治台初期是不予調補台灣知府的。（二）清廷在台實施「因地擇人」的用人政策，造成台灣知府以屬漢籍為主。

據李國祁之研究，清代地方官官職愈小，漢人出任者愈多，旗、漢的比例差距越大〔註48〕。這一現象亦反應在台灣的職官制上：

表4－3　台灣道員、知府、知縣之旗、漢籍比例

	總人數	旗　籍		漢　籍	
		人　數	百分比	人　數	百分比
道　員	88人	27人	30.7%	61人	69.3%
知　府	104人	13人	13.7%	82人	86.3%
知　縣	598人	36人	6.0%	562人	94.0%

〔註49〕此因地方官是真正親民之官，用漢人較用旗人易取信於民，且對問題較為了解，處理事情較為容易，而地方官職位較低，清廷也較放心由漢人出任，其多用漢人擔任地方基層長官亦可稱是清廷採「以漢制漢」政策的一部分〔註50〕。

就漢人的部分而言，知府以籍隸浙江、山東、安徽、江蘇、直隸、江西諸省最多；除福建外，以籍隸甘肅、雲南、貴州、陝西最少。這種現象和清代各地區經濟與文化的開發程度有關，蓋漢人任官的標準主要在於科舉，而科舉所得各省人才的多寡，每與該省文化水準有關，文化水準的形成則深受其經濟狀況的影響。而台灣知府籍貫最多的六省，均列於王業鍵〈清代經濟芻論〉中所謂「已開發地區」〔註51〕，且浙、蘇、皖、贛地區，自南宋以後

〔註48〕李國祁、周天生、許弘義，《清代基層地方官人事嬗遞現象之量化分析》，頁22。

〔註49〕張舜華，《台灣官制中「道」的研究》，（台大歷史所碩論，民國六九年），頁211。張勝彥，《清代台灣廳縣制度之研究》，（台北：華世出版社，民國八二年），頁220、280。

〔註50〕李國祁、周天生、許弘義，《清代基層地方官人事嬗遞現象之量化分析》，頁22。

〔註51〕所謂「已開發地區」有幾個主要特色：1.農業資源已大為開發，2.人口與土地

亦成爲我國經濟文化中心，其中進士、舉人者每較其它地區爲多〔註52〕，故
台灣知府以籍隸此區者爲多是很正常的事。而甘肅、雲南、貴州、陝西等省，
因地當內陸邊疆省分，經濟情況較差，科舉中式者較少，出任台灣知府者之
人數自然較其它省分少。

第三節　台灣知府的出身與來源

一、台灣知府的出身背景

　　此處所謂出身，係指官員的任官資格。根據《大清會典》吏部條所載：「凡
官之出身有八，一曰進士，二曰舉人，三曰貢生，四曰廕生，五曰監生，六
曰生員，七曰官學生，八曰吏。」〔註53〕這八種出身背景，可分爲正途與異
途兩種，其中異途又可分爲捐納與雜途。正途出身係指經科舉考試出身，計
包括進士、舉人、貢生（包含歲貢生、恩貢生、拔貢生、優貢生、副貢生）、
官學生、生員〔註54〕。所謂異途是相對正途而言，指非經科考出身者。捐納
是指捐獻金錢以取得某種虛銜或職位，其情形有援用成例先捐監生、貢生銜
（即例監生、例貢生），而後再捐官職；亦有本已具備某種正途出身，然後再
出資捐官者〔註55〕。雜途係指未納入正途亦非捐納之出身者，包括廕生、筆
帖式、書吏、議敘、保舉、世襲、孝廉、方正諸項〔註56〕。

　　官吏出身的不同，對其一生的事業與宦途有重大之影響。正途出身者，
係經科舉考試取得功名，地位尊貴榮耀爲社會所重，有助其宦途之發展；而

　　的比例甚高，3.手工業頗爲發達。參王業鍵，〈清代經濟芻論〉，《食貨月刊》
　　復刊卷二期十一，（台北：食貨月刊社，民國六二年二月），頁6。
〔註52〕 李國祁、周天生、許弘義，《清代基層地方官人事嬗遞現象之量化分析》，頁
　　24。
〔註53〕 清德宗敕撰，《欽定大清會典》，（台北：新文豐出版公司印，民國五二年一月），
　　卷七，頁90。
〔註54〕 Chung-li Chang，The Chinese Gentry（Washington，Franz Michael，1955），p.8.
〔註55〕 Chung-li Chang，The Chinese Gentry，p.30.
〔註56〕 《清史》〈選舉志〉中曰：「定制，由科甲及恩、拔、副、歲、優貢生、廕生
　　出身者爲正途，餘爲異途。異途經保舉亦同正途，但不得考選科、道。」（台
　　北：國防研究院編印，民國五十年二月），頁1331。清代官方雖將廕生、保舉
　　列入正途，但實際上此二途其功名均非經考試得來，故本文將其歸爲雜途項
　　內。

異途出身者較不受重視，宦途大不如前。此外，經科考出身者，受儒家思想涵育較深，抱負較高，故某地區的地方官正途出身者多，對吏治當有正面之影響；異途出身者則反之，而其中捐納出身者「始既因財以得仕，繼乃因仕以殖財」〔註57〕，自對地方吏治有不良影響。

　　根據表4－4的統計，可知台灣知府的出身以進士最多，其比例佔總人數的 34.4%，其次爲舉人，佔 14%。若將台灣知府正途、捐納及雜途出身之百分比，與台灣道員、知縣作一比較，關係如下：

表4－5 台灣道員、知府、知縣出身表

	道　員	知　府	知　縣
正　途	67.3%	66.7%	75.1%
捐　納	20.4%	22.6%	15.7%
雜　途	12.3%	10.8%	9.3%

　　〔註58〕三種官員正途出身均在六成五以上，可見正途出身是清朝任用台灣地方官的主要條件之一，於此也可說明清代對科舉考試的重視。此外，上表亦可看出台灣官員中，官階越小所用正途出身的百分比亦越高，此一情形與李國祁等人對清代各朝基層官員之出身統計分析結果剛好一致，顯示清廷重視對地方基層要官的派任，而此一情形應是滿清政權能穩定治理中國二百六十多年的主要原因之一。

　　將台灣知府出身比例與閩省及全國之知府出身做一比較，結果如下表：

表4－6　台灣、閩省、全國知府出身表

	台　灣	閩　省	全　國
正　途	66.7%	60.1%	65.5%
捐　納	22.6%	30.8%	26.2%
雜　途	10.8%	9.2%	8.3%

〔註57〕 陳玉貞，《清代台灣吏治研究……以刑名、錢糧職責爲例》，（成大史語所碩論，民國七七年六月），頁 47。

〔註58〕 參張舜華，《台灣官制中「道」的研究》，（台大歷史所碩論，民國六九年），頁 213。陳玉貞，《清代台灣吏治研究……以刑名、錢糧爲例》，頁 57。張勝彥，《清代台灣廳縣制度之研究》，（台北：華世出版社，民國八二年），頁 277。

表4-4 台灣知府出身表

年代	出身	正途 進士	舉人	歲貢	恩貢	拔貢	優貢	副貢	貢生	官生	小計	捐納 例貢	例監	其它	小計	雜途 蔭生	筆帖式	議敍	保舉	小計	總計	未詳
康熙	人數	1						1		1	3		3		3	3				3	9	
	百分比	11.1						11.1		11.1	33.3		33.3		33.3	33.3				33.3		
雍正	人數	2	1	2							5		3		3						8	
	百分比	25.0	12.5	25.0							62.5		37.5		37.5							
乾隆	人數	14	2			2	1		2	1	22		4	2	6	2	1		1	4	32	1
	百分比	43.8	6.3			6.3	3.1		6.3	3.1	68.8		12.5	6.3	18.8	6.3	3.1		3.1	12.5		
嘉慶	人數	3	3			1	1		1	1	10			1	1			1		1	12	
	百分比	25.0	25.0			8.3	8.3		8.3	8.3	83.3			8.3	8.3			8.3		8.3		
道光	人數	7	1			1					9			2	2		1			1	12	3
	百分比	58.3	8.3			8.3					75.0			16.6	16.6		8.3			8.3		
咸豐	人數	3	1								4										4	
	百分比	75.0	25.0								100.0											
同治	人數	1	2			1					4		1		1						5	4
	百分比	20.0	40.0			20.0					80.0		20.0		20.0							

出身		正途										捐納				雜途					總計	未詳
年代	人數與百分比	進士	舉人	歲貢	恩貢	拔貢	優貢	副貢	貢生	官生	小計	例貢	例監	其它	小計	蔭生	筆帖式	議敘	保舉	小計		
光緒朝建省前	人數		2			1					3			2	2				1	1	6	1
	百分比		33.3			16.7					50.0			33.3	33.3				16.7	16.7		
光緒朝建省後	人數	1	1								2		1	2	3						5	2
	百分比	20.0	20.0								40.0		20.0	40.0	60.0							
總計	人數	32	13	2		6	2	1	3	3	62		12	9	21	5	2	1	2	10	93	11
	百分比	34.4	14.0	2.2		6.5	2.2	1.1	3.2	3.2	66.7		12.9	9.7	22.6	5.4	2.2	1.1	2.2	10.8		104

資料來源：請參附錄〈台灣知府人事資料〉。

附註：表中貢生項為知府貢生出身但不知屬五貢中之那一項者。

〔註 59〕台灣知府正途出身者比例高於全國與閩省，而捐納之比例亦較內地少，可見清廷雖將台灣視爲邊區，但對用人條件的考慮是相當謹慎的；此外，亦可看出清廷對台灣的持有頗爲重視。閩、台兩地知府正途、捐納、雜途出身比雖大約都是 6：3：1，但實際上台灣知府的出身水平比福建內地之知府來得高些。

若逐漸檢視，知府正途出身者以康熙、光緒台灣建省後兩期所佔比例最低。這是由於康熙朝所用知府中漢軍旗籍知府所佔百分比較高，而旗籍人員多非正途出身所造成；光緒後期則是因台地試行變通補署章程，調台官員以「人地相宜」爲最高指導原則所致。嘉慶、道光、咸豐、同治四朝，知府正途出身者卻都維持在 75% 以上的高比例；此一現象應與嘉慶十九年（一八一四）台灣知府改由吏部知照軍機處請旨簡用有關〔註 60〕，使知府的銓選過程更加嚴謹，故正途出身者的比例大爲提高。此外，對台灣建省前後，知府出身的比例做比較：

表 4−7　台灣建省前與建省後之台灣知府出身表

台灣知府出身	正　途	捐　納	雜　途
台灣建省前	68.2%	20.5%	11.4%
台灣建省後	40%	60%	0%

可發現建省後知府正途出身比例減少爲 40%，而捐納出身者的比例則提高爲 60%，是各朝中知府捐納出身比例所佔百分比最高的。此與清末對台用人政策的寬鬆有關，因自同治九年（一八七〇）開始，台灣知府出缺不但可由閩、浙兩省知府內揀選調補，且倘一時不得其人，並准於應升人員內選擇任用〔註61〕。光緒十四年五月（一八八七），清廷又准巡撫劉銘傳所奏試行變通補屬章程，其對象雖以知府的下屬廳、縣員缺爲主，不過在台文官之任用實際均以能力的考量爲優先，講求人地相宜，吏部文員的任用規定爲次〔註62〕，故知府的

〔註59〕李國祁、周天生、許弘義，《清代基層地方官人事嬗遞現象之量化分析》（台北：行政院國科會印，民國六四年四月），《行政院國家科學委員會叢書》第七種，頁 206 至 207、240 至 241。
〔註60〕清德宗敕撰，《欽定大清會典事例》，（台北：中文書局影印，民國五二年一月），卷六十，頁 3。
〔註61〕清德宗敕撰，《欽定大清會典事例》，卷六五，頁 24。
〔註62〕〈台灣水土惡劣知縣員缺請飭部暫寬例章變通補署摺〉，收錄於《劉壯肅公奏

選用標準亦受其影響，而台灣巡撫亦成爲調補台灣知府員缺的主要決定者。

二、台灣知府的來源

　　在說明知府來源之前，有些任官的類例諸如除、補、調、升、署、兼充、降、革等，在此先加以說明。始授官於具有官員資格者稱「除」。已有官職者，因事故暫失其職務，事故消失後再復職者稱「補」。一官吏轉至它品級相同之位者，稱之爲「調」。「升」者，是指官吏因年功或它事由而進升於一更高之位；清朝的進升程續相當複雜，由某職進升某官是有嚴格的規定，以知府爲例，有資格升知府者有御史、郎中、順天府治中、鹽運使運同、府同知、直隸州知州〔註63〕。「署」者，通稱「署理」，官吏死亡、免官、出差或有其它事故不在任時，以它官代理之稱爲「署」。「兼充」即「攝任」之意，有兩種情況，其一：凡官職不甚要緊或事務極簡者，不設專官而以它官職兼理者；其二：某官職應設專官，然依慣例以其它較高官職兼理者〔註64〕。文末附錄中「攝任」之意，即取後義。另外，「降」、「革」顧名思義是指降級、革職之意。

　　議》，（台北：台灣銀行，民國四七年十月），《台灣文獻叢刊》第二七種，頁401、402。

〔註63〕織田萬，《清國行政法汎論》，（台北：華世出版，民國六八年三月），頁 621至 636。

〔註64〕織田萬，《清國行政法汎論》，頁 601 至 613。

表4-8　台灣知府來源表

時間		任/署	刑部侍郎按察使 山東・貴州	道員 福建台灣道	知府 福建 泉州府	延平府	漳州府	汀州府	興化府	福寧府	福州府	邵武府	建寧府	浙江 杭州府	嘉興府	溫州府	江西 南安府	吉安府	同知 福建 漳州海防同知	泉州廈門海防同知	同知 台灣 台防同知	淡水同知	鹿港同知	埤南同知	知州 台灣台東直隸州	通判 台灣埔里社通判	知縣 台灣 諸羅縣	嘉義縣	安平縣	合計	不詳
建省前	康熙朝	任	1	1	1	2	2	2																							9	
		署		1	1																											
	雍正朝	任				1		1	1								1										1			6	2
		署																			2										
	乾隆朝	任	1	1	1	3	3	3	1	1	2	1		1					1	1	1	1	1							37	3
		署		2	2																2	7									

下表為知府來源統計表（原件為直式，依內容轉為橫式）：

時間	按察使/刑部侍郎 山東/貴州	道員 福建 台灣道	知府 福建 泉州府	延平府	漳州府	汀州府	興化府	福寧府	福州府	邵武府	建寧府	浙江 杭州府	嘉興府	溫州府	江西 南安府	吉安府	同知 福建 漳州海防同知	泉州廈門同知	同知 台灣 台防同知	淡水同知	鹿港同知	埤南同知	知州 台灣 台東直隸州	通判 台灣 埔里社通判	知縣 台灣 諸羅縣	嘉義縣	安平縣	合計	不詳
嘉慶朝（任/署）		4		1							2 1		1						1	1	2							13	3 3
道光朝（任/署）		1			1				1		1				1		1 1		1 1	1	1 1 2							12	6 2
咸豐朝（任/署）																				1								1	3 1
同治期（任/署）		1												1					1		1							4	3 4

左側分類欄位：

- 知府來源
- 來源地
- 人數與百分比

知府來源	來源地		光緒朝建省前 任	光緒朝建省前 署	合計	百分比
按察使	山東		1		1	1.1
刑部侍郎	貴州		1		1	1.1
道員	福建	台灣道	6	4	11	11.5
知府	福建	泉州府		1	1	2.3
		延平府	5	1	6	6.9
		漳州府	5	1	6	6.9
		汀州府		1	6	6.9
		興化府	1	1	1	2.3
		福寧府	1	1	1	2.3
		福州府		1 1	3	4.6
		邵武府	1	1	1	1.1
		建寧府	3	1	1	4.6
	浙江	杭州府	1	1	1	1.1
		嘉興府	1	1		1.1
		溫州府	1	1		1.1
	江西	南安府	1	1		1.1
		吉安府	1	1		1.1
同知	福建	漳州海防同知	1	1		1.1
		廈門同知（泉州）	1	1		1.1
		福防同知	2	3	1 1	2.3
	台灣	台防同知	2	3 11 3		16.1
		淡水同知	2 3 11 3 7	1 6		11.5
		鹿港同知		7 1 6		8.0
		埤南同知	1	1		1.1
知州	台灣	台東直隸州				
通判	台灣	埔里社通判				
知縣	台灣	安平縣				
		嘉義縣				
		諸羅縣		1		1.1
合計			5	46 41 21 12	87	33 人
不詳			5 1 2		87 人	33 人

知府來源	來源地	光緒朝建省後 任	署	合計	百分比	總計 任	署	合計	百分比
刑部侍郎	貴州					1		1	1.1
按察使	山東					1		1	1.1
道員	福建 台灣道					6	4	10	10.8
知府	福建 泉州府					1	1	2	2.2
	延平府					5	1	6	6.5
	漳州府					5	1	6	6.5
	汀州府						6	6	6.5
	興化府					1	1	2	2.2
	福州府					1	3	4	4.3
	福寧府					1	1	1	1.1
	邵武府					1	1	1	1.1
	建寧府					3	1	4	4.3
	浙江 杭州府					1	1	1	1.1
	嘉興府						1	1	1.1
	溫州府						1	1	1.1
	江西 南安府						1	1	1.1
	吉安府						1	1	1.1
同知	福建 漳州海防同知					1	1	1	1.1
	泉州廈門同知					1	1	1	1.1
	福防同知	1			167	3		3	3.2
	台灣 台防同知	3	11			3	2	14	15.1
	淡水同知	3	13	2	8	8		10	10.8
	鹿港同知	8	1	6			7	7	7.5
	埤南同知	1				1		1	1.1
知州	台灣 台東直隸州	2			333	2		2	2.2
通判	台灣 埔里社通判	1			167	1		1	1.1
知縣	台灣 諸羅縣					1		1	1.1
	嘉義縣	1			167	1		1	1.1
	安平縣	1			167	1		1	1.1
不詳		1	2	6				1	
合計		46	47	22	14	93人	36人	129人	

資料來源：請參附錄〈台灣知府人事資料〉。

附註：表格中左格代表實任，右格代表署理。

知府爲從四品，根據表4-8的統計，台灣知府的來源主要是它府知府的調任或檄署，與同知的升任或升署，各佔知府總來源的 40.9％與 39.8％〔註65〕，兩者合計佔知府總來源五分之四強。其原因是台灣知府的任用例規定，台灣知府有缺則由內地知府揀員調補，若找不到人選或無恰當人選，才在應升員缺內揀員升署或升調，而升署（調）員缺中以同知一官最先列入考慮。至於派任的方式整體來看，它府知府以「調任」台灣知府的方式爲多，不同於同知以「升署」的形成爲主〔註66〕。

在它府知府的調任或檄署中，以來自福建省的延平、漳州、汀州、福州、福寧等五府爲主；此一現象是清初對台的文官任用政策所造成，自康熙二十七年（一六八八）九月起，台灣文員之任用俱由閩浙督、撫於閩省現任官員內揀選調用〔註67〕，因此等知府對台地情形多有聞知，且閩、台水土氣候較爲相似，在面對多民變的台地社會較能得心應手，所以台灣知府自然以來自福建省之知府爲多。直至同治九年（一八七〇），清廷才增訂台灣知府出缺可由閩、浙兩省知府內揀選調補〔註68〕。至於由閩、浙兩省以外之人員調補台灣知府（共四位），則係屬少數以「專摺奏請」或經清帝同意「違例任用」的特例。

台灣建省後，知府的來源改以直隸知州、同知、通判、知縣的升署爲主，不過有兩種變化值得注意。第一是光緒建省前、後台灣知府的來源有很大的改變：

表4-9　台灣建省前與建省後知府主要來源比例表

台灣知府來源		知　府		同　知		直隸知州	通　判	知　縣	
台灣建省前	任　署	31	7	6	30	0	0	1	
	比例	44.1％		41.4％				1.1％	
光緒朝 13 年以前	任　署	1	2	0	2				
	比例	60％		40％					

〔註65〕台灣知府來自它府知府任、署者分別有三十一人、七人；來自同知升任、升署者分別有六人、三十一人，而知府來源可知的總人次共有九十三任，故其百分比分別爲 40.9％與 39.8％。

〔註66〕台灣知府來自它府知府調任者有三十一人次，來自它府知府檄署者有七個人次，其比例分別爲 81.6％、19.4％。知府來自同知升任者有七個人次，來自同知升署者有二十一人次，其比例分別爲 19.4％、81.6％。

〔註67〕《大清聖祖仁（康熙）皇帝實錄》，（台北：華聯出版社，民國五三年九月），卷一三七，九月癸巳，頁7。

〔註68〕清德宗敕撰，《欽定大清會典事例》，卷六五，頁24。

光緒朝建省後	任　署	0	0	1	0	2	0	1	0	2
	比例		17%		33%		17%		33%	

〔註69〕台灣省前，台灣知府的來源以知府的調任（署）與同知的升署（任）為主，建省後則以下級屬官的升署為主。但基本上光緒朝台灣知府的任命以署理方式為多，實任者很少，其原因可能是清末時期官員人數眾多，但官職職位有限，為解決官員的升遷問題，乃多用檄署來任用官吏。另一個大改變是直隸知州與知縣升署知府的百分比大為增加，建省前清廷從未用過知州擔任府職，而知縣亦僅佔知府總來源的 1.1%〔註70〕；建省後其佔知府總來源均提升為 33%。此亦應是光緒十四年後，清廷試行變通補署章程所造成之影響。

第四節　台灣知府的任期

清政府對地方官任期的限制，就理論而言是規定三年一任，並可無限期的連任；但實際上並非一定如此，任期未滿三年者亦可予以更調，連任亦無必須三年之限〔註71〕。《大清會典事例》中亦云：「邊省內有煙瘴之缺，與內地情形不同，如必照（閱俸）三年准調，（閱俸）五年准升，誠恐一時難得合例之人。嗣後若係煙瘴各缺，不必記俸，惟擇才優與能耐煙瘴者升調。」〔註72〕而台灣知府一缺亦合乎此例。康熙二十三年（一六八四）清領台之後，台灣知府的任期比照內地，以三年俸滿，並規定如能稱職者以應升之缺即用〔註73〕。

康熙六十一年（一七二二）正月朱一貴之亂平定後，清廷以台灣遠在海外，其政權之穩固全在道、府、廳、縣是否得人，而熟悉台灣風土之員難得，故吏部議准閩浙總督覺羅滿保所奏：「嗣後台灣道、府、廳、縣在任三年，果於地方

〔註69〕資料來源：參表4─8。

〔註70〕台灣建省前僅雍正朝孫魯以諸羅知縣升任台灣知府，其得以知縣職銜升任知府，主要原因有二：1.在知縣任內治績優良，2.在康熙六十一年曾署理台灣海防同知及雍正四年二月署理彰化知縣數月，均有不錯之表現。

〔註71〕周天生，《由基層地方官的幾項量化分析及職責看清代地方吏治》，（師大歷史所碩論，民國六三年七月），頁 57。

〔註72〕清德宗敕撰，《欽定大清會典事例》，（台北：中文書局影印，民國五二年一月），卷六十，頁 2。

〔註73〕清德宗敕撰，《欽定大清會典事例》，卷六五，頁 17。（吏部題本），收錄於《台案彙錄乙集》，（台北：台灣銀行，民國五二年六月），《台灣文獻叢刊》第一七三種，頁 21、22。

有益，俱照陞銜再留任三年。」〔註74〕所以自此年開始，知府仍以三年俸滿，但如對地方政事有所助益，除加升銜外，並續留任三年再升轉，使實際任期可達六年之久。任期長雖可使官吏熟悉風土民情，專心辦理政務，於地方有所裨益，不過也造成官員的困擾，因「台員以六年爲滿，……任滿之後，候缺挨陞，以及交盤渡海，又或一、二年不等，是前後合計須八、九年方得陞用」〔註75〕，且台灣任例，官員不可攜帶眷屬赴任〔註76〕，然與父母妻子遠隔重洋，難免思念，有失人情，因此雍正七年（一七二九）閩浙總督高其倬請以四年俸滿，而高宗爲體恤人情起見，將任期大爲縮短，同年二月經吏部議覆：「道府、同知、通判、知縣，俱定一年爲滿，再協辦半年，分別加級。」〔註77〕即知府到任一年後，令閩浙督、撫於閩省揀選賢能之員到台，與舊員協辦，半年之再回至內地，依稱職與否分別加級補用，如此台灣即可得諳練之員，而各官又可免瞻顧之慮。此時期知府任期爲一年半。其實，地方官任期不可太短，對所當理之事務才能熟悉，辦事自然較爲得宜；今文員任期縮爲一年半，前後又協辦半年，現任官員獨當其任者不過半年，爲期太近若是賢員自必奮力爲公，但卻易導至庸員因循塞責，造成矯枉過正之弊〔註78〕，故雍正八年（一七三〇）十月署閩浙總督阿爾賽奏准：「嗣後調台各員，俟到任兩年，該督、撫選員赴台協辦，仍照例半年後調回舊員；則在台各員既得盡心辦事，又可免交盤頻疊及草率諉延之弊。」〔註79〕使知府任期改爲兩年半。

〔註74〕《大清聖祖仁（康熙）皇帝實錄》，（台北：華聯出版社，民國五三年九月），卷二九六，康熙六一年正月庚戌條，頁6、7。〈福建總督郝玉麟奏摺〉，收錄於《台案彙錄乙集》，頁4。

〔註75〕王必昌，《重修台灣縣志》，（台北：台灣銀行，民國五十年十一月），《台灣文獻叢刊》第一一三種，頁265。

〔註76〕「康熙六十規定，嗣後台灣文武大小各官，不許攜帶眷屬。但雍正十二年時更定爲，調台官員年逾四十無子者，准其挈眷過台。而至乾隆四十一年以後則完全放寬，無論年歲若干、有無子嗣，如有願帶眷口者，俱准其攜帶。」引自范咸，《重修台灣府志》，（台北：台灣銀行，民國五十年十一月），《台灣文獻叢刊》第一〇五種，頁99、100。清德宗敕撰，《欽定大清會典事例》，卷六五，頁21。

〔註77〕〈吏部題本〉，收錄於《台案彙錄乙集》，頁21。〈閩浙總督郝玉麟題本〉，收錄於《台案彙錄乙集》，頁64。

〔註78〕德沛，〈揭報調補協辦鳳山縣知縣等缺〉，引自國學文獻館主編，《台灣研究資料彙編》，（台北：聯經出版，民國八二年），頁8464。

〔註79〕台銀經濟研究室編，《清世宗實錄選輯》，（台北：台灣銀行，民國五一年六月），《台灣文獻叢刊》第一六七種，雍正八年冬十月初七日，頁34。

　　到了乾隆八年（一七四三），清廷認爲「郡守之董率，廳員之協防，與縣令之地方事務，必須經久專任，而後能深謀遠慮」〔註80〕，而今台灣知府任期兩年半，除去到任之初與舊員協辦半年，俸滿後又與新任協辦半年，是以僅專任一年多，對於實心任事者任期自不必分長短，而心存諉延之念者未必不因循塞責，對地方無益；故吏部認爲以前調台知府、知縣爲期六年其實太久，而一、二年又太短，於是議准決定台灣知府改以三年俸滿〔註81〕。此外，台灣官員向例於閩省內地久任之人員揀選調補，對台地風土人情及地方險要之處，素爲熟聞洞悉，到任即可應變措施，且新舊交代例限四個月，遇事可互爲商量學習，故新員赴台接理後，交代清楚便可回內地，免其協辦。而知府於任期屆滿前五個月，報明督撫，於一個月內遴員具題調補〔註82〕。

　　乾隆四十八年（一七八三）十二月，高宗又諭令：「台灣爲海外重地，民番雜處，最關緊要。向例該處總兵、道、府俱係三年更換，即調回內地。該員等因離期不遠，未免心存玩忽，以致諸務廢弛，近來屢有械鬥諸事之案，必當設法調劑，俾該地方文武大員久於其任、新舊相兼，則伊等知責綦重，方足以資整頓。嗣後台灣總兵、道、府各員，俱著改爲五年任滿。」〔註83〕其後未再見有關知府任期的更改令，台灣總兵、道、府各員均以到任日算起計扣五年報滿。但清廷爲避免屆滿同時更換，造成全由新手經理台地，規定：「總兵、道、府內有一員在台已歷二年者，方准另兩員屆滿內調；如未有歷俸二年之員，而有兩員同年報滿，需由督、撫酌定一員留任。」〔註84〕可見清廷的用人政策均以穩定台灣政局爲最高指導原則。

　　就上述清代對台灣知府任期規定的變更，可整理出下表：

表4-10　台灣知府任期規定變更表

康熙二十三年至康熙六十年十二月 —— 三年俸滿
康熙六十一年正月至雍正七年正月 —— 三年俸滿，如於地方有益再任三年
雍正七年二月至雍正八年九月 —— 一年爲滿，協辦半年

〔註80〕　〈吏部題本〉，收錄於《台案彙錄乙集》，頁21。
〔註81〕　〈吏部題本〉，收錄於《台案彙錄乙集》，頁22。清德宗敕撰，《欽定大清會典事例》，卷六五，頁19。
〔註82〕　〈吏部題本〉，收錄於《台案彙錄乙集》，頁23。
〔註83〕　清德宗敕撰，《欽定大清會典事例》，卷六五，頁22。
〔註84〕　同上註。

雍正八年十月至乾隆八年五月 —— 二年爲滿，協辦半年	
乾隆八年六月至乾隆四十八年十一月 —— 三年期滿，不用協辦	
乾隆四十八年十二月以後 —— 五年爲滿	

　　由上可知，從康熙以迄乾隆，知府任期規定共經六次變更，不過最後清廷的態度是希望任期久任。自乾隆四十八年十二月以後到光緒朝，知府的任期一直是以五年作爲俸滿年限，但實際上在此期間，俸滿五年以上才升轉的知府僅有道光朝的熊一本；而在此一時期資料可知的八十五位知府中，任期一年以下者有五十一位，所佔比例爲 60%，而任期三年以下者共有八十位，佔 94.1%。可見清廷的政策雖希望文官任期久任，以期能對政治產生良好之影響，但實際執行情形卻相反。此外，整個清朝治理台灣期間，任期五年以上的知府亦僅有六位，除熊一本外，有四位均在康熙朝，分別爲首任知府蔣毓英、第二任知府吳國柱、第五任知府周元文及第八任知府王珍；最後一位爲乾隆朝的鄒應元。康熙時期台灣知府得久任之因，應是清廷初平定台灣，爲穩固在台的政權乃希望知府久任；而此時漢民移入不多，拓墾亦未深入內地，少有漢番衝突和民變的發生，使知府未因施政不當遭降革處分，亦是知府得以久任的原因。以上六位得久任的台灣知府，其詳細分析請參第五章第一節長任期的台灣知府。

表4-11 台灣知府任期表

年代	任期	0~1年	1~2年	2~3年	3~4年	4~5年	5~6年	6~9年	9~10年	小計	不詳	總數	期滿年限	秩滿人數	升任(署)人數
康熙23年至康熙60年12月	人數	1	1		3		4			9		9	三年	7	6
	百分比	11.1	11.1		33.3		44.4							77.8	66.7
康熙61年至雍正7年1月	人數	1	1	1						3		3	六年	0	0
	百分比	33.3	33.3	33.3											
雍正7年2月至雍正8年9月	人數	1	1							2		2	一年半	1	1
	百分比	50.0	50.0											50.0	50.0
雍正8年10月至乾隆8年5月	人數		3		3					6		6	二年半	3	3
	百分比		50.0		50.0									50.0	50.0
乾隆8年6月至乾隆48年11月	人數	10	2	3	6		1			22		22	三年	7	2
	百分比	45.5	9.1	13.6	27.3		4.5							31.8	13.3
乾隆48年12月至乾隆60年	人數	12	1	2						15		15	五年	0	3
	百分比	80.0	6.7	13.3											25.0
嘉慶年間	人數	10	5	2	1	1				19		19	五年	0	4
	百分比	52.6	26.3	10.5	5.3	5.3									40.0

年　代	任　期 人數與百分比	0~1年	1~2年	2~3年	3~4年	4~5年	5~6年	6~9年	9~10年	小計	不詳	總數	期滿年限	秩滿人數	升任(署)人數
道光年間	人數（任 署）	4　7	3　1	2　1					1	19	1	20		1	6
	百分比	57.9	21.1	15.8					5.3				五年	5.3	50.0
咸豐年間	人數（任 署）	1　1	1	1	1					5		5		0	3
	百分比	40.0	20.0	20.0	20.0								五年		60.0
同治年間	人數（任 署）	3　3	1	1　1	1					10	1	11		0	1
	百分比	60.0	10.0	20.0	10.0								五年		20.0
光緒朝建省前	人數（任 署）	3	2	2　1						8		8		0	1
	百分比	37.5	25.0	37.5									五年		20.0
光緒朝建省後	人數（任 署）	7	1	1						9		9		0	0
	百分比	77.8	11.1	11.1									五年		
總　計	人　數	64	22	19	15	2	4		1	127	2	129		19	
	百分比	50.4	17.3	15.0	11.8	1.6	3.1		0.8						

資料來源：請參附錄〈台灣知府人事資料〉。

附註：1. 0～1年指任期未滿一年者，滿一年以上二年以下者劃歸 1～2 年，其它類推。

2. 升任(署)之人數與百分比請參表 4－15〈台灣知府升黜表〉。

　　在清帝統領台灣期間，以康熙朝及雍正七年（一七二九）二月到乾隆八年（一七四三）六月之間，秩滿者的比例最高，分別為 77.8％、50％，造成此一情形的理由，當是俸滿年限較短，且此期間台地較為安定〔註 85〕，才能有此現象。從乾隆四十九年（一七八四）十二月到光緒二十一年（一八九五），共一一二年，任期可知的八十五位知府中，僅道光朝知府熊一本達秩滿，而道光二十三年（一八四三）清廷又議定：「知府必於本任內，歷俸五年以上，方准揀選題升」〔註 86〕，但其間卻仍有十八人得以升任或升署，且其中升任（署）之員又未必是秩滿的台灣知府，可見台灣知府的派任和內地一樣，任期未滿亦可升轉，而吏部歷俸五年以上方准題升的規定亦未確實執行。

　　根據李國祁的統計，清代基層地方官任期的常態，是一年以下所佔百分比最高，以知府為例即高達 44.4％；其次是一至二年，再次是二至三年，分別為 17.9％、12.2％，任期三年以上者其百分比逐漸緩慢下降，均在百分之十以下〔註 87〕。根據表 4－11 所統計，台灣知府的任期比例大致亦如此，知府任期一年以下者所佔比例最高，為 50.4％，一至二年及二至三年，分別為 17.3％、15％，任期三年以下者共有一○五位，佔 82.7％，可見台灣知府的實際任期多短至三年以下。若將台灣知府實任與署理者的任期分開統計，亦有同樣情形：

表4－12　台灣知府實任與署理者之任期表

	任 期	0〜1年	1〜2年	2〜3年	3〜4年	4〜5年	5〜6年	9〜10年	總 計
台灣知府實任人數	人 數	20 人	16 人	15 人	14 人	2 人	4 人	1 人	72 人
	百分比	27.8％	22.2％	20.8％	19.4％	2.8％	5.5％	1.4％	
台灣知府署理人數	人 數	44 人	6 人	4 人	1 人				55 人
	百分比	80.0％	10.9％	7.3％	1.8％				

〔註85〕請參張菼，〈清代初期治台政策的檢討〉，《台灣文獻》，（台中：省文獻委員會編印，民國五九年），卷二一期一，頁 35、36。據張菼研統計，康熙三十四年以前，清廷所統治的台灣並無民變發生，而雍正七年至乾隆八年共十五年間，有三件原住民事件二件反清事件。

〔註86〕清德宗敕撰，《欽定大清會典事例》，卷五九，頁 22。

〔註87〕李國祁、周天生、許弘義，《清代基層地方官人事嬗遞現象之量化分析》，（台北：行政院國科會印行，民國六四年四月），《行政院國家科學委員會叢書》第七種，頁 350。

　　由上可以看出，署理府職者的任期多短至一年以下，而實任台灣知府者的任期多長於署理者，而台灣知府不論是任、署分別統計或合併計算，任期三年以下者之百分比均佔七成以上。

表4-13　清代各朝台灣知府任期一年與三年以下之百分比

	康　熙	雍　正	乾　隆	嘉　慶
一年以下	11.1%	25%	55.5%	53%
三年以下	22.2%	87.5%	77.5%	89%
	道　光	咸　豐	同　治	光　緒
一年以下	58%	40%	60%	59%
三年以下	95%	80%	90%	100%

　　若分期觀察，台灣知府任期三年以下者之比例，除康熙朝外，各朝均在75%以上，且除康熙、雍正、咸豐三朝外，各朝台灣知府的任期有一半以上均是短至一年以下。此一現象顯示出，清代台灣知府不能久任，調動頻繁，任期極短，此與中央政府訂定的政策希望文官任期久任完全背道而馳。其原因可能是台地自然環境多瘴癘之氣，且社會又多動亂，使台地官員不願意也不容易久任。官員任期過短，知府在上任尚不足煖蓆即他調的情況下，無法實心任事且容易受到胥吏的操縱，自然對吏治有不良影響。

　　清代台灣知府的任期，比內地長或短呢？這是一個值得思考的問題。茲以三年以下為短任期，三年以上為長任期，再以台灣知府三年以下任期的百分比總和與閩省及全國的百分比相較，得出的結果如下：

表4-14　台灣、閩省、全國知府任期平均表

	康-乾	嘉-道	咸-同	光緒朝	平　均
台灣知府	70.2%	92.1%	86.7%	100%	87.3%
	順-乾	嘉-道	咸-同	光-宣	平　均
閩省知府	75.4%	80.9%	90.7%	85.7%	83.2%
全國知府	67.7%	81.3%	86.4%	88.6%	81.0%

〔註 88〕我們可以發現，除清治台灣初期及咸豐、同治年間台灣知府任期短於三年者之比例低於閩省然高於全國知府之任期百分比外，平均來看清代台灣知府的任期較內地要短〔註 89〕，於此可証明台灣地區的知府調動頻率比內地高，此一情形對台灣的吏治自然也有負面作用。難怪藍鼎元曾謂：「官吏孳孳以為利藪，沉緬樗蒲，連霄達曙。」〔註 90〕而丁日昌亦稱：「台灣吏治，黯無天日，牧令能以撫字教養為心者，不過百分之一、二。其餘非性耽安逸，即剝削膏脂，百姓怨毒已深，無可控訴，往往挺而走險，釀成大變，台灣所以相傳『無十年不反』之說。」〔註 91〕吏治不良在清代台灣政局雖時可見聞，但並非始終未變，從表 4－11 升任（署）比例看來，康熙、咸豐朝的台灣知府治績應是相當好的，有五分之三以上的知府均獲升遷；於此再配合康－乾、咸－同兩時期知府任期三年以上者之比例均高於閩省，可說明任期不要太短對官員的為政有正面的影響。

　　整體而言，清治台早期（康、雍及乾隆初年）秩滿的台灣知府比例最高（77.8％），知府任期穩定自然對吏治有所助益，而政府運作機能的正常化對社會安定亦有正面之影響。到了中、晚期，台灣知府幾乎沒有秩滿者，調動頻繁成為派任知府的常態，知府任期短暫加上台地民變、動亂頻仍，對少數想有所作為的知府而言，根本無法施展才能，自然大部分台地官員得過且過，只希望在任內無事即可，積極又有作為的知府是相當少有的。

〔註 88〕李國祁、周天生、許弘義，《清代基層地方官人事嬗遞現象之量化分析》，頁352 至 359、474 至 481。

〔註 89〕但據李國祁的統計，台灣知府的任期以二至三年者最多，佔 29.2％，而二至五年者，合佔 52.1％，超過半數。而內地知府則以一年以下者所佔比例最高，達 44.4％，故主張台灣知府的任期比內地知府來的長。引自《中國現代化的區域研究——閩浙台地區，1860～1916》，（台北：中研院近史所印，民國七一年五月），頁 13、14。此說與筆者的研究結果不同。造成結論不同的原因，可能是由於兩者的採樣有很大的差距。據李國祁的統計採樣，從康熙二十三年至嘉慶二十三年，台灣知府共有四十八人，但筆者的採樣則有七十五人。另外劉妮玲，《台灣的社會動亂——林爽文事件》中稱，台灣知府在康熙初年任期短，至清代後期才稍有更改。此說亦和本文統計有很大出入，根據表 4－11 台灣知府任期統計中，康熙時期的台灣知府是知府任期最長的年代，任期三年以上者達 77.8％。

〔註 90〕藍鼎元，《平台紀略》，（台北：台灣銀行，民國四七年四月），《台灣文獻叢刊》第十四種，頁 29。

〔註 91〕《光緒朝東華續錄選輯》，（台北：台灣銀行，民國五八年十月），《台灣文獻叢刊》第二七種，頁 19。

表4-15　台灣知府升黜表

年代	升黜（人數與百分比）	升任（署） 按察使	道員	知府	同知	知府	調 調回內地	調京內用	回原任	降調	革職	致仕 丁憂	病老	卒 殉職	病歿	小計	不詳	總人數
康熙	人數	1	5						1				1		1	9		9人
康熙	百分比	11.1	55.6						11.1				11.1		11.1			
雍正	人數		2	1			1	1		1						6	2	8人
雍正	百分比		50.0				16.7	16.7		16.7								
乾隆	人數		5	1			1		9		5	1	1	1	5	29	11	40人
乾隆	百分比		17.2	3.4			3.4		31.0		17.2	3.4	3.4	3.4	17.2			
嘉慶	人數		4				2				1		1		2	10	9	19人
嘉慶	百分比		40.0				20.0				10.0		10.0		20.0			
道光	人數		3	3					4	1				1		12	8	20人
道光	百分比		50.0						33.3	8.3				8.3				
咸豐	人數		3						1				1			5		5人
咸豐	百分比		60.0						20.0				20.0					
同治	人數		1	1			1		2							5	6	11人
同治	百分比		20.0	20.0			20.0		40.0									
光緒朝建省前	人數		1	2					1			1				5	2	7人
光緒朝建省前	百分比		20.0	40.0					20.0			20.0						

年代	升黜人數與百分比	升任（署）按察使	道員	知府	同知	知府	調回內地	調京內用	回原任	降調	革職	致仕丁憂	病老	卒殉職	病歿	小計	不詳	總人數
光緒朝建省後	人數			1			1	1	1		1				1	6	4	10人
	百分比			16.7			16.7	16.7	16.7		16.7				16.7			
總計	人數	1	19｜9	1	1	4	6	1	19	2	7	2	4	2	9	87	42	129人
	百分比	1.1	32.2	1.1	1.1	4.6	6.9	1.1	21.8	2.3	8.0	2.3	4.6	2.3	10.3	129		

資料來源：請參附錄〈台灣知府人事資料〉。

附註：升任（署）道員一項劃分為左右兩格，左格係指升任（署）台灣道，右格則是升任（署）本道以外之道員。

第五節　台灣知府升黜情形

知府的離職原因，分升、調、回原任、降調、革職、致仕、卒等七類來觀察。從表 4－15 中我們可知，台灣知府的離職原因以升級和調轉的比例佔多數，兩者合計為 48.2%，而降、革的比例合佔 10.3%，若將這個數據與全國知府作一比較：

表4－16　台灣知府與全國知府之升、調、降、革比例

	升	調	合 計	降	革	合 計
台 灣	35.6%	12.6%	48.2%	2.3%	8.0%	10.3%
全 國	42.5%	21.4%	63.9%	0.9%	4.1%	5.0%

〔註 92〕不論從升、調或降、革比例來看，似乎台灣知府的表現比內地知府差。但據李國祁《清代基層地方官人事嬗遞現象之量化分析》，其對全國知府的升黜統計表並無獨立劃分出回原任一項，而是歸入調任項內，若將台灣知府回原任的比例加入調任項內，則台灣知府調任的百分比將增加為 34.5%，升、調比例合計增為 70.1%，比全國高出 6.2%；而以台灣多民變的社會背景，知府降、革的比例高出全國 5.3%，其表現應算尚可〔註93〕。所以台灣知府的平均表現水平，應和內地相差不遠。本文知府升黜表中置有調回原任官一項，是因升黜資料可知的八十七位台灣知府中，有十五位是以同知職銜代理府職，有三位則是台灣道員兼攝理知府之職，一位以知州職銜代理知府，故其知府職責消除後僅是回復原職，並無它調之實；而其所佔比例高達 21.8%。

在《大清會典》官吏的遴選修例中，台灣常是與雲貴等煙瘴地區並提的，而台灣知府升黜統計表中約有百分之十的知府是於任內病故，且病故人員中有三分之二是乾隆朝以前的知府，於此亦說明了清領台前期台地的自然環境

〔註92〕李國祁、周天生、許弘義，《清代基層地方官人事嬗遞現象之量化分析》，（台北：行政院國科會印行，民國六四年四月），《行政院國家科學委員會叢書》第七種，頁 872 至 873。
〔註93〕台灣地區有資料可查知而被革職的知府共有八位，其中有六位是在乾隆朝，佔總革職人數的 75%，而乾隆朝亦是清代各朝中台灣民變次數最多的朝代，共發生了二十九次民變。請參張菼，《清代初期治台政策的探討》，（台中：省文獻委員會，民國五九年三月），卷二一期一，頁 35 至 43。

並不是很好，因此清廷對於任職於台灣的官員多少會加以優恤，以撫慰他們遠離中央之苦，尤以清初為然。康熙二十七年（一六八八），清廷便題准台灣文官三年俸滿，知府俸滿後列入應升員缺，並於即升官員內先行升用之中又先行升用〔註94〕。但這些優待需符合一先決條件，該知府需於任內無參罰之記錄，方得升轉〔註95〕。雍正七年（一七二九）二月，吏部以調台各員在台前後為期不過一年半，故知府俸滿僅酌予加級，調回內地補用〔註96〕。政績優著者，准其加二級；稱職者，准其加一級，以示鼓勵〔註97〕。

　　雍正八年（一七三○）十月，福建總督阿爾賽以台灣文員任期太短，易導致庸員推諉塞責，奏准將知府任期改為兩年半。隨著任期的增長，且台地武職俸滿得邀升即用，但文員僅得加級，有失公平，故雍正十一年（一七三三）正月吏部議准新任福建總督郝玉麟所奏，其後知府如實心辦公、地方寧謐，俸滿亦如武職調回內地，督、撫給咨赴部引見（道、府應升之缺俱係「特旨補用」，故俸滿後該督撫需給咨赴部引見），並以本省應升之缺即行題補，候旨升用〔註98〕。所以除了雍正七年二月至雍正十年，因文員俸滿年限太短僅予加級外，康、雍兩朝時期的台灣文員，都獲特別的俸滿待遇，故康熙、雍正兩朝台灣知府升遷的比例甚高，分別為 66.7% 和 50%，而康熙朝之所以有三分之二的知府能升擢，應與清領台初期民變較少有關〔註99〕。但這種優遇辦法在清初尚可，愈到後期由於出仕者眾，官職有限，自然無法如此升遷，所以乾隆五年（一七四○）議准：「台灣調回官員如一時無應升之缺，令該督、撫分別題咨，以原官補用，將應升之處，帶於新任。」〔註100〕而乾隆中葉以

〔註94〕〈署理閩浙總督宜兆熊殘題本〉，收錄於《台案彙錄乙集》，（台北：台灣銀行，民國五二年六月），《台灣文獻叢刊》第一七三種，頁1。
〔註95〕〈福建巡撫黃國材奏摺〉，收錄於《台案彙錄乙集》，頁2。
〔註96〕〈福建總督郝玉麟奏摺〉，收錄於《台案彙錄乙集》，頁4。
〔註97〕范咸，《重修台灣府志》，（台北：台灣銀行，民國五十年十一月），《台灣文獻叢刊》第一○五種，頁99。
〔註98〕劉良璧，《重修福建台灣府志》，（台北：台灣銀行，民國五十年三月），《台灣文獻叢刊》第七四種，頁350。〈福建總督郝玉麟奏摺〉，收錄於《台案彙錄乙集》，頁5。
〔註99〕據許雪姬的統計，清代台灣各朝中以康熙朝發生動亂的頻率最低，而光緒朝最高。引自許雪姬，《清代台灣的綠營》，（台北：中研院近史所印，民國七六年五月），頁110。
〔註100〕清德宗敕撰，《欽定大清會典事例》，（台北：中文書局影印，民國五二年一月），卷六五，頁18。

後，已無任滿必升的規定，乾隆四十四年（一七七九）吏部議准閩浙總督楊景素等奏：「台灣俸滿人員，向俱循例報滿，並無甄別；請嗣後照台灣俸滿武職例，一體察驗」〔註101〕，改定台灣俸滿之員照煙瘴俸滿之例：「嗣後台灣俸滿各員調回之日，令督、撫詳加甄別，果係才守兼優、政績卓著，保題陞用。無實在政績而年力強壯、尚堪驅策者，將俸滿應升查銷，仍以原官補用。其雖無劣績而辦事因循、年力就衰者，即行查參，勒令休致，悉照煙瘴報滿之員，一例辦理。」〔註102〕

自乾隆中期以後，雖然知府升等考核轉嚴，但根據表4－15，道光、咸豐兩朝知府升擢比例又提升為 50％與 60％，顯示此時期的知府均有實在之政績。其原因與嘉慶十九年（一八一四）以後，台灣知府改為吏部請旨揀用〔註103〕，及道、咸兩朝多用正途出身有關〔註104〕，使台灣知府水平有所提升，升擢人員自然增加。另外，嘉慶十六年（一八一一）清廷議定：「台俸期滿人員，奏明如有內地應升缺出，即與內地應升人員分缺間用」〔註105〕，即內地有應升缺出，先升台俸期滿一人，次用內地應升一人，分班輪用，亦是造成台灣知府升擢比例提高的原因。

在知府的升遷過程中，以升道員者最多，佔升遷人數90.3％〔註106〕；按《欽定吏部則例》的規定，知府係從四品，可升任各省鹽運使（從三品）與道員（正四品）〔註107〕，而三十一位升遷的知府當中，有二十八位升道員，其中又以升台灣道者最多，共有十九位，佔總升遷人數的 67.9％。這是由於台灣道員的品階及職位與台灣知府相近，且台灣知府對台地情形較為熟悉，故在知府的升擢中，以升台灣道員者最多。

有關調任方面，清代地方官的調任包括互調、調繁、調廉差、調軍差等項〔註108〕。在各項目中以互調所佔比例最高，以全國知府為例，其中知府互

〔註101〕台灣銀行經濟研究室編，《清高宗實錄選輯》，（台北：台灣銀行，民國五三年六月），《台灣文獻叢刊》第一八六種，乾隆四十四年二月十六日，頁239。
〔註102〕清德宗敕撰，《欽定大清會典事例》，卷六五，頁21、22。
〔註103〕同前註。
〔註104〕道光、咸豐兩朝台灣知府正途出身之比例分別為80％、100％。參表4－4：知府出身表。
〔註105〕清德宗敕撰，《欽定大清會典事例》，卷六十，頁3。
〔註106〕台灣知府升擢人員有三十一人，其中二十八人升擢道員，其比例為90.3％。
〔註107〕《欽定吏部則例》，（台北：成文出版社印，民國五五年），頁536。
〔註108〕周天生，《由基層地方官的幾項量化分析及職責看清代地方吏治》，（師大歷史

調的人數比例即佔 69.9%〔註109〕。在台灣方面亦是如此，在十一位知府調轉當中，有十位是知府互調，百分比爲 90.9%，其原因應是清廷的任用政策所致。乾隆四十四年（一七七九）高宗以道府員缺俱由內地調補，被調人員之空缺需揀員調補，而俸滿之台員回至內地又是空閒待補，於是諭令互爲對調最爲簡捷，以俸滿之台員調補調台官員之缺〔註110〕。另外，十位互調人員中有六位互調是在同、光年間，其原因可能是：（一）晚清時期需升調的知府員額多，但缺分有限，故以互調解決缺分不足的問題。（二）台灣巡撫利用法規漏洞，以互調安插私人，以便全權掌握台灣省。其結果使任職者難安其位，對吏治有不良之影響。

　　至於降革的情形，知府革職的比例高於降調，這種情形和內地是一致的，造成這一現象的原因可能是，清政府在政策上喜用革不喜用降，以示嚴屬〔註111〕。若將台灣知府與全國知府的降、革比例相互比較：

表4-17　全國與台灣知府之降、革比例

	降　調	革　職
台　灣	2.3%	8.0%
全　國	0.9%	4.1%

　　〔註112〕可發現台灣知府降調的比例爲全國的 2.6 倍，革職的比例爲全國的 2 倍，這可反應出清代台灣吏治確實不比內地好，不過以台灣多民變的歷史背景，亦是造成台灣區知府降、革比例比內地來得高的原因。

所碩論，民國六三年七月），頁 82、83。所謂「調繁」，是指調任事務繁忙的職位，調繁缺雖非升遷，但要才能卓越才有資格，故調繁與升遷相仿。「調廉差」的情形剛好相反，雖是調簡缺，但有如降黜。「調軍差」只限於某些特殊地區，或某一特別時期才有。

〔註109〕 李國祁、周天生、許弘義，《清代基層地方官人事嬗遞現象之量化分析》，頁872 至 873。知府調任者共有七十三位，其中屬於互調者有五十一位，故其所佔比例爲 69.9%。

〔註110〕 清德宗敕撰，《欽定大清會典事例》，卷六五，頁 21。

〔註111〕 李國祁、周天生、許弘義，《清代基層地方官人事嬗遞現象之量化分析》，頁46。

〔註112〕 李國祁、周天生、許弘義，《清代基層地方官人事嬗遞現象之量化分析》，頁872 至 881。文中所以未列入閩省降、革之比例，是因閩省知府離職資料多不詳，造成統計所得結果與真實情形間差距甚大，故未採用。

第五章 台灣知府之個案分析

第一節 長任期的台灣知府

清代吏部對台灣知府任期的規定曾經多次變更，有一年秩滿、有二年秩滿，也有三年秩滿的規定，乾隆四十八年（一七八三）以後，一律均以五年為俸滿期限，未再變更。故本節所謂長任期知府，是指任期五年以上之台灣知府。根據文末附錄台灣知府人事資料，任期五年以上之台灣知府共有六位，分別為康熙朝的蔣毓英、吳國柱、周元文、王珍，乾隆朝的鄒應元與道光朝的熊一本。

吳國柱的任期為康熙二十九年（一六九〇）至康熙三十四年（一六九五），在此期間台地並無任何動亂發生，且康熙二十九年與三十二年台地稻穀均大為豐收〔註1〕，民情的穩定對台灣的治理大有助益。吳知府為政尚寬簡，以清廉治台〔註2〕，社會又安定，是其得以久任的主要原因。然因行無為而治，使他所留下的相關史料甚為稀少；據府志所載吳國柱在台主要的建設有：創建府城內之竹溪書院與東安坊的城隍廟〔註3〕，及修葺東安坊嶺仔後的大枋橋〔註4〕。

〔註1〕 鍾瑄，《諸羅縣志》，（台北：台灣銀行，民國五一年十二月），《台灣文獻叢刊》第一四一種，〈雜記志〉，頁 276。

〔註2〕 周元文，《重修台灣府志》，（台北：台灣銀行，民國四九年七月），《台灣文獻叢刊》第六六種，〈規制志〉，頁 31。

〔註3〕 周元文，《重修台灣府志》，〈規制志〉，頁 36。高拱乾，《台灣府志》，（台北：台灣銀行，民國四九年二月），《台灣文獻叢刊》第六五種，〈規制志〉，頁 40。

〔註4〕 高拱乾，《台灣府志》，〈規制志〉，頁 41。

　　另一位留下相關史料不多的知府爲王珍。其任職期間爲康熙五十五年（一七一六）至康熙六十年（一七二一）五月，王珍職任台灣府的大部分期間，台地亦是相當安定，惟天災連連。康熙五十五年九月、五十六年正月、五十九年十月及十二月台地均發生大地震，都有民房倒塌及民人死傷情形〔註5〕，康熙六十年三月台灣又遭洪水之災，農民損失嚴重〔註6〕，但史料中卻都未見王珍對台地民眾有任何撫恤行爲。實際上王珍在職期間，對人民甚爲苛斂，時常派累民眾並藉故需索，以致民不堪其擾〔註7〕。康熙六十年二月總督覺羅滿保便摺奏知府王珍辦事任性不妥，請旨以汀州知府高鐸調補〔註8〕。然高鐸未抵台前，三月間朱一貴已在鳳山縣地方聚眾倡亂，王珍雖遣人前往緝捕，卻又混將無辜旁人株連需索〔註9〕，以致民變事態迅速擴大；五月知府王珍乃被停職看守，並於看守期間病故。可見王珍並非賢良官員，其得任職台灣知府長達五年多之久，主要理由是因當時台灣民情較爲穩定之故。

　　另四位長任期的台灣知府，因均有實在的功績且相關之史料記載較詳，以下乃分立四小節詳論。

一、首任知府蔣毓英

　　蔣毓英，奉天錦州人〔註10〕。調台前爲福建泉州知府，當時泉州爲用武之地，非才幹之員難以適應，而毓英在任期間一切措施得心應手。清領有台灣後，閩浙督、撫以台灣爲海外重地，台灣一府非賢員無法治理，於是奏請蔣毓英移任台灣知府〔註11〕。

〔註5〕 王瑛曾，《重修鳳山縣志》，（台北：台灣銀行，民國五一年十二月），《台灣文獻叢刊》第一四六種，〈雜志〉，頁271。范咸，《重修台灣府志》，（台北：台灣銀行，民國五〇年十一月），《台灣文獻叢刊》第一〇五種，〈雜記〉，頁556。
〔註6〕 范咸，《重修台灣府志》，〈雜記〉，頁557。
〔註7〕 《明清史料戊編》，（台北：中研院歷史語言研究所編印，民國四二年三月），第一冊，頁21。
〔註8〕 王瑛曾，《重修鳳山縣志》，〈雜志〉，頁272。
〔註9〕 台銀經濟研究室編，《清聖祖實錄選輯》，（台北：台灣銀行，民國五二年三月），《台灣文獻叢刊》第一六五種，康熙六十年八月二十二日，頁174。
〔註10〕 李光地，〈台灣郡侯蔣公去思碑記〉中稱：「（毓英）籍雖遼左，實浙東諸暨人」。引自高拱乾，《台灣府志》，（台北：台灣銀行，民國四九年二月），《台灣文獻叢刊》第六五種，頁269。
〔註11〕 〈蔣郡守傳〉，參高拱乾，《台灣府志》，頁259、260。

　　蔣毓英抵台後，見村里蕭條百廢待興，頗感海外荒島難以治理，乃親往各地披荊斬棘，區劃台鳳諸三縣之地界，並依田園之腴瘠定訂賦稅，對土著番界禁止漢民進入侵擾。此外，招納流亡，安定民心，詢問民間疾苦，時召鄉親父老子弟告之孝弟為人。為感化民俗，鼓勵向學，力贊開科教學，倡導文教；為幫助貧窮子弟求學，又捐俸創立義學，延聘老師授課督理〔註12〕。

　　蔣毓英在台任期將近五年（康熙二十三年四月至二十八年閏三月），其任內主要的事蹟有：

1. 編修《台灣府志》：蔣初任台灣知府時，正值清政府通令全國纂修地方志，以備一統志的采輯，於是與鳳山知縣楊芳聲、諸羅知縣季麒光合修《台灣府志》〔註13〕。

2. 修建府學：康熙二十三年台廈道周昌、知府蔣毓英捐俸興修寧南坊之府學宮（即鄭氏學宮舊址），並改府學額匾曰「先師廟」〔註14〕。

3. 購置府學學田：康熙二十三年蔣毓英在台灣縣文賢里購置府學學田五甲，雜植檳榔、椰果等樹，每年輸糧二十一石三斗，扣除正供外，餘供府學師生燈火之需〔註15〕。

4. 立社學：康熙二十三年設置，共有三處，其中二處在台灣縣東安坊，一處在鳳山縣土墼埕〔註16〕。

5. 修葺大枋橋：大坊橋在府城東安坊嶺仔後，康熙二十三年被大水沖壞，蔣毓英捐俸修葺〔註17〕。

6. 重修東嶽廟與上帝廟：二廟均為明鄭時建，東嶽廟在府署之東，祀東嶽之神，蔣毓英在知府任內曾重修。上帝廟有二座，一在府治東安坊，年代較久，祀北極大帝，康熙二十四年蔣毓英捐俸重修，廟

〔註12〕〈蔣郡守傳〉，參高拱乾，《台灣府志》，頁 260。
〔註13〕蔣毓英纂、陳碧笙校註，《台灣府志》（校註），（廈門：廈門大學出版社，一九八五年），頁 1。
〔註14〕蔣毓英，《台灣府志》，收錄於《台灣府志三種》，（北京：中華書局，一九八五年五月），卷六，頁 7（總頁 119）。高拱乾，《台灣府志》，頁 32。余文儀，《續修台灣府志》，（台北：台灣銀行，民國五一年四月），《台灣文獻叢刊》第一二一種，頁 339。余文儀，《續修台灣府志》中作康熙二十四年捐修。
〔註15〕蔣毓英，《台灣府志》，卷六，頁 8（總頁 121）。高拱乾，《台灣府志》，〈規制志〉，頁 34。
〔註16〕蔣毓英，《台灣府志》，卷六，頁 8（總頁 121）。
〔註17〕蔣毓英，《台灣府志》，卷六，頁 15（總頁 135）。高拱乾，《台灣府志》，〈規制志〉，頁 41。

宇煥然一新；另一座則位在府治鎮北坊〔註18〕。

7. 重修龍王廟：龍王廟在府城寧南坊，亦明鄭時建，祀掌雨水照顧眾生的龍神，康熙二十四年蔣毓英予以新修，並於廟右購地擴建。〔註19〕

8. 建鎮北坊書院：興建時間已不可考〔註20〕。蔣離職後，士民為紀念蔣郡守之德政，康熙二十九年立其肖像於書院中供民瞻仰〔註21〕。

〈乾隆十六年台灣府城圖〉

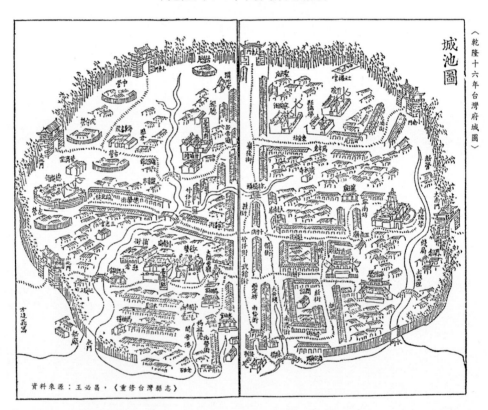

資料來源：王必昌，《重修台灣縣志》

綜之，蔣毓英之施政一切以便民為原則，不立煩苛細規，希望官民親近，

〔註18〕蔣毓英，《台灣府志》，卷六，頁9（總頁123）。高拱乾，《台灣府志》，〈外志〉，頁219。

〔註19〕蔣允焄，〈重修龍神廟增建更衣亭碑記〉，參黃典權，《台灣南部碑文集成》，（台北：台灣銀行，民國五五年三月），《台灣文獻叢刊》第二一八種，頁66。

〔註20〕高拱乾《台灣府志》〈規制志〉中載：鎮北坊書院康熙二十九年蔣毓英建。但康熙二十八年毓英已升任江西按察使。

〔註21〕高拱乾，《台灣府志》，〈規制志〉，頁33。

敦睦父子之情，以仁慈視事，使台民得以安生立業〔註22〕。在任內之建設中，對文教事業最爲用心〔註23〕。三年任期滿秩後，原本升遷湖廣郵驛道，台地士民頓然失措，乃遣代表赴閩省向督、撫請留，督、撫見民不辭勞苦遠來，深受感動，乃題請中央准毓英再留台一年〔註24〕。至康熙二十八年四月因江西按察使司按察使出缺，聖祖特敕蔣毓英赴任〔註25〕，士民才不敢再請留，並爲之立碑記載在台之功績，以爲思念，後來又在城西城隍廟右側立祠奉祀〔註26〕。離台之日，送行者數千人，皆感動淚下〔註27〕，可見蔣毓英之爲政深得民心。

二、康熙朝的周元文

周元文遼左金州人，原爲福建延平知府，以廉能著稱，康熙四十六年（一七○七）調補台灣知府〔註28〕。抵台後，隨即尋問民間疾苦與台地利弊之當興當革者，一一辦理。

康熙四十六年知府周元文抵台之際，時值台荒米穀欠收，繼又遭颱風侵襲，民心皇皇，有朝不謀夕之虞，若遵行被災州縣條例，錢糧先徵七分，三分停徵，台地災民仍難以渡日。知府見狀於同年十月及四十七年六月，兩度向上級懇請緩徵租供，使康熙四十六年台地之正供得依例免繳十分之三，其

〔註22〕高拱乾，《台灣府志》，〈藝文志〉，頁269。

〔註23〕

蔣毓英	修建廟宇	東嶽廟、上帝廟、龍王廟
	文教事業	修建府學、置府學田、立社學、置義學、建鎮北坊書院、修府志
	公共福利建設	修建大坊橋

〔註24〕高拱乾，《台灣府志》，〈藝文志〉，頁260、269。

〔註25〕《大清聖祖仁（康熙）皇帝實錄》，（台北：華聯出版社，民國五三年九月），卷一四○，頁29。台銀經濟研究室編，《清聖祖實錄選輯》，《台灣文獻叢刊》第一六五種，誤抄爲「康熙二十八年閏三月二十一日陞任江西按察使」，頁142。

〔註26〕蔣元樞，〈新修郡城隍碑記〉，參謝金鑾、鄭兼才，《續修台灣縣志》，（台北：台灣銀行，民國五一年六月），《台灣文獻叢刊》第一四○種，頁511。蔣元樞，《重修台郡各建築圖說》，（台北：台灣銀行，民國五九年五月），《台灣文獻叢刊》第二八三種，頁53。

〔註27〕高拱乾，《台灣府志》，〈藝文志〉，頁260。

〔註28〕〈周郡守傳〉，參周元文，《重修台灣府志》，頁347。同書〈職官志〉中作正黃旗人。

餘部分則分年帶徵〔註 29〕。然而，台地從康熙四十七年至五十年夏還是年年荒災，稻穀歉收，每年值青黃未接之際，知府便開倉穀平糶，並委府經歷張天銓於媽祖宮、府學兩處發放倉米，災民賴以生活〔註 30〕。

周元文亦注意振興台地文教、作育人才的問題。台灣府自前任知府衛台揆開始便設有義學，義學所需之經費主要來自府經歷汪元仕所捐置的義學田。後因其它事故汪元仕所置義學田屢遭訐訟，以致義學經費來源愈來愈少〔註 31〕。周元文上任後，認為義學收入微薄，終非長遠之計，而義學的設置是用以教育寒士，振興台地文教，今脩脯不足，此教育難以持久，且台郡又為偏遠之區，貧窮子弟雖有志上進，但多苦於膏火無資，因此康熙四十八年（一七〇九）薛允、呂學參兩家為爭田地互為控訴，經周元文調解，雙方願將兩家之交界田三十一甲捐出，供作義學學田〔註 32〕。如此化爭訟為絃歌，又使義學費用有所著落，實大善之舉。其後並為義學廣招學生，每月兩次親臨義學鼓勵學員。

台灣道、府向有承修戰船之責，以康熙四十七年為例，台、澎、戰船共有九十八隻，其中二十一隻由台廈道承修，餘由台灣府、福州府對半分修〔註 33〕。然台灣為海外荒僻之區，百物不產，造船物料大多遠購自福州〔註 34〕。再以船運台。木料的拖運為商船最累，如載木桅，一船載二支則過重，載一支則船隻偏重不穩，若途中運氣不好遇颱風，船隻覆沒常致人物盡毀，工程則又難如期完竣。而台灣所產之樟木皆藏深山中，欲運抵工地路程遙遠，途中又有生番，甚為不便。今台地道、府需承修之船多達二十幾艘，而台地工匠不足三十人，實難如期完工。周元文為改善此一情形，乃不斷詳文督撫籲請台、澎船隻改在閩省承修，並自願於修造船費外，再捐俸銀兩幫貼每艘船的承修〔註 35〕。經多次詳稿說明後清廷准其所請，周元文乃立即捐俸出資幫

〔註 29〕周元文，〈詳請緩徵帶徵稿〉與〈詳請題蠲台灣五十年正供粟石稿〉，引自周元文，《重修台灣府志》，頁 314 至 316。

〔註 30〕周元文，《重修台灣府志》，〈外志〉，頁 279：〈藝文志〉，347。周鍾瑄，《諸羅縣志》，〈雜記志〉，頁 276。

〔註 31〕周元文，《重修台灣府志》，〈規制志〉，頁 37：〈藝文志〉，頁 373。

〔註 32〕周元文，〈薛允控告呂學參案內退出田地三十一甲充為義學田公用詳憲批議稿〉，引自周元文，《重修台灣府志》，頁 326 至 328。

〔註 33〕周元文，《重修台灣府志》，〈藝文志〉，頁 335。

〔註 34〕周元文，《重修台灣府志》，〈藝文志〉，頁 329。

〔註 35〕周元文，《重修台灣府志》，〈藝文志〉，頁 328、330、334。

貼銀，並委員專辦此事，雖耗費重貲，但郡守仍承擔下來，使台地民眾免於興修之苦。此外，周郡守擔心後人不能善承此志，又苦累民眾，提議每年道、府捐俸三百兩、台灣知縣一百兩、鳳山與諸羅兩縣各一百五十兩，共一千兩解赴藩司幫貼修造之員〔註36〕。此一提議雖未獲支持通過，然周知府對台民的仁心美意令人敬佩。

　　康熙四十九年（一七一○）十月聖祖下諭：直隸、奉天、福建等九省應徵五十年之地丁錢糧全行蠲免〔註37〕。因蠲免條例中並無蠲免「米粟」之字樣，而台郡地畝俱徵本色正供稻粟，是以台地正供依法未能減免。然周元文認為台地民番亦為滿清子民，蠲免應一視同仁，且台地正供粟石即如內地田畝錢糧，而土番不諳耕種，官府播土地給予捕鹿，每年徵收餉銀，亦如漢民田畝賦稅，因此再三詳稟藩司，懇請蠲免台地正供稻粟〔註38〕。巡撫鑒於郡守誠懇有致乃密摺奏聞，經部議覆後，康熙五十年（一七一一）十月奉旨：「台灣府屬五十年應徵稻穀，已經徵完在官；雖蠲免，與小民無益。其應徵康熙五十一年稻穀，著行蠲免。」〔註39〕由此可見，周元文對台地民眾之福祉甚為在意。

　　台地雖為產米之區，但從康熙四十一年至五十年頻遇凶荒，即或未有上報災情，然收穫仍相當少，以致米價貴騰，民心惶惶。周元文乃行文各級官廳，嚴禁偷販台地米穀；凡自台出港船隻，無論營哨、商船均需接受海防同知查驗，一旦發現夾帶米穀，立即送官衙處以刑法〔註40〕。在番社方面，自台開闢以來，各社土番俱徵有正供粟石，然因言語不通，每社均設有通事代其交穀納倉，但事久生弊，通事巧立名目加派土番，使其收成盡被通事騙取。知府聞知，立將通事侵肥粟石一一追回，還給土番，並於各社通道要口設置納稅額項之木牌，使家曉戶喻不再受騙〔註41〕。

　　周元文認為台地僅有三縣，所徵之賦有限，缺乏火耗收入；若再扣除平時餽贈之禮，知府收入實不夠開銷，因此官莊的設立甚為需要。台地自首任

〔註36〕周元文，《重修台灣府志》，〈藝文志〉，頁335。
〔註37〕周元文，《重修台灣府志》，〈藝文志〉，頁319。
〔註38〕周元文，〈詳請題蠲台灣五十年正供粟石稿〉，引自周元文，《重修台灣府志》，頁316至320。
〔註39〕台銀經濟研究室編，《清聖祖實錄選輯》，康熙五十年十月，頁157。
〔註40〕周元文，〈申請嚴禁偷販米穀詳稿〉，引自周元文，《重修台灣府志》，頁323至325。
〔註41〕周元文，〈審革阿猴搭樓等各社通事給追原騙粟石審語并酌定通事辛勞使費等項〉，引自周元文，《重修台灣府志》，頁322、323。

知府蔣毓英開始，便設有官莊以資養廉之用，但官莊是撥府庫之公帑所置，周元文認為此舉不當，乃出資一千三百二十兩補還國庫，於是莊田成為知府個人的私產。康熙五十一年（一七一二）周離台之前，更將所有莊田捐出，使後來守此土者得藉以養其廉，專心處理政務〔註42〕。周元文經理台地之用心，在台灣知府之中並不多見，其情操可謂有公無私，盡忠職守。

整體而言，周知府之為人，立心忠恕而誠實不欺，薄於待己而厚於民事；公家之務，知無不為，鄉里之害，雖微必悉。嚴正率屬且恭於事上，禮賢下士而疾惡如仇；小人畏其嚴明，士庶樂其勤政愛民〔註43〕。

三、乾隆朝的鄒應元

鄒應元，江蘇金貴縣人〔註44〕，乾隆三十二年（一七六七）十二月由杭州知府調知台灣府，於次年四月抵台任職。履任後不久，即面臨了台地黃教之亂，並在民變事件過程屢敗賊匪，建立個人之功業。

黃教家住台灣縣，是一竊盜前科犯，乾隆三十三年（一七六八）間又連續糾集同夥竊盜，引起官府注意並查拏其同黨多人，黃教知其罪重，一不作二不休於是起意聚眾搶掠府城倉庫〔註45〕。九月二十九日黃教帶領同夥騷擾麻豆一帶，官兵前往緝捕但卻撲空〔註46〕；十月初一日黃教又招集了三、四十人聚集鳳山縣岡山地方，結會拜把後隨即豎旗起事〔註47〕。台灣鎮、道聞訊立刻派總兵王巍帶兵追捕，知府鄒應元隨往協辦，賊眾見勢四散逃竄，並未獲首犯黃教。事後清廷審視「鎮、道稟報情節」摺，認為黃教聚眾滋事，一發蔓延猖獗，全在鎮、道欲消弭隱諱，屢次稟告情形措詞卻多所粉飾〔註48〕，且台灣道官職在知府之上又兼兵備銜，辦賊是其專責，匪犯滋擾生事自應隨即親行督兵查拏，怎可事發後台灣道張珽仍留駐郡城，而知府身任地方

〔註42〕周元文，〈捐置本府莊田碑記〉，引自周元文，《重修台灣府志》，頁376。
〔註43〕周元文，《重修台灣府志》，〈藝文志〉，頁348。
〔註44〕金貴縣，本無錫地，清析置金貴縣，屬江蘇常州府，民國并入無銀縣。參陳正祥，《中國古今地名大辭典》，（台北：台灣商務印書館，民國六四年十一月），頁546。
〔註45〕《軍機檔》，乾隆朝，一○○五二號。
〔註46〕《軍機檔》，乾隆朝，一○○四二號。
〔註47〕《軍機檔》，乾隆朝，一○○五二號。
〔註48〕台銀經濟研究室編，《清高宗實錄選輯》，（台北：台灣銀行，民國五三年六月），《台灣文獻叢刊》第一八六種，乾隆三十三年十一月二十一日，頁158、159。

卻隨營調度，以致奸徒無所畏忌〔註 49〕。至於鎮總兵王巍於九月時已聞知有黃教糾夥滋事，清廷卻未見積極查拏，到十月初二始帶兵剿賊，以致事態擴大〔註 50〕。因此王巍、張珽兩人均遭革職處分，但仍留守台地協助平亂。

黃教離開岡山後，行蹤飄忽不定，並以打遊擊的方式不時焚搶兵力較薄的防汛，官兵尾追不著，雖時捕獲其黨羽，但總無法使黃教落網。十二月二十四日，黃教等匪由大石門逃至白狗寮，經遊擊陳玉書會同知府鄒應元分佈官兵剿殺，賊退據山頂，把總曾德祿首率兵弁征討，知府亦不懼危險步行登山，追擒賊眾拿獲兵器〔註 51〕；但仍未捕獲到黃教。然高宗仍下旨，知府鄒應元討賊有功交吏部議敘，把總曾德祿送部引見；由於提督吳必達未親往督剿，自稱審案完畢後再行前往，實有心規避職責，高宗嚴令一個月內親自督獲匪犯，如不能限期內捕獲，則傳回內地候旨〔註 52〕。其後吳必達雖親督剿賊，奪獲鳥鎗、兵械，但黃教仍未被捉拿。清廷乃改派葉德相為提督專辦此事，吳必達傳旨撤回〔註 53〕。乾隆三十四年（一七六九）正月二十五日，賊匪逃入生番社界內，吳必達、葉相德、鄒應元、王巍、張珽等員分別帶領兵弁、民壯由外殺入，並事先曉諭生番由內殺出〔註 54〕。到了三月二十七日各路營弁、鄉勇合攻賊所，原任台灣道張珽自革職後為彌補前過，勤追逆匪，與守備蒲大經等合力衝往殺賊，並捕獲黃教等首犯立下大功〔註 55〕。亂平之後，張珽送部引見，知府鄒應元、參將王介福二員於捕賊過程中，亦盡忠職守全力追捕，始終奮勇不懈，高宗再次諭令吏部加以賞敘〔註 56〕。

〔註 49〕 台銀經濟研究室編，《清高宗實錄選輯》，乾隆三十三年十一月二十六日，頁160。

〔註 50〕 台銀經濟研究室編，《清高宗實錄選輯》，乾隆三十三年十一月二十九日，頁160、161。乾隆三十三年十二月初，頁161。

〔註 51〕 台銀經濟研究室編，《清高宗實錄選輯》，乾隆三十四年正月二十七日，頁170。〈福建巡撫鄂寧摺〉，請參《台案彙錄己集》，（台北：台灣銀行，民國五三年一月），《台灣文獻叢刊》第一九一種，頁 87、88。

〔註 52〕 台銀經濟研究室編，《清高宗實錄選輯》，乾隆三十四年二月十九日，頁174、175。

〔註 53〕 台銀經濟研究室編，《清高宗實錄選輯》，乾隆三十四年二月三十日，頁176、177。乾隆三十四年三月十六日，頁177、178。

〔註 54〕 〈福建按察使余文儀摺〉，請參《台案彙錄己集》，頁100、101。

〔註 55〕 台銀經濟研究室編，《清高宗實錄選輯》，乾隆三十四年四月二十一日，頁189。〈提督福建水師總兵官吳必達等摺〉，請參《台案彙錄己集》，頁104、105。

〔註 56〕 台銀經濟研究室編，《清高宗實錄選輯》，乾隆三十四年四月二十三日，頁190。〈吏部「為內閣抄出閩浙總督崔應階奏」移會〉，請參《台案彙錄己集》，頁

由上可知鄒應元來台灣後，最重要的事蹟是在黃教之亂中，致力剿捕匪犯，屢挫賊匪，並親率壯役搜其黨羽，深入山地使生番設埋伏截殲匪寇。因鄒元文在府職任內治績尚佳，乾隆三十五年（一七七○）四月其秩滿之際，士民乃咸赴巡台御史請留，經奏准得再任三年〔註57〕。然自黃教之亂平定後，到鄒應元於乾隆三十七年（一七七二）四月以前因病辭去〔註58〕，台灣社會是處於較穩定的狀態，並無重大情事發生，而鄒元文對台地也未再有重大之建設，故相關的史料未再見鄒知府任內治績之記載，然其傳中稱：「應元廉靜，能正已率屬，離職後民有思念之意」〔註59〕。

四、道光朝的熊一本

熊一本，安徽六安州人，道光十三年（一八三三）十一月二十八日宣宗以台灣知府員缺緊要，著該督、撫於閩省知府內揀員，遺缺由熊一本補授〔註60〕，但熊一本並未立刻來台履職。次年，閩浙總督程祖洛以台灣孤懸海外，民情又極浮動尚利，非庫存充裕、營伍整飭，不足取信於民，奏請酌撥十萬兩銀解台灣道庫儲備銀以應急需，而知府熊一本正準備於十月渡船來台，乃先將請撥之封儲銀六萬兩，由熊護送運至台灣道庫；另外此前之台灣府、廳、縣歷任交代報冊，與藩司衙門檔案多有不符，亦發交知府熊一本攜帶渡台，再行清查有無虧空短缺，分別究辦〔註61〕。

台灣道庫銀兩的補充以備急需之用，在熊一本任職台灣知府期間提供很大的助益。因從道光十六年至十八年，台地便發生了六次社會動亂事件：

道光十六年十月：

107、108。
〔註57〕 謝金鑾、鄭兼才，《續修台灣縣志》，（台北：台灣銀行，民國五一年六月），《台灣文獻叢刊》第一四○種，〈政志〉，頁134。
〔註58〕 台銀經濟研究室編，《清耆獻類徵選編》，（台北：台灣銀行，民國五六年四月），《台灣文獻叢刊》第二三○，頁882。
〔註59〕 王詩琅，《台灣省通志稿》，（台中：台灣省文獻委員會，民國五一年十二月），卷七，〈人物志〉，頁82。
〔註60〕 〈戶部貴州司彙送道光十三年十二月分特交轉交事件冊〉，參《台案彙錄癸集》，（台北：台灣銀行，民國五五年五月），《台灣文獻叢刊》第二二八種，頁121。
〔註61〕 〈閩浙總督程祖洛、福建巡撫魏元烺奏酌籌撥解台灣道庫儲備銀兩摺〉，參《台案彙錄甲集》，（台北：台灣銀行，民國四八年一月），《台灣文獻叢刊》第三一種，頁194至196。

1. 沈知案：因今年台灣欠雨，米穀減產，米價昂貴。沈知率眾搶奪下茄苳（今台南後壁）糧倉，汛防把總帶兵捉捕卻遭殺害。後經總兵達洪阿迅速帶兵剿平〔註62〕。

道光十八年八月：

2. 蔡水藤案：家住葫蘆墩（今豐原），曾與同夥四處搶劫，為官府嚴緝對象，心生畏懼乃結黨自保，但結盟不久便被查訪破獲〔註63〕。

3. 賴三案：家住嘉義縣，見當年地方豐收，乃造謠有人謀反滋事，賴三等人則欲乘機搶奪米糧，但並未成功，為道台姚瑩會同總兵達洪阿逮捕定罪〔註64〕。

道光十八年九月：

4. 呂寬案：與蔡水藤案性質相同，因本案參與者多是張丙、沈知兩案的逸犯，曾多次搶掠，為官府緝拏對象，乃相聚結會自保，然不久亦被佳里興（今台南佳里鎮）營汛查獲〔註65〕。

5. 張貢案：起事於鳳山縣岡山，是一結合搶劫、尋仇與抗官的事件。張貢原為地方無賴，曾因竊牛為鄉民莊華逮捕入獄，於是尋機報仇。道光十八年九月招集同夥準備搶汛防槍械但並未成功，僅掠得二把槍鳥槍、一隻短銃，隨後殺害莊華，並準備再攻縣城，鳳山知縣聞訊立刻會同營汛、鄉勇前往緝捕，台灣鎮、道亦前來指揮剿捕事宜，張貢等人見狀立即逃散，但不久仍一一就逮〔註66〕。

道光十八年十一月：

6. 胡布案：家住嘉義，因地方米穀豐收，乃起意謀反，輾轉糾集人員，曾擬攻嘉義縣城、鹽水港汛，皆因巡防嚴密且黨夥過少不敢動手，台灣知縣乃會同營汛往捕，胡布黨夥隨即潰散。胡布轉與游捷生合作，擬先攻店仔口汛搶奪兵械，再攻縣城；十一月二十四日乃率黨眾進攻營汛，殺傷兵丁，鎮總兵達洪阿立刻帶兵緝拏，二十八日胡布被捕就地正法，至

〔註62〕 周凱，《內自訟齋文選》，（台北：台灣銀行，民國四九年五月），《台灣文獻叢刊》第八二種，頁 15、16。劉妮玲，《清代台灣民變研究》，（台北：師大歷史研究所，民國七二年九月），《師大歷史研究所專刊》（9），頁 210。

〔註63〕 姚瑩，《東溟奏稿》，（台北：台灣銀行，民國四八年六月），《台灣文獻叢刊》第四九種，頁 9、10。劉妮玲，《清代台灣民變研究》，頁 211。

〔註64〕 姚瑩，《東溟奏稿》，頁 11。劉妮玲，《清代台灣民變研究》，頁 211、212。

〔註65〕 姚瑩，《東溟奏稿》，頁 9。劉妮玲，《清代台灣民變研究》，頁 212。

〔註66〕 姚瑩，《東溟奏稿》，頁 6 至 8。劉妮玲，《清代台灣民變研究》，頁 212、213。

於逃散匪黨，連日督同知府熊一本嚴飭台灣、嘉義等縣營追捕，十二月下旬便拏獲股首匪犯。道光十九年元月游摠生亦被捉拏〔註67〕。

在這六次動亂中，光沈知、胡布兩案便動撥道庫銀五萬兩〔註68〕，使沈、胡兩案平亂時所需銀兩幸免周章，可見總督程祖洛奏撥十萬兩銀儲存道庫，對軍民士氣及台地的穩定有很大的助益。而台地文武官弁在社會動亂中，表現出高效率的應變與合作能力，使動亂能迅速粘平不至釀成巨案，是熊一本能成為台地最長任台灣知府的主要原因。而在胡布事件後，清廷亦以知府熊一本剿辦台灣匪徒有功，賞予藍翎〔註69〕。在六次動亂期間，道光十七年（一八三七）七月三十日台灣道周凱因病卒於任內，新任道員未抵台前，本年八月至十月間台灣道是由知府熊一本暫時代理〔註70〕。

道光十九年（一八三九）五月台灣府城、嘉義縣大地震，府縣城牆、官署、民房坍壞情形嚴重，並有民人死傷。台灣道派委知府熊一本籌撥番銀，赴嘉義勘查慰問；福建藩司亦於司庫內撥銀五千兩運台救濟，並令道、府悉心查勘損壞情形，依受損程度給予適當撫恤〔註71〕。

道光二十年（一八四○）六月英船至鹿耳門外沿海騷擾，道台姚瑩立即督同台灣知府熊一本面商出示封港，並委員會同水師對鹿耳門南北路嚴加巡查防守，務必不讓小船、竹筏出口，以斷奸民接濟米水，偷運鴉片；並派戰船時放鎗砲以壯聲威，使夷船不敢駛進內洋〔註72〕。在防夷侵擾的政策上，清廷認為夷人船高砲強，不宜輕與決戰，應嚴守口岸斷絕接濟、密防內奸為先，而府城為根本重地，安平城又為府城門戶，防守甚為重要，嚴飭水師將領與知府防衛郡城、安平上下各口及南路鳳山一帶各口，增派舟師水勇，添置砲墩〔註73〕。在英船騷擾鹿耳門後，給事中朱成烈曾上奏主張積極開墾台

〔註67〕 姚瑩，《東溟奏稿》，頁14至23。〈台灣道稟錄〉，參《台案彙錄甲集》，頁163、164。劉妮玲，《清代台灣民變研究》，頁213、214。

〔註68〕 姚瑩，《東溟奏稿》，頁5。

〔註69〕 台銀經濟研究室編，《清宣宗實錄選輯》，（台北：台灣銀行，民國五三年六月），《台灣文獻叢刊》第一八八種，道光二十一年七月二十五日，頁349。

〔註70〕 〈吏部文選司月終冊〉，參《台案彙錄癸集》，頁128。

〔註71〕 〈戶部「為內閣抄出署理閩浙總督魏元烺」移會〉，參《台案彙錄丙集》，（台北：台灣銀行，民國五二年十一月），《台灣文獻叢刊》第一七六種，頁136。姚瑩，《中復堂選集》，（台北：台灣銀行，民國四九年九月），《台灣文獻叢刊》第八三種，頁45、46。

〔註72〕 姚瑩，《中復堂選集》，頁64、65。

〔註73〕 姚瑩，《東溟奏稿》，頁30。台銀經濟研究室編，《籌辦夷務始末選輯》，（台北：

地未墾殖之地，以杜英夷的覬覦，宣宗下諭飭令台灣道、府確切查明台地墾殖情形〔註 74〕。然上諭中並未說明朱給事中所指未墾之地爲何，台灣道姚瑩認爲其所提未墾地是山後噶瑪蘭，並與知府熊一本共同主張山後暫不可開，因山前、山後形勢相背，道路不通，途中又有兇番阻隔，若要開發需以兵弁護行，但此易導致與番社衝突，其結果逆夷尚未到來，反而番釁已先內起，還不如先讓後山保持蠻荒原始，使夷人無可垂涎〔註 75〕。

道光二十一年（一八四一）七月廈門遭海盜侵犯失守，鎮總達洪阿、道台姚瑩聞警訊，認爲台灣孤懸海外，全恃廈門爲援，今有此警形勢愈覺孤危，而台灣爲民情浮動之區，爲防匪類乘機煽惑，乃督同知府熊一本會商，將巡洋舟師調回嚴守口岸，陸路及諸要汛仍舊不動〔註 76〕。並將已廢之鹿耳門岸口及國賽港、三鯤身三處口門加以防堵，以免匪船侵越。此外，府城本係土築，容易坍壞，雖時常修補但工料不堅實，先由熊一本勘視情形，撥費興修，迅速完竣〔註 77〕，以便防夷安內。

自道光二十一年八月以來，常有英籍船隻在台灣外海游行停泊，總兵等飭屬嚴防堵禦，八月十六日英船駛進口門，對二沙灣砲台發砲攻打，參將見狀立刻還以顏色，以大砲對英船轟擊，淡水同知曹謹亦在三沙灣放砲接應，英船遭砲擊後船員紛紛落水，有多人死傷，其上岸及乘船逃竄者，均被捕獲。然至九月英船又再犯，侵擾淡水雞籠口並砲擊口門，清兵開砲還擊，再度獲勝。清廷認爲台地官員對此事的辦理甚屬可嘉，賞鎮總達洪阿雙眼花翎、道台姚瑩賞戴花翎，知府熊一本交部從優議敘，賞給雲騎尉世職〔註 78〕。而此二次驅夷行動，共捕獲一百七十餘名夷犯、漢奸，均交由知府熊一本、海防同知全卜年等人一一審訊，查明來自何處及來台源由，審訊後立即正法，直至道光二十二年（一八四二）四月奉上諭，「若逆犯尚未正法，暫留罪夷，以

台灣銀行，民國五三年九月），《台灣文獻叢刊》第二○三種，道光二十年十二月二十日，頁 24、25。

〔註 74〕〈台灣道稟錄〉，參《台案彙錄甲集》，頁 163。

〔註 75〕姚瑩，《中復堂選集》，頁 47 至 50。

〔註 76〕姚瑩，《東溟奏稿》，頁 36。台銀經濟研究室編，《籌辦夷務始末選輯》，道光二十一年十月十一日，頁 48、49。

〔註 77〕姚瑩，《中復堂選集》，頁 97、98。

〔註 78〕台銀經濟研究室編，《清宣宗實錄選輯》，道光二十一年十月十一日，頁 375、376。姚瑩，《東溟奏稿》，頁 39、50。台銀經濟研究室編，《籌辦夷務始末選輯》，道光二十一年十月十一日，頁 51；道光二十一年十二月二十九日，頁 64。

便究訊」﹝註79﹞。九月初一日清廷接受英方的議撫，交還被俘夷人﹝註80﹞，但被俘一百多人中，僅九人生還，其餘不是遭正法便是病死獄中﹝註81﹞，英人相當不滿。然清廷則以台地官員禦敵出力有功，賞知府熊一本三品頂戴，同知全卜年等人賞予花翎﹝註82﹞。

隨著英船屢次滋擾，台地匪徒乃乘機為亂，道光二十一年九月嘉義地區有江見等人糾眾攻劫文武公寓；十月南路鳳山以陳沖為首之匪徒亦豎旗響應，糾眾攻汛殺害官弁﹝註83﹞。九月二十二日總兵達洪阿即率精兵前往嘉義平亂，姚瑩則於道庫內提撥二萬兩，交知府熊一本以應開支﹝註84﹞，並飭知府及城守營參將嚴守府城。南路賊匪則由台防同知全卜年、鳳山與台灣兩縣知縣會同南路營將及地方義民，前往鎮壓搜捕。南、北路賊匪均不敵潰散，賊首亦很快被捕獲。道台姚瑩、知府熊一本均著賞雲騎尉世職﹝註85﹞。

熊一本在台灣知府任內的社會治安事件，並未就此告結。自道光二十二年三月以後，台灣南路各洋外船往來不已，北路彰化、嘉義一帶匪類見外船屢至，乃紛紛散播謠言煽誘滋事﹝註86﹞。五月彰化縣積匪陳勇、黃馬聞知夷船窺視台灣，乃起意勾誘民人滋事作為內應，但起事前便被彰化營縣聞訊前往圍捕，黨眾潰逃，黃馬等四十多人被捕；但陳勇至九月在林圯埔（今南投竹山）因搶劫民家才被兵丁、鄉勇合力剿捕﹝註87﹞。在長達九年的知府任期中，熊一本雖面臨了許多地方民變，及外夷船隻的侵擾，但均未有過重大失職之事，稱得上是位賢能官員，故道光二十三年台灣道姚瑩因故遭革職後﹝註88﹞，同年八月知府熊一本升任本道﹝註89﹞。

﹝註79﹞ 姚瑩，《東溟奏稿》，頁64、138。台銀經濟研究室編，《籌辦夷務始末選輯》，道光二十二年四月初六日，頁72；道光二十二年十月十四日，頁84。
﹝註80﹞ 台銀經濟研究室編，《籌辦夷務始末選輯》，道光二十二年十一月十七日，頁101。
﹝註81﹞ 台銀經濟研究室編，《籌辦夷務始末選輯》，道光二十二年十一月二十一日，頁108。
﹝註82﹞ 台銀經濟研究室編，《清宣宗實錄選輯》，道光二十二年十月十四日，頁492。姚瑩，《東溟奏稿》，頁142。
﹝註83﹞ 姚瑩，《東溟奏稿》，頁43、49。劉妮玲，《清代台灣民變研究》，頁214。
﹝註84﹞ 姚瑩，《東溟奏稿》，頁44。
﹝註85﹞ 姚瑩，《東溟奏稿》，頁93。
﹝註86﹞ 姚瑩，《東溟奏稿》，頁158。
﹝註87﹞ 姚瑩，《東溟奏稿》，頁161、162。
﹝註88﹞ 姚瑩，《中復堂選集》，頁252、253。

綜合上述六位知府，其得以長任期的原因除蔣毓英、吳國柱、周元文較相似外，其它均不相同。蔣毓英施政以便民為原則，重視台地文教，任內深受士民支持；吳國柱為政亦尚寬簡，以清廉治台；周元文勤政愛民，凡民生苦疾之事，不辭辛勞盡其能力解決，並積極治理台灣。由於三人在台治績相當好，而清領台初期台地社會民情較為穩定，漢番的衝突亦較少，故得長任期。王珍為政苛斂，以圖利為為政之大事，其得以久任純屬運氣好，在其任內雖天災不斷，但除其解任前數月台地才開始有民人聚眾倡亂外，大部分期間台地甚為安定。鄒應元任期能達五年之久，一則運氣，一則治績，因其出府城剿賊實受台灣道之命令，不得不親自出征，然而在平亂過程中應元奮勇征討匪賊，功亦不可沒，故屢獲吏部賞敘，秩滿後亦得再續任。熊一本是位甚具經世才能的知府，任內民變連連，但均在台地文武官弁的合作下迅速敉平，在五位知府中，算是能力最強，功績最多的知府。

第二節 多任次的台灣知府

在一二九個任次之台灣知府中，曾多次擔任台灣知府一職者共有十九人，其中十五人複任一次，三人複任二次，一人複任三次〔註90〕。本節所要討論的對象為重覆二次以上任職台灣知府者，即楊廷理、楊紹裘、遇昌及鄧傳安等四人，因前三人履任台灣知府的時間均在乾隆末期、嘉慶初年，而鄧傳安為道光朝的台灣知府，故文中分乾、嘉時期的二楊與遇昌及道光朝的鄧傳安兩部分來分析。

一、乾、嘉時期的二楊與遇昌

乾隆四十二年（一七七七）楊廷理以品學優異被選拔入貢，開始邁向仕途〔註91〕。乾隆五十一年（一七八六）八月二十日又以才識兼優、辦事妥練

〔註89〕〈戶部「為內閣抄出福建巡撫劉鴻翱奏」移會〉，參《台案彙錄辛集》，（台北：台灣銀行，民國五三年十二月），《台灣文獻叢刊》第二○五種，頁269。

〔註90〕曾二次擔任台灣知府有十五人，分別為乾隆朝的王文昭、劉亨基、袁秉義，嘉慶朝的汪楠、鄭佐廷、蓋方泌，道光朝的方傳穟、王衍慶、仝卜年、裕鐸，同治朝的陳懋烈、葉宗元、周懋琦，光緒朝的吳本杰、朱和鈞。曾三次任台灣知府者，為乾、嘉年間的楊紹裘、遇昌，與道光朝的鄧傳安。四度擔任台灣府職者，為乾隆末年的楊廷理。

〔註91〕陳淑均，《噶瑪蘭廳志》，（台北：台灣銀行，民國五二年三月），《台灣文獻叢刊》第一六○種，頁62。鄭喜夫，《台灣地理及歷史》，（台中：省文獻委員會，

由福建候官知縣升補台灣海防同知〔註 92〕。履任不到三個月，台地便發生了林爽文反清事件，十一月二十九日叛民攻陷彰化縣城，知府孫景燧被殺〔註 93〕，當時台灣知縣王露亦因病無法親理政務，情勢危急，府城加強戒嚴，廷理遂於十二月以海防同知銜兼理府事，負責防守府城的安危〔註 94〕。當彰化縣城失守，最初鎮總兵柴大紀、巡道永福並無意出兵平亂〔註 95〕，而廷理早已躍馬巡城警戒部屬，晝夜未歸衙署，並力促總鎮出兵〔註 96〕。廷理即兼府事，除加強府城防戍，率員修葺城柵外，並利用閩、粵濃厚的地緣意識，招募粵莊義民，幫助平亂，守禦府城；又請工匠整鎗砲、造器械，分給民番以備戰守〔註 97〕。

楊紹裘浙江餘姚縣人，由廩貢出身，乾隆五十二年（一七八七）正月由福州海防同知升署台灣知府，原代理府事之楊廷理回任海防同知，但楊紹裘初到台灣對台地局勢不太清楚，而廷理在任事期間深得民心，又熟悉賊情，因此一切事情多與之商討。但到了三月清廷以紹裘對平亂並無重大功績，乃改用曾任台灣道員的楊廷樺為台灣知府，仍留紹裘協助辦理軍需，並繼續重用楊廷理，而廷理亦再度利用閩、粵不同的地緣意識，招降泉州人莊錫舍，予屬漳籍的林爽文一大打擊。隨著官兵的補充及三楊（楊廷理、楊紹裘、楊廷樺）的相合何作，時人皆曰：「三楊開泰，賊不足畏也。」〔註 98〕民心士氣的提振，知府、營兵、義民的力守，使府城在紛亂之際從未失陷，只可惜乾隆五十二年八月知府楊廷樺因疾病逝，廷理再度署理府事，九月初八實授升任台灣知府〔註 99〕。十月總督福康安率大軍抵台，廷理奉檄隨營轉戰南北，

民國六九年八月），卷九，〈官師志〉，文職表，頁 29。

〔註 92〕謝金鑾、鄭兼才，《續修台灣縣志》，（台北：台灣銀行，民國五一年六月），《台灣文獻叢刊》第一四○種，頁 62。《明清史料己編》，（台北：中研院歷史語言研究所編印，民國四七年四月），第九本，頁 826。

〔註 93〕陳衍，《台灣通紀》，（台北：台灣銀行，民國五○年八月），《台灣文獻叢刊》第一二○種，頁 132。

〔註 94〕謝金鑾、鄭兼才，《續修台灣縣志》，頁 374。

〔註 95〕台銀經濟研究室編，《台案彙錄庚集》，（台北：台灣銀行，民國五三年八月），《台灣文獻叢刊》第二○○種，頁 751。

〔註 96〕謝金鑾、鄭兼才，《續修台灣縣志》，頁 374。

〔註 97〕同上註。台銀經濟研究室編，《平台紀事本末》，（台北：台灣銀行，民國四七年五月），《台灣文獻叢刊》第一六種，頁 58。

〔註 98〕謝金鑾、鄭兼才，《續修台灣縣志》，頁 134 至 135、376 至 377。

〔註 99〕謝金鑾、鄭兼才，《續修台灣縣志》，頁 378。

大敗敵眾，台灣政局轉趨穩定〔註100〕。清廷並於乾隆五十三年（一七八八）元月擒獲叛首林爽文等人，歷經年餘的大變亂於此暫告一段落。而廷理亦因此役聲名大噪，二月二十八日高宗便下諭：「楊廷理原係同知，各州縣非其專管，於此案尚無大過，且伊在府城帶領義民等悉力守禦，一得官兵打仗殺賊信息，即隨時稟報（總督）李侍堯，尚為迅速。著福康安查明楊廷理如才具尚屬可用即據實保奏，候朕酌量加恩錄用。」〔註101〕

　　林案事件平定後，清廷痛加檢討動亂原因，大力整頓台灣的軍事與政治，防治社會不良習尚，參劾過失之文武官員，總兵柴大紀因貪污瀆職首遭革職，道員永福亦因此案牽連而去職，唯獨楊廷理受高宗的賞識未受處分，並於三月護理台灣道，淡水同知徐夢麟署台灣知府〔註102〕。而福康安在善後事宜中，亦大加讚賞廷理的治事能力：「台灣民俗习悍，素稱難治，現賊蕩匪平，一切撫綏整頓尤賴幹才，台灣現任各員，祇有楊廷理、徐夢麟二員最為出色。楊廷理自擢任知府以來，實心實力，辦事允當，民情極為畏服；現委署理台灣道篆，措置頗覺裕如。」〔註103〕

　　乾隆五十三年（一七八八）九月二十六日新任道員萬鍾傑抵台任職，廷理回任台灣知府，這次是他擔任台灣知府為期最久的一次，直到乾隆五十六年（一七九一）五月二十四日升署本道。在此期間，廷理主要的建設有：創建海安宮（祭拜媽祖）、重修關帝廟（倡忠義之氣）、建義民祠（安撫民心），而最重要的是台灣府城的改建〔註104〕。清廷最初以台灣民變皆由內產生並非來自外寇，主張不可建府城，避免為叛逆據為抗清堡壘，直至雍正六年（一七二八）在台灣知縣周鍾瑄的努力下才得以木柵築牆，初建府城雛型〔註105〕。以後屢經修葺，但均以刺竹或種植樹木為主，一有民亂府城仍是易失易復，長遠之計仍需以磚或石建城較為堅固可靠〔註106〕。乾隆五十三年十月二十七日在知府楊廷理的領

〔註100〕陳壽祺，《重纂福建通志》，（台北：華文書局印，民國五七年十月），卷一四四，頁10、11。
〔註101〕台銀經濟研究室編，《清高宗實錄選輯》，（台北：台灣銀行，民國五三年六月），《台灣文獻叢刊》第一八六種，乾隆五三年二月二八日，頁565。
〔註102〕謝金鑾、鄭兼才，《續修台灣縣志》，頁379。
〔註103〕台銀經濟研究室編，《欽定平定台灣紀略》，（台北：台灣銀行，民國五十年六月），《台灣文獻叢刊》第一○二種，頁983、984。
〔註104〕何培夫，〈楊廷理台灣治績考〉，《成大歷史學報》，第九期，頁308至311。
〔註105〕余文儀，《續修台灣府志》，（台北：台灣銀行，民國五一年四月），《台灣文獻叢刊》第一二一種，頁59。
〔註106〕台銀經濟研究室編，《清高宗實錄選輯》，乾隆五三年元月二五日，頁545。

導下，開始築土為城，於乾隆五十六年四月十一日完工〔註107〕。除上述主要建設外，廷理還有許多地方上的小型建設、祭祀活動及穩定社會的實際政績〔註108〕，深獲高宗賞識。乾隆五十六年二月又以平定彰化縣南投地方天地會糾眾滋事有功，賞給道銜〔註109〕，五月署理道篆，六月實授〔註110〕。

廷理升署台灣道後，知府一職由淡水同知袁秉義暫時代理，八月二十九日知府楊紹裘到任，並兼署台防同知〔註111〕。在台灣知府任內，紹裘每遇爭訟，必先與告訴兩方申明相互敦睦任卹的重要，然後再判其曲直，留心民疾隨處可見。與僚屬相處事事以和為貴，如當時營兵恃平匪亂有功，甚為囂張，有一次營兵隨意毆打舖民，台灣知縣林昌炎加以逮捕，營卒抗議，有一遊擊更怒斥於公所曰：「林知縣藐我」，紹裘則從容笑曰：「某遊擊何少商量，亦知林知縣非遊擊可斥乎？」使遊擊不再怒氣相對，事情才得以解決〔註112〕。乾隆五十八年（一七九三）紹裘父親過世，以丁憂離職。九月，淡水同知袁秉義再署台灣知府並兼署海防同知，新任知府遇昌於乾隆五十九年三月才抵台任職，兼攝海防同知。但不知何故乾隆五十九年十一月清廷又改以鹿港海防理番同知朱慧昌署理府職，至乾隆六十年二月遇昌才又復任府職〔註113〕。

楊廷理在台灣道任內（乾隆五十六年五月至六十年六月），主要的事蹟為平定陳周全事件。乾隆六十年（一七九五）二月鳳山縣匪徒陳光愛等人謀反，知府遇昌、遊擊陳大恩前往鎮壓，陳光愛被捕，匪眾潰散，餘黨陳周全逃往彰化。時台灣米價昂貴，彰化游民聚眾搶奪官府米倉，同年三月陳周全乃藉機滋事，攻據鹿港、彰化，鹿港同知朱慧昌、遊擊曾紹龍均戰死，消息傳回府城，廷理率軍留守府城坐鎮，水師提督哈當阿與知府遇昌率兵前往剿賊；時汀州府同知沈颺因受督撫之命來台查工程，巧至彰化縣城而遇賊亂，乃密招義民逐賊，在內外相互夾攻下，不到六天動亂便被平定〔註114〕。事後清廷

〔註107〕謝金鑾、鄭兼才，《續修台灣縣志》，頁7、8。

〔註108〕詳參何培夫，〈楊廷理台灣治績考〉，頁312、313。

〔註109〕台銀經濟研究室編，《清高宗實錄選輯》，乾隆五六年二月初七，頁681、682。

〔註110〕謝金鑾、鄭兼才，《續修台灣縣志》，頁125。台銀經濟研究室編，《清高宗實錄選輯》，乾隆五六年五月二五日，頁685、686。

〔註111〕謝金鑾、鄭兼才，《續修台灣縣志》，頁132、138。

〔註112〕謝金鑾、鄭兼才，《續修台灣縣志》，頁135。台銀經濟研究室編，《台灣通志》，（台北：台灣銀行，民國五一年五月），《台灣文獻叢刊》第一三〇種，頁431。

〔註113〕鄭喜夫，《台灣地理及歷史》，卷九，〈官師志〉，文職表，頁30。

〔註114〕姚瑩，《東槎紀略》，（台北：台灣銀行，民國四六年十一月），《台灣文獻叢刊》

檢討此案件，陳光愛聚眾滋事，知府遇昌未能督屬將叛眾盡除，以致釀成鉅案，難逃其咎，五月遇昌被議處撤回內地，授沈颺爲台灣知府，並處理善後事宜〔註115〕。台灣道楊廷理則因在以前福建侯官縣知縣任內有虧空款項，於乾隆六十年六月時被革職拏問，遣回內地〔註116〕。

嘉慶元年（一七九六）台灣知府沈颺爲防範海盜蔡牽進犯，勸商船捐錢添設鄉勇以助兵力，但卻被清廷指爲科派，革職遣回內地〔註117〕。四月知府一職由楊紹裘代理；十月閩浙總督魁倫等奏請再以遇昌補授，清廷同意，遇昌遂於嘉慶二年二月到任〔註118〕。但遇昌擔任台灣知府一職不到一年便升署台灣道，在知府任職期間並無特別之功績。

楊廷理於乾隆六十年因虧空案被革職流放伊犁數年後，嘉慶八年（一八〇三）獲赦南歸，經三年休養，嘉慶十一年捐補知府重入仕途〔註119〕。當時台灣屢遭海盜蔡牽的侵擾，清廷亟思幹練之員來台治理；嘉慶十年蔡牽兵圍府城時，台地更傳言：「內地檄委雙梧公（廷理）押餉來台協剿」〔註120〕，以安撫民心，可見廷理昔日聲望仍爲民人所重。嘉慶十一年九月清廷再度以廷理補授台灣知府〔註121〕，十二月抵台任職，士民甚爲高興，並相互慶曰：「一楊來復矣」〔註122〕。

嘉慶十二年（一八〇七）七月海盜朱濆入侵蛤仔難（即噶瑪蘭，今宜蘭），廷理率眾入山征討，與南澳鎮王得祿從海路合力夾攻，賊大敗而去。其征討得以順利，實多得廷理熟悉民情，以利誘收買番眾並曉以大義，使番社願意助官捕賊〔註123〕。關於招撫噶瑪蘭的問題，早在乾隆五十二年（一七八七）征討林爽文之亂時，廷理便已注意到，但清廷並不予理會〔註124〕。今因朱濆案廷理親

　　　第七種，頁117、123。
〔註115〕姚瑩，《東槎紀略》，頁124、126。〈戶部副摺〉，參《明清史料戊編》，（台北：中研院歷史語言研究所編印，民國四三年八月），第二本，頁157。
〔註116〕台銀經濟研究室編，《清高宗實錄選輯》，乾隆六十年六月十二日，頁725。
〔註117〕台銀經濟研究室編，《台灣通志》，頁491。
〔註118〕〈嘉慶年各部造送內閣清冊〉，參《明清史料戊編》，第七本，頁630。謝金鑾、鄭兼才，《續修台灣縣志》，頁132。
〔註119〕陳淑均，《噶瑪蘭廳志》，頁62。
〔註120〕謝金鑾、鄭兼才，《續修台灣縣志》，頁391。
〔註121〕陳淑均，《噶瑪蘭廳志》，頁367。
〔註122〕謝金鑾、鄭兼才，《續修台灣縣志》，頁391。
〔註123〕姚瑩，《東槎紀略》，頁73、74。
〔註124〕陳淑均，《噶瑪蘭廳志》，頁365。

入噶瑪蘭，對當地的問題有更深入之了解，事後乃積極主張開闢噶瑪蘭，向福
州將軍賽沖阿奏請丈量田地並設官經理，但仍未獲支持，反被令速返府城〔註
125〕。嘉慶十二年十月初十廷理奉檄返回府城〔註126〕，一至府城竟又獲旨撤回
內地。其因可能是廷理為事剛強，未能迎合上級旨趣，一再提出噶瑪蘭內附的
炙手問題，令憚於為之者忿怨，且其聲望素佳易遭同僚猜忌所致〔註127〕。

　　嘉慶十四年（一八○九）四月淡水地方因姦起釁，造成漳、泉人民械鬥，
廷理的才能再度受重視，八月領「後補知府」之空銜抵台，十月初旬便平定
民亂〔註128〕。次年閩浙總督來台查辦淡案善後事宜，有噶瑪蘭生番前來叩見，
請將噶瑪蘭收入版圖、設通事，以解決屢遭熟番欺凌之問題，廷理乃受命入
蘭駐辦創始事宜〔註129〕。到了嘉慶十六年十二月十二日因知府汪楠代理台灣
道，廷理乃獲補署台灣知府，但為期僅八個月，嘉慶十七年八月汪楠回任知
府一職，廷理便未再當過台灣知府。

　　從上述二楊及遇昌在台知府任期事蹟中可看出，楊廷理得成為台灣史上任
職台灣知府次數最多的文官（一次暫代，二次實任，一次署理），除時勢造英雄
外，廷理能把握時機，發揮才能，臨危不亂，盡忠職守，是獲高宗賞識的主要
關鍵。而鄭兼才對廷理亦頗有佳評：「來台深自節抑，厚恤下而勤事上，往來蠶
叢、出入番社，驅蘇澳之賊、撫五圍之民，，險阻備賞，終事後已。」又「諳
熟風土、練達人情，公義私恩，二者俱有；楊守在台，真所謂乘風載響，勢處
於易。」〔註130〕其前後知府的任期共計四年九個月。至於楊紹裘能三次擔任府
職，純屬機運，第一次知府孫景燧因功殉職，紹裘由福州海防同知來台署理，
但無法勝任時局，二個月後便離職；第三次亦是暫代，知府沈颺因故革職，新
任知府遇昌未抵台前由紹裘署理，為期十個月；僅第二次因知府楊廷理升任台
灣道，紹裘才有機會實任台灣知府，此次任職期間共一年十個月。紹裘在台之
事蹟平平，未犯大過，亦未建大功，對清廷而言是位尚屬可用之人才。遇昌三
握郡篆均是實任，但任職知府時間之總合是三位知府中任期最短的，僅二年九

〔註125〕陳淑均，《噶瑪蘭廳志》，頁367。
〔註126〕〈張師誠題本〉，參《明清史料戊編》，第十本，頁902。
〔註127〕何培夫，〈楊廷理台灣治績考〉，頁337。
〔註128〕台銀經濟研究室編，《清仁宗實錄選輯》，（台北：台灣銀行，民國五二年十二
　　　　月），《台灣文獻叢刊》第一八七種，頁142至143、156。
〔註129〕陳淑均，《噶瑪蘭廳志》，頁331至333。
〔註130〕鄭兼才，《六亭文選》，（台北：台灣銀行，民國五一年九月），《台灣文獻叢刊》
　　　　第一四三種，頁64、66。

個月。其原因是遇昌在台任職期間主要任官是台灣道，並非台灣知府，遇昌任職台灣道共計五年二個月，比知府任期多出二年又五個月。而遇昌雖曾三度入府郡，但僅可算二次擔任府職，因從乾隆五十九年三月任職到乾隆六十年五月因陳周全事件被調回福建候補知府，其間從乾隆五十九年十一月至六十年元月，不知何故清廷以鹿港海防兼理番同知朱慧昌署理府職，乾隆六十年二月遇昌才由台防同知再回任知府，使其任次增爲三次。

二、道光朝的鄧傳安

　　鄧傳安爲進士出身，道光二年（一八二二）十一月由閩縣知縣升任台灣北路理番兼鹿港海防同知〔註131〕。爲做好理番同知一職，傳安對台灣各地番社的風俗民情詳加尋問了解，著有〈台灣番社紀略〉、〈番俗近古說〉〔註132〕；並實地深入番社，一方面考察轄區內番社之實際情形，另方面順道欣賞台地之佳山美水〔註133〕。因在理番同知任內，轄區安定亦無漢番衝突，予閩浙督、撫留下好印象，道光四年（一八二四）元月台灣道胡承珙因病辭職，台灣知府方傳穟暫代本道，清廷遂以鄧傳安署理府職；同年三月新任道員孔昭虔抵台任職，方傳穟回任知府，鄧傳安亦於四月回任鹿港理番同知〔註134〕。

　　鹿港因地當台灣南北之中，航運交集人物繁盛，傳安自來台任官後，對當地的教育甚爲注重，除每月課試生童，加獎勤奮優等生，使士子勤勉向學外，因鹿港欠缺一授業場所，應課時甚費周張，傳安在回任同知後，在地方士紳的建議下，倡建鹿港文開書院，並勸眾士紳及民商捐錢興修〔註135〕。道光六年（一八二六）十月知府陳俊千因故降三級調用，傳安再度以鹿港理番同知銜於十月初六署理府職，直至道光七年閏五月新任知府徐鏞抵台，傳安於六月底回任同知〔註136〕。到了十二月下旬，傳安倡建之文開書院亦告完工〔註137〕。

　　道光八年（一八二八）徐鏞奉旨升任四川成綿龍茂道，三月初六傳安升

〔註131〕鄧傳安，《蠡測彙鈔》，（台北：台灣銀行，民國四七年一），《台灣文獻叢刊》第九種，頁20。周璽，《彰化縣志》，（台北：台灣銀行，民國五一年十一月），《台灣文獻叢刊》第一五六種，頁428、429。

〔註132〕詳見鄧傳安，《蠡測彙鈔》，頁1至4及9至12。

〔註133〕鄧傳安，《蠡測彙鈔》，頁5至7。

〔註134〕鄭喜夫，《台灣地理及歷史》，卷九，〈官師志〉，文職表，頁32。

〔註135〕周璽，《彰化縣志》，頁400至403、428。

〔註136〕鄭喜夫，《台灣地理及歷史》，卷九，〈官師志〉，文職表，頁32。

〔註137〕周璽，《彰化縣志》，頁402。

任實授台灣知府，循例赴京引見後回任台灣知府〔註138〕。因傳安在台灣府職任內，是台地較為穩定的時期，而其任期亦短，前後三次擔任府職合計時間不過二年多，且在台主要的建設是在鹿港理番同知任內完成，故有關其在府職任內的事蹟，在筆者所蒐羅的資料中並不多見。

《台灣采訪冊》中記載鄧傳安之後的台灣知府王衍慶，於道光九年（一八二九）六月初九以台防同知銜署理〔註139〕，但鄧傳安所著《蠡測彙鈔》卻記載道光九年七月傳安仍在任〔註140〕；而鄭喜夫《台灣地理及歷史》〈官師志〉中亦載道光十年二月十八日傳安以台灣知府銜署理台灣道，但為期僅數月〔註141〕，故傳安離職時間應在道光十年二月。

鄧傳安得三任府職，亦拜機緣所賜，情形與楊紹裘三握郡篆頗為相似。第一次道員因病請辭，知府暫代道職，第二次知府陳俊千因故被降調，使傳安前後兩次得以同知銜暫署府職。由於傳安在代理府職期間，台地情形良好並無事故，予閩浙督撫留下好印象，故道光八年知府徐鏞奉旨升調後，傳安乃正式升任台灣知府。傳安擔任府職為期共計二年四個月，是所有常任台灣知府人員中任期最短者。

整體而言，有資格常任台灣知府之人員，首先需符合吏部對台文官之任用條例，其次是需要機會的配合，至於個人的才能似乎不是最重要的。所謂機會，一般是指台地是否有動亂發生；民眾動亂對台地官員有很大的傷害，不管平亂時間是否迅速，知府均需負起督導不實的責任，但也唯有動亂造成人事異動頻繁，使同知一職得有多次機會升署或升任台灣知府。另外，台灣知府的它調、在任病逝或因公殉職，新任知府尚未抵台前大都是由台地的同知官先暫時代理，而代理期間巧遇台地安寧無事，便有機會再度代理或實升。自於能力是否能勝任知府一職，唯有台地發生動亂時才重要。以筆者的觀察，台灣知府中真的用心治台者並不多，因該處出息肥饒，一般均視台地為肥缺〔註

〔註138〕依吏部規定：調台官員若非對品補調，凡論俸推升者需赴京引見。

〔註139〕台銀經濟研究室編，《台灣采訪冊》，（台北：台灣銀行，民國四八年九月），《台灣文獻叢刊》第五五種，頁87。

〔註140〕鄧傳安，《蠡測彙鈔》，頁31。

〔註141〕鄭喜夫，《台灣地理及歷史》，卷九，〈官師志〉，文職表，頁23。

〔註142〕乾隆五十二年十二月十七日，高宗便下諭稱：台灣孤懸海外，然該處地土豐饒，所調各員不以涉險為虞，轉以調美缺為喜；到任後利其津益，貪黷無厭。（《清高宗實錄選輯》，頁509。）沈葆楨於同治年間也說：福建地瘠民貧，州縣率多虧累，恒視台地為調濟之區，不肖者罔法取盈，往往不免。（沈葆楨，

142〕，希望任內無事即可，待塡飽私囊便想辦法儘快回至內地。楊廷理則是台灣知府中少數的人才，遇台地數次民變及海盜侵寇，不但一一迎刃而解，還積極主張開闢噶瑪蘭，其用心實令人欽佩。

第三節　重大民變中的台灣知府

　　清治理台灣時期，「三年一小亂，五年一大亂」，是盡人皆知的事，對清帝國而言，台灣似乎是個動亂頻仍的地區。據劉妮玲《清代台灣民變研究》，台灣之民變可稱爲大型者共計十一次，分別爲朱一貴案、吳福生案、黃教案、林爽文案、陳周全案、蔡牽案、許尚案、張丙案、林恭案、戴潮春案、施九緞案〔註143〕。《東瀛識略》中載：「朱一貴之起，由知府王珍任意苛斂，淫刑以逞；林爽文之變，由知府孫景燧始則因循彌縫，繼則輕率妄動；張丙之反，由知縣邵用之貪黷偏執、知府呂志恒不卹民隱。」〔註144〕由此看來，台灣數次的大民變中，知府的爲政不當、監督不周是造成民變的原因之一。身爲州縣之表率，負執行政令及監督下級屬官雙重責任的知府而言，其在民變中所扮演的角色爲何，及應如何盡其知府之責，是本節所要討論的重點。因康熙朝的朱案、乾隆朝的林案及道光朝的張案三大民變與知府爲政不當關係密切，茲以此三案作爲分析對象。

一、朱一貴之亂

　　朱一貴爲福建漳州長泰縣人，於康熙五十二年（一七一三）來到台灣〔註145〕，爲謀生計，康熙五十三年到台灣道衙門謀轅役一職，但並未被選用，於是轉而替人種田度日〔註146〕。不知何時開始，朱一貴在居所大武汀（今高雄林園鄉）轉以養鴨爲生；因爲人慷慨好義，朋友過訪時「輒款延，烹鴨具

〈請移駐巡撫摺〉，收於《福建台灣奏摺》，《台灣文獻叢刊》第二九種，頁4。）

〔註143〕劉妮玲，《清代台灣民變研究》，（師大歷史所編印，民國七二年九月），《師大歷史研究所專刊》（9），頁252至253。

〔註144〕丁紹儀，《東瀛識略》，（台北：台灣銀行，民國四六年九月），《台灣文獻叢刊》第二種，頁92。

〔註145〕藍鼎元，《平台紀略》，（台北：台灣銀行，民國四七年四月），《台灣文獻叢刊》第十四種，頁1。

〔註146〕〈朱一貴供詞〉，收於國學文獻館主編，《台灣研究資料彙編》，（台北：聯經出版，民國八二年十二月），冊三，頁759。

饌，務盡歡」〔註147〕，故結交了許多游手好閒無固定職業之羅漢腳。

朱一貴得以聚眾叛亂，與吏治不良有相當的關係。藍鼎元稱當時：「承平日久，守土恬熙，絕不以吏治民生為意，防範疏闊，一貴心易之」〔註148〕。而朱案的導火線便是知府王珍攝政不當所致。康熙五十九年（一七二〇）鳳山縣令員缺，由台灣知府王珍攝理鳳山縣事務，但卻未親理縣篆，將政務委於次子辦理，其間向民眾催納糧賦，每石要折銀七錢二分，因糧稅苛刻以致眾人怨憤不已；後因地震海水泛漲，百姓認為是天公有眼在警告官府的苛斂，乃聚集謝神唱戲；知府王珍卻認為民眾無故拜把，又令次子捉拿了四十餘人監禁。此外，還有逮捕違禁入山砍竹者二、三百人，卻將給錢的放了，不給錢的罰四十大板，並全俱逐過海遣回原籍。而民間耕牛亦需每隻給銀三錢方許使用，不給銀的即算私牛不許使用；每座糖磨鋪則要給銀七兩二錢方許開鋪；又向米農、砍藤人勒派抽分〔註149〕。官員的貪墨苛擾，致民不堪其需索怨憤四起。康熙六十年三月，朱一貴乃與其同夥李勇、吳外、鄭定瑞、黃殿等人，共商議曰：「今地方官但知沉湎樗蒲耳，種種不堪，兵民瓦解，欲舉大事，此其時乎！」〔註150〕其後朱一貴利用反清復明的民族意識，台灣社會結盟拜把的習俗〔註151〕，招納眾多的游民，抗拒官府。他們逞勇好鬥的個性，使得朱一貴的反清勢力迅速擴大。

朱一貴起事後，官弁聯合土番出兵前往征討，但因「承平日久，台兵抽撥者多係市井亡賴，換名頂替，倉皇調集，股栗不前」〔註152〕，四月二十二日賊、兵開始交戰，清兵多敗陣，叛民不久便攻佔鳳山縣，軍心四散，台廈道梁文煊、知府王珍、同知王禮、台灣縣知縣吳觀域、諸羅縣知縣朱夔等人，為振奮士氣捐銀一千五百兩，親歷諸兵營勞軍〔註153〕；然而當時水師游擊崇功率兵由鹿耳門赴援，卻見台廈道梁文煊、知府王珍等人之眷屬登舟離台，乃嘆曰：「官者兵民之望，官眷逃則人心散，大事去矣！」〔註154〕五月初朱一貴攻下府

〔註147〕藍鼎元，《平台紀略》，頁1。
〔註148〕同前註。
〔註149〕〈朱一貴供詞〉，收於國學文獻館主編，《台灣研究資料彙編》，冊三，頁759。
〔註150〕藍鼎元，《平台紀略》，頁1、2。
〔註151〕劉妮玲，《清代台灣民變研究》，頁133。
〔註152〕王瑛曾，《重修鳳山縣志》，（台北：台灣銀行，民國五一年十二月），《台灣文獻叢刊》第一四六種，頁273。
〔註153〕藍鼎元，《平台紀略》，頁4。
〔註154〕陳衍，《台灣通紀》，（台北：台灣銀行，民國五十年八月），《台灣文獻叢刊》

城，全台陷落，台廈道梁文煊、知府王珍以下之文員及部分兵將盡逃至澎湖避難。朱一貴乃建國稱王，並大封國師、公、侯、將軍；但其攻佔府治不久便發生內鬨，且其軍隊所到之處大肆剽掠，許多民眾不堪侵擾乃豎起大清義民旗〔註155〕，成為平定民變的一股重要力量，而朱一貴的抗清勢力也大為減弱。

當大量的台灣難民船逃至廈門，閩浙總督覺羅滿保方知台變，但並未料及全台已遽陷，乃一面向朝廷奏報，一面親自坐鎮廈門，立刻派大軍前往平亂，由於征討策略得宜，平亂的過程相當迅速，六月初一軍隊由廈門出發，初十抵澎湖，十六日便收復安平，六月二十二日拿回府城〔註156〕。同月二十五日，總督滿保檄委興泉道陶範前往台灣安撫百姓，並署理台廈道事，調汀州知府高鐸知台灣府事，委建寧通判孫魯署台灣府同知及兼知台灣知縣，海澄知縣劉光泗往鳳山，漳浦知縣汪紳文往署諸羅縣，俱隨大兵安輯流亡，撫慰各莊社民番。閏六月初七朱一貴率眾分宿民家，才被守備設計擒捕，餘眾潰散〔註157〕，而其它叛首不久亦被捕獲，此亂遂平。

朱一貴事件整個過程可謂是暴起暴落。民眾起事七日便攻下府城，主要原因是地方官平日只知肥己，不顧人民生計，藍鼎元便稱：「太平日久，文恬武嬉，兵有名而無人，民逸居而無教，官吏孳孳以為利藪，沈湎樗蒲，連宵達曙。」〔註158〕而台灣本是移墾社會游民甚多，逞勇好鬥風氣盛，以致激變民心，故朱案的動亂知府應負極大的責任。知府為州縣表率，王珍平時不但未關心民疾，督導下屬撫恤貧困〔註159〕，更在攝理鳳山縣令時，苛薄待民，剝削斂財；府城陷落後，更提早與眾文官逃至澎湖，以致軍民士氣大受打擊；加以台兵平時訓練不足，教戰無方，軍心散渙，故叛軍得遽陷全台。然在清廷大軍東渡平亂，抵台後也不過一星期便收復府城，可充分顯示朱一貴的反清勢力多是烏合之眾，缺乏有組織行動，作戰力薄弱。事平之後，新任道員、知府、知縣的主要工作是質詢審問叛民調查動亂原因，逮捕餘犯則是由武官負責。康熙六十年十二月朱案暫告一段落後，總督滿保在廈門親自審問台變

第一二○種，頁115。

〔註155〕王瑛曾，《鳳山縣志》，頁120。藍鼎元，《平台紀略》，頁6、7。

〔註156〕陳衍，《台灣通紀》，頁116至118。藍鼎元，《平台紀略》，頁11。

〔註157〕藍鼎元，《平台紀略》，頁18、19。

〔註158〕藍鼎元，《平台紀略》，頁29。

〔註159〕在王珍知府任內，康熙五十五年、五十六年、五十九年台地均發生大地震，有民人死傷及房舍倒塌；六十年三月台灣遭洪水之災，農民損失嚴重。在這些事件中，均未見王珍對民眾有任何撫恤行為。

逃回的道、府、廳、縣各員，將原任台廈道梁文煊、同知王禮、知縣吳觀域及朱夔訊明後立處刑法，已故知府王珍則剖棺梟示〔註160〕。

二、林爽文之亂

　　康熙年間，福建漳州平和縣民林恪隻身來台謀生，於大里杙（今大里）定居發展，其後平和縣鄉民紛紛來台，多數集中於大里杙附近，到了乾隆晚期，林姓已成爲大里杙的強宗大姓〔註161〕。林爽文亦平和人，乾隆三十八年（一七七三）隨著父母來台，時年僅十七歲。乾隆四十八年（一七八三）嚴烟來台傳播天地會，次年三月林爽文夥同平日意氣相投之好友林泮等人結盟入會〔註162〕。乾隆五十一年（一七八六）六月諸羅縣九芎林（今雲林斗六附近）有楊氏兄弟爲爭奪家產而各自結會互鬥，諸羅知縣聞知立即會同地方文武緝拿會黨，不料楊氏抗兵拒捕，巡道永福、知府孫景燧立刻派員會同營兵前往諸羅縣援助，大肆搜捕後，首領楊光勳雖被捕定罪，但餘眾則逃往大里杙藏匿〔註163〕。

　　乾隆五十一年十月，新任彰化知縣俞峻到任，聽說大里杙會黨恃眾抗官，乃派人嚴加緝拿會黨，但查拏會黨的兵丁、差役卻藉機從中勒索，無論好人壞人亂抓一通，並焚毀民房，以致民心激動〔註164〕。林爽文平日爲人爽快又有義氣〔註165〕，有錢時肯濟助他人，結交了許多游手無賴之徒，被大里杙一帶的會黨視爲老大〔註166〕。林泮是林爽文堂兄之子，在清兵捉拿會黨時住家爲兵丁所毀，乃集結各庄會黨抗拒官兵，並致力遊說林爽文起事〔註167〕。官兵、差役的腐敗是促成林泮等人決定謀反的主因，而身爲大哥的林爽文在會

〔註160〕藍鼎元，《平台紀略》，頁25。

〔註161〕劉妮玲，《台灣的社會動亂──林爽文事件》，（台北：久大文化，民國七八年四月），頁135。

〔註162〕台銀經濟研究室編，《欽定平定台灣紀略》，（台北：台灣銀行，民國五十年六月），《台灣文獻叢刊》第一○二種，頁927。〈福康安等「奏爲詳查逆匪林爽文滋事根由聞事」〉，參《宮中檔乾隆朝奏摺》，（台北：國立故宮博物院編印，民國六六年），乾隆五十三年三月二十二日，頁595。

〔註163〕台銀經濟研究室編，《平台紀事本末》，（台北：台灣銀行，民國四七年五月），《台灣文獻叢刊》第一六種，頁2。謝金鑾、鄭兼才，《續修台灣縣志》，（台北：台灣銀行，民國五一年六月），《台灣文獻叢刊》第一四○種，頁373。

〔註164〕〈解京要犯林要躍興供單軍機檔〉，《軍機檔》，乾隆朝，三八八○八號。

〔註165〕〈解京要犯何有志供單〉，《軍機檔》，乾隆朝，三八八○九號。

〔註166〕台銀經濟研究室編，《平台紀事本末》，頁2。

〔註167〕〈解京要犯何有志供單〉，《軍機檔》，乾隆朝，三八八○九號。

黨群眾的壓力下最後也不得不投入抗官行動。

　　當時台灣鎮總兵柴大紀爲人陰鷙嗜利，在台任職三年，兵籍多缺額，軍政廢弛。乾隆五十一年十一月，台灣道永福得知彰化縣情勢危急，建議總兵官遺兵消弭動亂，柴大紀遂派遊擊耿世文等人帶兵三百馳赴彰化援助搜捕會黨，永福則令知府孫景燧隨往觀察並撫慰百姓；到達彰化後，文武官員共同商議決定，知府孫景燧、同知長庚、劉亨基同駐縣城，副將赫生額、遊擊耿世文等率兵駐守大墩（今台中南屯），彰化知縣俞峻則帶領壯役親往各庄搜捕會黨，飭令交出楊案之逃犯與林爽文等人，並聲言如敢違抗則燒庄剿捕。十一月二十七日，林泮等人不順從並聚眾抗官，駐守之文武官員及兵丁防備不及，赫生額、耿世文、俞峻俱遭殺害〔註168〕。攻下大墩後，叛眾繼續南進彰化，不到二天便攻破縣城，同知劉亨基等人亦難逃死劫，知府孫景燧被抓，最初賊眾以知府爲政尚寬免其不死，但日久仍遭殺害；十二月淡水亦遭攻陷。其後眾人乃推林爽文爲領袖，並貼告示稱：「本盟主爲眾兄弟所推，今統雄兵猛士，誅殺貪官，以安百姓，貪官已死，百姓各安自業，惟藏留官府者死不赦。」〔註169〕這可明顯看出，林案事件的主要目標是抗拒貪官污吏之侵擾。

　　其後林爽文繼續向南推進，並與在鳳山縣起事的莊大田等人相互聯合，不到二十天諸羅、鳳山等地均爲叛眾攻佔，林與莊並相約於十二月二十日合攻府城，然清兵力守屢攻不下，福建總督常青聞訊亦立刻調集水陸大軍萬人東渡剿賊，又令福州府同知楊紹裘隨兵船前往署理台灣府事〔註170〕。賊、兵雙方互爲僵持一段時日，掠地時失時復，但民變的勢力隨著時間的拖延大爲減弱；清廷方面，兵丁入援遷延二個月，仍未見賊亂平定，大失其望，乃令常青（時已轉任湖廣總督）渡海督師，並改授革職山東按察使楊廷樺爲台灣知府，隨常青赴任〔註171〕。乾隆五十二年（一七八七）六月諸羅縣城爲總兵柴大紀收復，並在義民的協助與內地兵將的增援下，淡水、竹塹、彰化先後收復〔註172〕，台灣道永福、知府楊廷樺因禦賊有功賞戴花翎〔註173〕。但會黨

〔註168〕台銀經濟研究室編，《平台紀事本末》，頁3、4。
〔註169〕台銀經濟研究室編，《平台紀事本末》，頁 5、6。謝金鑾、鄭兼才，《續修台灣縣志》，頁374。
〔註170〕台銀經濟研究室編，《平台紀事本末》，頁15、16。
〔註171〕台銀經濟研究室編，《平台紀事本末》，頁27、28。
〔註172〕劉妮玲，《清代台灣民變研究》，頁196。
〔註173〕台銀經濟研究室編，《平台紀事本末》，頁43。

勢力的粘平仍要到十一月將軍福康安再率領近萬名精兵抵台，展開主動的掃蕩與攻擊才見效，新任知府楊廷理（楊廷樺於八月初六因得瘋疾病逝）奉將軍之命率義民協同兵弁往北路平亂，並安撫民庄〔註174〕。其後台灣的局勢漸穩定下來，十一月二十五日大里杙被攻破林爽文北逃，同知徐夢麟由三貂橫截蛤仔難，知府楊廷理督運各路糧餉〔註175〕，乾隆五十三年元月初四林爽文在淡水老衢崎（今苗栗竹南附近）因地方義民密報，與賊目何有志均被官府擒獲〔註176〕。北路平定後，南路賊眾甚為沮喪，將軍福康安並未立刻派大軍南攻，反令知府楊廷理南下枋寮撫慰新附，順偵探莊大田的行蹤，不料奸賊復叛，清廷始遣大軍南進，莊大田的勢力很快地便被瓦解，二月五日在瑯嶠（今屏東恒春）被捕〔註177〕。

三、張丙之亂

張丙，嘉義人，祖先來自漳州南靖縣，從其祖父起便住在店仔口（今台南縣白河鎮），世業務農，平常與各路英雄（即亡命之徒）多有來往〔註178〕，可說是店仔口地方的領袖人物。

道光十二年（一八三二）夏天，台灣乾旱稻穀欠收，各村莊皆禁止米穀外流。店仔口在張丙倡導下，也禁米穀外運。當時米商陳壬癸在店仔口購米數百石無法運出，乃賄賂當地生員吳贊，由他庇送出鄉。吳房是吳贊的遠房親戚，平時為盜，聽說有米穀要運出鄉，於是聯絡同黨，半路將米劫走，吳贊憤而告官，稱張丙與劫米有關，嘉義知縣紹用之遂捕吳房送府城究辦，並通緝張丙。張丙對吳贊的誣告甚為氣憤，打算擒吳贊尋仇，吳贊畏懼乃攜眷避居縣城，張丙聞知追及途中，卻見知縣紹用之派差役護送吳氏入城，於是懷疑知縣收受賄賂，對紹用之更加憤恨〔註179〕。

〔註174〕台銀經濟研究室編，《平台紀事本末》，頁 43、58。楊廷理係由台灣海防同知署理府職，九月初八奉旨實授。

〔註175〕謝金鑾、鄭兼才，《續修台灣縣志》，頁 378。

〔註176〕台銀經濟研究室編，《欽定平定台灣紀略》，頁 849。

〔註177〕台銀經濟研究室編，《平台紀事本末》，頁 64、65。

〔註178〕周凱，《內自訟齋文選》，（台北：台灣銀行，民國四九年五月），《台灣文獻叢刊》第八二種，頁 32。連橫，《台灣通史》，（台北：台灣銀行，民國五一年二月），《台灣文獻叢刊》第一二八種，〈張丙列傳〉，頁 867。《東瀛識略》中則載：張丙居於店仔口，從事魚牙業；《台灣文獻叢刊》第二種，頁 91。

〔註179〕周凱，《內自訟齋文選》，頁 33。

　　時張丙友人陳辦住嘉義北崙仔庄，是清廷通緝要犯〔註180〕，道光十二年因故與粵人衝突，雙方因此持續發生械鬥，同年閏九月二十五日陳辦搶奪汛防器械，為總兵劉廷斌緝捕，追拏途中兵弁誤殺兩名無辜閩人〔註181〕，陳辦逃至店仔口將情形告訴張丙，張丙對知縣本已不信任，又聞此事便認為官府偏袒粵人專殺閩人，遂決意戕官。十月一日張丙率眾突襲各汛防，知縣紹用之追擊張丙至店仔口，反被張丙所捉，紹用之不但被殺，還被分屍以洩積恨。次日知府呂志恒率鄉勇二百人會同營兵前往救援，亦陷入張丙包圍，知府呂志恒、南投縣丞朱懋及不少兵弁皆被殺，但因朱懋在地方聲名很好，叛民對朱的被殺頗有後悔之意〔註182〕。可見張丙案的目標亦是貪官污吏，其後因攻汛戕官騎虎難下，只好走上謀反之途。

　　張丙自十月初起事戕官到十月底，一個月之中先後四次圍攻彰化縣城，屢攻不下，部眾漸不受其指揮〔註183〕；其間府城謠言四起，人心浮動，民人相率攜眷欲登舟離去，時同知王衍慶權知府事，乃登城揮刀下令曰：「敢言走者斬」，才使府城的軍心穩定下來，並招募義勇援助嘉義縣城〔註184〕。張丙因無力攻佔嘉義縣城，於是不再攻城，但民眾卻轉而掠食民莊，人民不堪侵擾，乃成立義軍與之對抗。十一月陸路提督馬濟勝帶兵赴援，會合府城駐兵，經過幾次決戰，張丙等人勢力大減，至十二月張丙、陳辦等人被捕，亂事遂平〔註185〕。

　　從上述三大民變的過程中，可以發現朱、林、張三案的導火線均是吏治不良所引起。朱一貴事件中，知府王珍苛刻斂財，無視民疾的存在。林案中知縣俞峻初到任，未能有效管束家丁差役，致緝拏會黨時差役兵弁從中需索，引起民怨；案發後知府孫景燧前往視察，撫慰百姓，但確忽視敵眾的力量，以致態勢轉趨嚴重。張丙一案，知縣紹用之不知輿情，未查米穀為何外流，反誣辦張丙劫米，且其到任已半年，卻不能約束家丁胥吏，致民間嘖有煩言，

〔註180〕瑚松額等，〈奏報查訊明確即將匪犯張丙等四犯迅速起解情形〉，《軍機檔》，道光朝，六六五〇二號。

〔註181〕台銀經濟研究室編，《台案彙錄甲集》，（台北：台灣銀行，民國四八年一月），《台灣文獻叢刊》第三一種，〈張丙之亂〉，頁75至77。

〔註182〕周凱，《內自訟齋文選》，頁33、34。

〔註183〕瑚松額等，〈奏報訊明逆匪偽造年號情形〉，《軍機檔》，道光朝，六六五〇六號。

〔註184〕周凱，《內自訟齋文選》，頁35。

〔註185〕周凱，《內自訟齋文選》，頁42。

又馭下苛刻，遂致謠言四起〔註186〕；而知府呂志恒亦未善盡督導之責，以致民心不平起而抗官。

三案的領導人，起事前都是地方的角頭人物，一旦有事頗能聚集群眾，影響一方。民變得以迅速擴張，除其領導人具號召能力外，民心普遍對地方官吏的不滿，軍備的廢弛，台灣移墾社會中民眾強悍的性格，及多暴力的社會風氣均是影響因素。至於知府在民變中所扮演的角色及應盡的職責為何，可分三個層次來觀察。「知府一官，承上接下，為州縣之表率，誠親民最要之職也。蓋小民之休戚，惟州縣知之最周，而州縣之賢否，亦惟知府知之最悉，知府精明諳練，即庸常之州縣，亦存奮勵之心，知府闒茸無能，即自愛之州縣，亦啓玩弛之漸。」〔註187〕可見民眾的安和樂利除須有位能親民、愛民的知縣外，還須要一位能體恤民疾、主動發覺民隱的知府來督導縣政，若知府本身貪黷苛斂，上樑不正自然下樑歪。乾隆五十二年（一七八七）十二月高宗便下諭曰：「……（台灣）民情刁悍，無籍奸徒往往借端滋事，皆由地方官吏任意侵婪，累民斂怨。而督、撫遇有台灣道、府、廳、縣缺出，又以該處地土豐饒，不問屬員能勝任與否，每用其私人率請調補，俾得侵漁肥橐，所調各員不以涉險為虞，轉以調美缺為喜。到任後利其津益，貪黷無厭，而於地方案件惟知將就完結，希圖了事，以致奸民無所畏憚。」〔註188〕故民變的發生，知府未能防範於未然，自需負起督導不周之責；林案事件中，閩浙總督常青便上奏曰：「台灣匪徒聚眾滋事，地方官平日全無防範，罪實難辭。」〔註189〕張丙事件的擴大，知府亦須負起督導不實之責，道光十二年閏九月知府呂志恒前往彰化縣探視情形，台灣道平慶便事先囑咐知府，知縣紹用之不協輿情，到彰化後先將之撤任，但呂志恒不但未遵辦反而信用知縣之稟覆，以致事態不可收拾；清廷本應查參知府，後因呂戰死亂中才未被懲處〔註190〕。民變發生時，文武官員的懲處並非第一要事，官

〔註186〕〈福州將軍瑚松額、閩浙總督程祖洛覆奏台匪起釁根由摺〉，參台銀經濟研究室編，《台案彙錄甲集》，頁80。

〔註187〕張廷玉，〈題覆福建興泉永道准以劉良璧補授〉，收於國學文獻館主編，《台灣研究資料彙編》，頁10954、10955。

〔註188〕台銀經濟研究室編，《清高宗實錄選輯》，（台北：台灣銀行，民國五三年六月），《台灣文獻叢刊》第一八六種，乾隆五十二年十二月十七日，頁509。

〔註189〕台銀經濟研究室編，《清高宗實錄選輯》，乾隆五十一年十二月二十八日，頁313。

〔註190〕〈福州將軍瑚松額、閩浙總督程祖洛覆奏台匪起根由摺〉，參台銀經濟研究室編，《台案彙錄甲集》，頁79。

員首要之務，是迅速剿滅逆賊，平定動亂。乾隆五十二年七月二十四日閩浙總督李侍堯查獲已故知府孫景燧於任內墊用府庫兵餉銀兩無存，使兵餉不敷發放，本應立刻查究，但清廷以現當剿捕逆匪之時，不便遽行辦理，諭令總督於事畢後再嚴行查參〔註191〕正當動亂之際，知府的職責除須向道員、巡撫、總督報告情形外，還應會同文武員弁進行平亂，但實際的征討工作是由武將兵弁執行，知府與其它文員是負責協助的角色，雖隨同營兵進軍敵陣，但主要的工作是安撫民心〔註192〕，觀察戰情，隨時向上級呈報，並與武弁會商建議平亂良策，若有急需則統率民壯或義民征討叛眾。

平亂過程中，若知府因公殉職，一般均立即由台防同知或淡防同知暫署府職，待內地新員來台履職。保衛府城的安定，一直是知府最重要的工作之一，乾隆三十三年（一七六八）黃教在台灣縣聚眾倡亂，知府鄒應元隨營協助平亂，台灣道張珽則留駐府城彈壓防護，高宗便深感不解，「道員官階在知府之上，且兼轄兵備，辦賊乃其專責，自應隨營調度；知府身任地方，留郡彈壓，應為合宜，何以行守倒置若此！」〔註193〕而張丙之亂中，署台灣府職王衍慶見民心不穩逃離日眾，亦立刻下令不許任何人離城，以穩定軍心鞏固府城。

亂平之後，知府最重要的工作是撫慰村民番社，消除餘匪，使民眾滋事案件不再發生。另外，匪徒的審判及押送省城，亦由知府辦理。事後知府對動亂原因的檢討與呈報也不可少，每當亂事平息，清廷對民亂的前因後果必一一詳加檢討，對失職的人員嚴屬查參，有功及殉職人員則加以獎賞撫恤。以林案為例，乾隆五十三年（一七八八）元月二十五日拏獲莊大田後，高宗便下諭曰：「即將台灣逆匪滋事原由及釀成此案之文武官員，並官兵散失數目，一一詳悉嚴行查辦。」〔註194〕總歸言之，台地無事則已，一旦有事知府必難辭其責任。

〔註191〕台銀經濟研究室編，《清高宗實錄選輯》，乾隆五十二年七月二十四日，頁425、426。

〔註192〕乾隆五十二年四月二十九日，高宗諭令：台灣產米一年三熟向來豐饒，林爽文滋事時，民皆失業，以致穀無所出，總督常青於所過地方，務須督令該道、府妥為安輯，悉曉百姓於收復土地，即令其盡力補種，雖不能接濟內地，但於本處民食亦有益。引自《清高宗實錄選輯》，頁389。

〔註193〕台銀經濟研究室編，《清高宗實錄選輯》，乾隆三十三年十月二十六日，頁160。

〔註194〕台銀經濟研究室編，《清高宗實錄選輯》，乾隆五十三年元月二十五日，頁544。

第六章　結　論

　　滿清領有台灣後至光緒元年（一八七五），全台僅設台灣一府。其轄區雖為台、澎兩地，然在清領台初期，台灣知府的執行權實際僅及台灣西半部與澎湖地區，而各地的設官治事以赤崁的台灣府城為中心，向南、北及山後漸次發展。

　　隨著內地漢民逐漸移墾台地，漢番問題增多，原住民事件、反清民變及地方分類械鬥頻頻發生，清廷為鞏固在台政權，增加行政機構，縮減廳縣的管轄區是必然之舉。不過清廷在台地實際統轄權的擴張，總是尾隨在民眾拓墾之後，待地方不穩定或有外力的侵擾才願意設官經理。此外，在清廷治台過程中，廳縣雖不斷增加以應付地方需要，但府衙則一直未增設；然台灣府的轄區實過於寬闊，其一府所管理的範圍相當於內地福、興、漳、泉四府之廣，故牡丹社事件後，沈葆楨建議：台灣幅員之廣，應設三府十數縣方易於治理；清廷才准許增置台北府。所以台灣一府時期，可稱是清廷治台較被動、消極的時期，直至同、光年間，隨著外國勢力對台灣的覬覦，清廷才漸重視台灣的地位，轉趨以積極的態度來建設台灣，故光緒以後乃有台灣巡撫、台北府、台灣府（台中）的設置。

　　知府雖為地方中級官員，位居督撫司道之下，州廳縣官之上，然兼督官與治民雙重責任，不管是地方動蕩不安或屬官貪污瀆職，知府均難辭其咎。因此要成為一位好知府，不但需要能力還需要運氣，不僅要以身作則，更需下屬的合作、民眾的配合。清代文官制度是行政、司法、監察合一，行政階級亦是司法審判階級，且官員之間彼此相互監督制衡，關係密切，因此台灣知府的官階雖不大，但卻扮演著重要的角色。

　　台灣知府的職掌相當繁多，凡府內催科聽訟、治盜安良、勸農課桑、養老祭祀、修造戰船均其職責所在。異於內地一般知府者，即台灣知府兼支放兵餉與經理鹽政，雖事物龐雜但鹽銀收入卻是知府主要財源之一。知府之下雖有廳、縣官屬共同處理台地政務，然因職權綜治行政、司法、監察非知府一人能力所及，故府衙設有多種佐貳輔助官、吏役與幕友，協助知府執行公務，維持府衙正常運作。輔助官中以海防、理番同知較為重要，因清廷治台一直以「台地穩定」作為施政重點，而台灣為一海外離島，海防與番政為治台要務，故府衙乃置掌專職無轄區權的海防同知與理番同知幫助知府處理海防與理番事務。

　　書吏、差役是府衙內之下級公務員，書吏掌案牘之事，差役為執雜役之人。清代文官之派任有回避本籍的規定，官員對赴任新職之人地難有周悉，而官衙吏役皆由地方土著擔任，其盤踞地方、處事偏袒不可避免，堂官無法完全信任，必自帶幕友、家丁以為協助，並約束監督吏役。然綜合吏役、幕友、家丁之職責，均在輔佐知府處理日常繁雜的公私事務。

　　有關府衙的經費分配，主要以人事費用為主，約佔總開支四分之三，文教祭祀費次之，救濟費第三，可見清廷對台灣的經營管理是以人事統御為主。知府的待遇和內地知府一樣，年薪俸一百零五兩，不算優渥。雍正朝以後，台地官員開始有養廉銀的發放，知府和道員每年的養廉銀均一千六百兩；然而，養廉銀的發放實無法達到養廉的目的，因在現實生活中官員有許多的扣罰與公捐，薪俸加上養廉銀供知府日常開銷可能還不夠用。但知府正俸以外的規費收入相當可觀，台灣知府主要的規費來源是掌理鹽務，其年收入在萬兩以上，因此許多調台官員反而「不以涉險為虞，轉以得調美缺為喜」。

　　基本上，台灣知府的選派大權操於閩浙督、撫之手中，在閩省現任官員中選員赴任，同治九年增為可於閩、浙二省中選員，與內地一般知府是由吏部銓選不太一樣。吏部為防範督撫濫用職權任用私人，乃規定赴台任職的知府需品級相當、能力足，且要符合期滿、無參罰的原則，但此等限制常使督撫很難找到適合人選赴台任職，因此吏部不得不一再放寬知府的任用標準，以期收「因地制宜」之效。光緒十三年台灣建省後，隨著台灣巡撫的設置，使台灣文員的任用由巡撫全權負責，清廷並准試行變通補署章程，使台地文員的選用一切以「人地相宜」為最高指導原則。

　　台灣知府的籍貫上，以來自浙江、安徽、山東、江蘇等地為多，此與這

些區域的經濟文化水準較高，科舉高中人數較多有關。台灣知府屬旗籍的比例，比內地知府約少了三分之一，是因為官員多視台地為海外荒瘠之區，來台等於是外放謫官，故少派旗籍官員來台。台灣知府的出身以正途為多，又以進士佔多數，且捐納出身者之比例亦較內地知府少，可見清廷雖將台灣視為邊區，但在用人條件的考慮上仍是相當謹慎。由於吏部規定台灣文員需由福建或浙江省內現任官員中揀選，所以台灣知府主要多來自閩省知府。然台灣建省後，知府的出身與來源均有所轉變。在出身方面，知府捐納出身的比例大為增加，正途出身比例則由 68.2％降為 40％。知府的來源，建省後知縣升署知府的百分比由 1.1％增為 33％。可見台灣建省後知府的任用標準轉趨寬鬆，對吏治自然有不良影響。

　　台灣知府的任期雖經過多次變更，但清廷最後是以五年作為俸滿年限。然在知府的實際任期分析中，其結果與希望長任期的原則相反，台灣知府以任期一年以下者佔最多數，其比例高達 50.4％，而任期三年以下的比例為 82.7％，且平均而言台灣知府的任期要比內地知府為短，於此對吏治亦有負面作用。最後不管由升調或降革比例觀察，台灣知府的表現應算尚可，不比內地官員差。整體而言，台灣知府的平均水平和內地知府相差不多，近來有一種看法，認為台灣吏治不良是由於來台官員素質較差，是不正確的。曾任台灣道的徐宗幹雖稱：「各省吏治之壞，至閩而極，閩中吏治之壞，至台灣而極」〔註 1〕，顯示了台灣吏治不良相當嚴重，但台灣吏治不良的主要原因並非來自於台地官員素質不佳，而是外在環境因素造成，官衙吏治敗壞應是清朝中葉以後全國各地的普遍現象，而福建屬海疆邊區，在天高皇帝遠的情形下，加上官員的正項收入微薄，官員的貪污舞弊自然會比較多，而台灣與內地又有一海相隔，建省前台地最高文武官員不過是鎮總兵與台灣道，上級官府常有監督不及之處，且官員一般均視台地為收入的「調濟之區」，在這種情況下台地官員與吏役貪污瀆職的情形自然會比閩省更嚴重。另外，台地官員在問政的心態上與內地官員有所不同，亦是台地吏治不好的原因之一，畢竟台灣是海外孤島，官員離鄉背井難免思鄉情深，初期又有不可攜眷赴台的規定，加上知府實際任期短暫，台地亂事頻頻，想有作為的知府可謂少之又少。

〔註 1〕徐宗幹，〈答王素園同年書〉，收錄於丁曰健，《治台必告錄》，（台北：台灣銀行，民國四八年七月），《台灣文獻叢刊》第十七種，卷五，頁 349。

參考書目

一、檔案與官書

1. 《軍機檔》，收藏於故宮博物院。

2. 《月摺檔》，收藏於故宮博物院。

3. 《宮中檔康熙朝奏摺》，（台北：故宮博物院印，民國六五年）。

4. 《宮中檔雍正朝奏摺》，（台北：故宮博物院印，民國六六年）。

5. 《宮正檔乾隆朝奏摺》，（台北：故宮博物院印，民國六六年）。

6. 《宮中檔嘉慶朝奏摺》，（台北：故宮博物院印，民國八二年）。

7. 《宮中檔咸豐朝奏摺》，（台北：故宮博物院印，民國七九年）。

8. 《宮中檔光緒朝奏摺》，（台北：故宮博物院印，民國六二年）。

9. 馬齊等纂，《大清聖祖仁（康熙）皇帝實錄》，（台北：華聯出版社，民國五三年九月）。

10. 鄂爾泰等纂，《大清世宗憲（雍正）皇帝實錄》，（台北：華聯出版社，民國五三年九月）。

11. 慶桂等纂，《大清高宗純（乾隆）皇帝實錄》，（台北：華聯出版社，民國五三年十月）。

12. 曹振鏞等纂，《大清仁宗睿（嘉慶）皇帝實錄》，（台北：華聯出版社，民國五三年六月）。

13. 文慶等纂，《大清宣宗成（道光）皇帝實錄》，（台北：華聯出版社，民國五三年六月）。

14. 賈楨等纂，《大清文宗顯（咸豐）皇帝實錄》，（台北：華聯出版社，民國五三年六月）。

15. 寶鋆等纂，《大清穆宗毅（同治）皇帝實錄》，（台北：華聯出版社，民國五三年一月）。

16. 世續等纂,《大清德宗景（光緒）皇帝實錄》,（台北：華聯出版社,民國五三年一月）。

17. 台銀經濟研究室編,《清聖祖實錄選輯》,《台灣文獻叢刊》第一六五種,民國五二年三月。

18. 台銀經濟研究室編,《清世宗實錄選輯》,《台灣文獻叢刊》第一六七種,民國五二年三月。

19. 台銀經濟研究室編,《清高宗實錄選輯》,《台灣文獻叢刊》第一八六種,民國五三年六月。

20. 台銀經濟研究室編,《清仁宗實錄選輯》,《台灣文獻叢刊》第一八七種,民國五二年十二月。

21. 台銀經濟研究室編,《清宣宗實錄選輯》,《台灣文獻叢刊》第一八八種,民國五三年六月。

22. 台銀經濟研究室編,《清文宗實錄選輯》,《台灣文獻叢刊》第一八九種,民國五三年三月。

23. 台銀經濟研究室編,《清穆宗實錄選輯》,《台灣文獻叢刊》第一九〇種,民國五二年十一月。

24. 台銀經濟研究室編,《清德宗實錄選輯》,《台灣文獻叢刊》第一九三種,民國五三年九月。

25. 台銀經濟研究室編,《台案彙錄甲集》,《台灣文獻叢刊》第三一種,民國四八年一月。

26. 台銀經濟研究室編,《台案彙錄乙集》,《台灣文獻叢刊》第一七三種,民國五二年六月。

27. 台銀經濟研究室編,《台案彙錄丙集》,《台灣文獻叢刊》第一七六種,民國五二年十一月。

28. 台銀經濟研究室編,《台案彙錄丁集》,《台灣文獻叢刊》第一七八種,民國五二年九月。

29. 台銀經濟研究室編,《台案彙錄戊集》,《台灣文獻叢刊》第一七九種,民國五二年十一月。

30. 台銀經濟研究室編,《台案彙錄己集》,《台灣文獻叢刊》第一九一種,民國五三年一月。

31. 台銀經濟研究室編,《台案彙錄庚集》,《台灣文獻叢刊》第二〇〇種,民國五三年八月。

32. 台銀經濟研究室編,《台案彙錄辛集》,《台灣文獻叢刊》第二〇五種,民國五三年十二月。

33. 台銀經濟研究室編,《台案彙錄壬集》,《台灣文獻叢刊》第二二七種,民國五五年五月。

34. 台銀經濟研究室編,《台案彙錄癸集》,《台灣文獻叢刊》第二二八種,民國五五年五月。

35. 台灣守備混成第一旅團司令部編,《台灣史料》,收於《中國方志叢書‧台灣地區》第一二○號,(台北:成文出版社,民國七四年三月)。

36. 台銀經濟研究室編,《平台紀事本末》,《台灣文獻叢刊》第十六種,民國四七年五月。

37. 台銀經濟研究室編,《光緒朝東華續錄選輯》,《台灣文獻叢刊》第二七七種,民國五八年十月。

38. 台銀經濟研究室編,《清奏疏選彙》,《台灣文獻叢刊》第二五六種,民國五七年十一月。

39. 台銀經濟研究室編,《清耆獻類徵選編》,《台灣文獻叢刊》第二三○種,民國五六年四月。

40. 台銀經濟研究室編,《清會典台灣事例》,《台灣文獻叢刊》第二二六種,民國五五年五月。

41. 台銀經濟研究室編,《欽定平定台灣紀略》,《台灣文獻叢刊》第一○二種,民國五十年六月。

42. 台銀經濟研究室編,《道咸同光四朝奏議選輯》,《台灣文獻叢刊》第二八八種,民國六十年三月。

43. 台銀經濟研究室編,《劉銘傳撫台前後檔案》,《台灣文獻叢刊》第二七六種,民國五八年八月。

44. 台銀經濟研究室編,《籌辦夷務始末選輯》,《台灣文獻叢刊》第二○三種,民國五三年九月。

45. 《十二朝東華錄(光緒朝)》,(台北:文海出版社,民國五二年九月)。

46. 《明清史料己編》,(台北:中研院歷史語言研究所編印,民國四六年六月)。

47. 《明清史料戊編》,(台北:中研院歷史語言研究所編印,民國四三年)。

48. 《欽定吏部則例》,(台北:成文出版社印,民國五五年三月)。

49. 文孚撰修,《欽定六部處分則例》,(台北:文海出版社,民國五八年)。

50. 永瑢等撰,《歷代職官表》,(台北:台灣商務印書館,民國五七年)。

51. 國學文獻館主編,《台灣研究資料彙編》,(台北:聯經出版,民國八二年)。

52. 張壽鏞等編,《皇朝掌故彙編》,(台北:文海出版社,民國五三年六月)。

53. 清史編纂委員會編,《清史》,(台北:國防研究院編印,民國五十年十二月)。

54. 清高宗敕撰,《清朝文獻通考》,(台北:新興書局印,民國五二年十月)。

55. 清高宗敕撰,《清朝通典》,(台北:新興書局印,民國五二年十月)。

56. 清德宗敕撰，《欽定大清會典》，（台北：新文豐出版公司印，民國五二年一月）。

57. 清德宗敕撰，《欽定大清會典事例》，（台北：中文書局影印，民國五二年一月）。

58. 陳衍，《福建通志列傳選》，《台灣文獻叢刊》第一九五種，民國五三年五月。

59. 賈楨，《籌辦夷務始末》，（台北：國風出版社，民國五二年四月）。

二、方志

1. 《泉州府志》，（台南：登文書局印，民國五三年十月）。

2. 王必昌，《重修台灣縣志》，《台灣文獻叢刊》第一一三種，民國五十年十一月。

3. 王瑛曾，《重修鳳山縣志》，《台灣文獻叢刊》第一四六種，民國五一年十二月。

4. 王詩琅主編，《台灣省通志稿》，（台中：省文獻委員會編印，民國五一年十二月）。

5. 台銀經濟研究室編，《台東州采訪冊》，《台灣文獻叢刊》第八一種，民國四九年五月。

6. 台銀經濟研究室編，《台灣府賦役冊》，《台灣文獻叢刊》第一三九種，民國五一年二月。

7. 台銀經濟研究室編，《台灣采訪冊》，《台灣文獻叢刊》第五五種，民國四八年九月。

8. 台銀經濟研究室編，《台灣通志》，《台灣文獻叢刊》第一三○種，民國五一年五月。

9. 台銀經濟研究室編，《安平縣雜記》，《台灣文獻叢刊》第五二種，民國四八年八月。

10. 台銀經濟研究室編，《清一統志台灣府》，《台灣文獻叢刊》第六八種，民國四九年七月。

11. 台銀經濟研究室編，《新竹縣采訪冊》，《台灣文獻叢刊》第一四五種，民國五一年七月。

12. 台銀經濟研究室編，《漳州府志選錄》，《台灣文獻叢刊》第二三二種，民國五六年七月。

13. 台銀經濟研究室編，《福建通志台灣府》，《台灣文獻叢刊》第八四種，民國四九年八月。

14. 余文儀，《續修台灣府志》，《台灣文獻叢刊》第一二一種，民國五一年四月。

15. 李汝和主編，《台灣省通志》，（台中：省文獻委員會編印，民國六一年十二月）。

16. 村上玉吉，《南部台灣誌》，（台南州共榮會編纂，昭和九年八月）。

17. 周元文，《重修台灣府志》，《台灣文獻叢刊》第六六種，民國四九年七月。

18. 周鍾瑄，《諸羅縣志》，《台灣文獻叢刊》第一四一種，民國五一年十二月。

19. 周璽，《彰化縣志》，《台灣文獻叢刊》第一五六種，民國五一年十一月。

20. 林豪，《澎湖廳志》，《台灣文獻叢刊》第一六四種，民國五二年六月。

21. 柯培元，《噶瑪蘭志略》，《台灣文獻叢刊》第九二種，民國五十年一月。

22. 范咸，《重修台灣府志》，《台灣文獻叢刊》第一〇五種，民國五十年十一月。

23. 高拱乾，《台灣府志》，《台灣文獻叢刊》第六五種，民國四九年二月。

24. 屠繼善，《恒春縣志》，《台灣文獻叢刊》第七五種，民國四九年五月。

25. 陳文達，《台灣縣志》，《台灣文獻叢刊》第一〇三種，民國五十年六月。

26. 陳文達，《鳳山縣志》，《台灣文獻叢刊》第一二四種，民國五十年十月。

27. 陳培桂，《淡水廳志》，《台灣文獻叢刊》第一七二種，民國五二年八月。

28. 陳淑均，《噶瑪蘭廳志》，《台灣文獻叢刊》第一六〇種，民國五二年三月。

29. 陳壽祺，《重纂福建通志》，（台北：華文書局印，民國五七年十月）。

30. 黃水沛主編，《台灣省通志稿》，（台中：省文獻委員會編印，民國四七年六月）。

31. 奧村金太郎、蔡國琳編，《台南縣誌》，《中國方志叢書・台灣地區》第二六一號，（台北：成文出版社，民國七四年三月）。

32. 劉良璧，《重修福建台灣府志》，《台灣文獻叢刊》第七四種，民國五十年三月。

33. 蔣毓英等撰，《台灣府志三種》，（北京：中華書局影印，一九八五年五月）。

34. 謝金鑾、鄭兼才，《續修台灣縣志》，《台灣文獻叢刊》第一四〇種，民國五一年六月。

三、筆記與文集

1. 丁曰健，《治台必告錄》，《台灣文獻叢刊》第十七種，民國四八年七月。

2. 丁紹儀，《東瀛識略》，《台灣文獻叢刊》第二種，民國四六年九月。

3. 台銀經濟研究室編，《清經世文編選錄》，《台灣文獻叢刊》第二二九種，民國五五年七月。

4. 左宗棠，《左文襄公奏牘》，《台灣文獻叢刊》第八八種，民國四九年十月。

5. 朱景英，《海東札記》，《台灣文獻叢刊》第十九種，民國四七年五月。

6. 吳火炳，《沈文肅公（葆楨）政書》，（台北：文海出版社，民國五六年），《近代中國史料叢刊》第六輯（五十四）。

7. 李元春，《台灣志略》，《台灣文獻叢刊》第十八種，民國四七年六月。

8. 沈葆楨，《福建台灣奏摺》，《台灣文獻叢刊》第二九種，民國四八年二月。

9. 周凱，《內自訟齋文選》，《台灣文獻叢刊》第八二種，民國四九年五月。

10. 周詢，《蜀海叢談》，（台北：成文出版社，民國五五年），《近代中國史料叢刊》第一輯。

11. 林豪，《東瀛紀事》，《台灣文獻叢刊》第八種，民國四六年十二月。

12. 姚瑩，《中復堂選輯》，《台灣文獻叢刊》第八三種，民國四九年九月。

13. 姚瑩，《東溟奏稿》，《台灣文獻叢刊》第四九種，民國四八年六月。

14. 姚瑩，《東槎紀略》，《台灣文獻叢刊》第七種，民國四六年十一月。

15. 思痛子，《台海思慟錄》，《台灣文獻叢刊》第四十種，民國四八年六月。

16. 施琅，《靖海紀事》，《台灣文獻叢刊》第十三種，民國四七年二月。

17. 胡建偉，《澎湖紀略》，《台灣文獻叢刊》第一〇九種，民國五十年七月。

18. 唐贊袞，《台陽見聞錄》，《台灣文獻叢刊》第三十種，民國四七年十一月。

19. 徐珂，《清稗類鈔》，（上海：商務印書館，民國六年）。

20. 徐珂，《清稗類鈔選錄》，《台灣文獻叢刊》第二一四種，民國五四年九月。

21. 賀長齡，《皇朝經世文編》，（台北：世界書局，民國五三年六月）。

22. 黃叔璥，《台海使槎錄》，《台灣文獻叢刊》第四種，民國四六年十一月。

23. 楊英，《從征實錄》，《台灣文獻叢刊》第三三種，民國四七年十一月。

24. 劉銘傳，《劉壯肅公奏議》，《台灣文獻叢刊》第二七種，民國四七年十月。

25. 鄭兼才，《六亭文選》，《台灣文獻叢刊》第一四三種，民國五一年九月。

26. 鄧傳安，《蠡測彙鈔》，《台灣文獻叢刊》第九種，民國四七年一月。

27. 藍鼎元，《平台紀略》，《台灣文獻叢刊》第十四種，民國四七年四月。

28. 藍鼎元，《東征集》，《台灣文獻叢刊》第十二種，民國四七年二月。

四、專書

1. Chung-li Chang，The Chinese Gentry，（Washington：Franz Michael，1955）.

2. Tung Tsu Ch'u，Local Government in China Under the Ch'ing，（Standford University Press，1969）.

3. 伊能嘉矩，《台灣文化志》（中譯本），（台中：省文獻委員會編譯，民國七四年十一月）。

4. 安倍明義，《台灣地名研究》，（台北：杉田書局，昭和十三年）。

5. 李國祁，《中國現代化的區域研究——閩浙台地區，1860～1916》，（台北：

中研院近史所印，民國七一年五月）。

6. 李國祁、周天生、許弘義，《清代基層地方官人事嬗遞現象之量化分析》，
（台北：行政院國科會印行，民國六四年四月），《行政院國家科學委員
會叢書》第七種。

7. 洪敏麟，《台灣舊地名之沿革》，（台中：台灣省文獻委員會，民國六九年
四月）。

8. 徐炳憲，《清代知縣職掌之研究》，《東吳大學中國學術著作獎助委員會叢
書》之七十，民國六三年七月。

9. 袁庭棟，《古代官職漫談》，（四川：巴蜀書社，一九八九年）。

10. 張金鑑，《中國文官制度史》，（台北：中華文化出版事業委員會，民國四
四年三月）。

11. 張金鑑，《中國政治制度史》，（台北：三民書局，民國六七年七月）。

12. 張勝彥，《清代台灣廳縣制度研究》，（台北：華世出版社印，民國八二年
三月）。

13. 張炎，《清代台灣民變研究》，《台灣研究叢刊》第一〇四種，民國五九年
五月。

14. 許雪姬，《北京的辮子——清代台灣的官僚體系》，（台北：自立晚報，民
國八二年三月）。

15. 許雪姬，《清代台灣的綠營》，（台北：中研院近代史研究所，民國七六年
五月）。

16. 連橫，《台灣通史》，《台灣文獻叢刊》第一二八種，民國五一年二月。

17. 郭廷以，《台灣史事概說》，（台北：正中書局，民國七九年十一月）。

18. 陳孔立，《清代台灣移民社會研究》，（福建：廈門大學出版社，1990 年 1
月）。

19. 陳在正、孔立、鄧孔昭等著，《清代台灣史研究》，（福建：廈門大學出版
社，1986 年 4 月）。

20. 陳金田譯，《台灣私法》，（台中：省文獻委員會印，民國七九年六月）。

21. 陳衍，《台灣通紀》，《台灣文獻叢刊》第一二〇種，民國五十年八月。

22. 陳碧笙，《台灣地方史》，（北京：中國社會科學出版社，1990 年）。

23. 陶希聖、沈任遠，《明清政治制度》，（台北：商務書局，民國五六年八月）。

24. 傅宗懋，《清制論文集》（上、下），（台北：商務印書館，民國七六年七
月）。

25. 程幸超，《中國地方政府》，（香港：中文書局，一九八七年二月）。

26. 黃秀政，《台灣史研究》，（台北：學生書局印，民國八一年二月）。

27. 楊熙，《清代台灣：政策與社會變遷》，（台北：天工書局印，民國七四年

二月）。

28. 楊樹藩，《中國文官制度史》，（台北：黎明出版，民國七一年八月）。

29. 溫吉編譯，《台灣番政志》，（台中：省文獻委員會印，民國四六年十二月）。

30. 劉妮玲，《台灣的社會動亂──林爽文事件》，（台北：久大文化出版，民國七八年四月）。

31. 劉妮玲，《清代台灣民變研究》，《師大歷史研究所專刊》（9），民國七二年九月。

32. 鄭喜夫，《台灣地理及歷史》，（台中：省文獻委員會，民國六九年八月），卷九，〈官師志〉。

33. 蕭一山，《清代通史》，（台北：台灣商務印書館，民國五二年）。

34. 戴炎輝，《清代台灣之鄉治》，（台北：聯經出版，民國八一年五月）。

35. 繆全吉，《清代幕府人事制度》，（台北：中國人事行政月刊社，民國六十年）。

36. 臨時台灣舊慣調查會，《清國行政法》，（台北：南天書局，民國七八年三月）。

37. 織田萬，《清國行政法汎論》，（台北：華世出版社，民國六八年三月）。

38. 魏秀梅，《清代之迴避制度》，（台北：中研院近史所，民國八一年五月），《中研院近史所專刊》（66）。

五、論文與期刊

1. 王金連，〈清代台灣的行政組織〉，《台北文物》卷四期一，（台北：台北市文獻委員會，民國四四年五月）。

2. 王業鍵，〈清代經濟芻論〉，《食貨月刊》復刊卷二期十一，（台北：食貨月刊社，民國六二年二月）。

3. 台灣慣習研究會，《台灣慣習記事》（中譯本），（台中：省文獻委員會編譯，民國七三年）。

4. 何孟興，〈清初巡台御史制度之研究〉，東海歷史所碩論，民國七八年。

5. 何培夫，〈楊廷理台灣治績考〉，《國立成功大學歷史學報》第九號，民國七一年九月。

6. 佐伯富，〈清代雍正朝における養廉銀の研究──地方財政の成立をめぐつて（一）〉，《東洋史研究》卷二九期一，昭和四五年六月。

7. 李國祁，〈明清兩代地方行政制度中道的功能及其演變〉，收錄於《中研院近代史研究所集刊》第三期，（台北：中研院近史所，民國六一年）。

8. 李榮忠，〈清代巴縣衙門書吏與差役〉，《歷史檔案》第一期，（北京：歷史檔案雜誌社，一九八九年）。

9. 李騰嶽，〈建省始末〉，《文獻專刊》第四卷一、二期，（台北：台灣省文

獻委員會，民國四二年八月）。

10. 卓宏祺，〈清代台灣理番政策之研究〉，政大邊政所碩論，民七七年。

11. 周天生，《由基層地方官的幾項量化分析及職責看清代地方吏治》，師大歷史所碩論，民國六三年七月。

12. 金鑠，〈清代台灣文官制度之研究〉，《國立成功大學歷史學報》第四號，民國六六年七月。

13. 南瀛文獻編輯部撰，〈清代的官制〉，《南瀛文獻》第二六卷，（台南：台南縣政府，民國七十年六月）。

14. 夏承燧，〈明清兩代的台灣郡縣建置〉，《中原文化與台灣》，（台北：台北市文獻委員編印，民國六十年十月）。

15. 宮崎市定，〈清代的胥吏和幕友〉，收錄於《日本學者研究中國史論著選擇》，第六卷（明清），（北京：中華書局，一九九三年九月）。

16. 張舜華，〈台灣官制中「道」的研究〉，台大歷史所碩論，民國六九年。

17. 許雪姬，〈由鎮道勢力的消長看清代台灣文武官員的關係〉，《高雄文獻》第十一期，（高雄：高雄市文獻委員會，民國七一年六月）。

18. 許雪姬，〈福建台灣省的研究——由建省到分治〉，《國立政治大學歷史學報》第三期，民國七四年三月。

19. 郭潤濤，〈清代幕府的類型與特點〉，《貴州社會科學》第十一期（總第一一九期），（貴州：貴州社會科學編輯委員會，一九九二年）。

20. 陳玉貞，《清代台灣吏治研究——以刑名、錢糧職責為例》，成大史語所碩論，民國七七年。

21. 陶希聖，〈清代州縣衙門刑事審判制度及程序〉（一～五），《食貨月刊》復刊第一卷一至五期，（台北：食貨月刊社，民國六十年四月至八月）。

22. 傅光森，〈清代總督制度〉，東海歷史所碩論，民國七九年。

23. 傅宗懋，〈清代文官缺分研究〉，《國立政治大學學報》第二一期，民國五九年五月。

24. 湯熙勇，〈清代台灣文官的任用方法及其相關問題（1684～1887）〉，《中央研究院三民主義研究所專題選刊》（八十），（台北：中央研究院三民主義研究所，民國七七年三月）。

25. 湯熙勇，〈台灣建省後之文官任用問題（1887～1895）〉，《中央研究院三民主義研究所專題選刊》（八三），民國七七年九月。

26. 湯熙勇，〈清代台灣知縣的調用方法及其對吏治的影響（鳳山知縣的個案分析）〉（上、下），《高雄文獻》第一卷三、四期，民國七七年十二月、七八年三月。

27. 詹德隆，〈清代台灣各級衙門之書吏與差役〉，《史聯雜誌》第十六期，（台

中：台灣史蹟研究中心,民國七九年六月)。

28. 趙秀玲,〈論清代知府制度〉,《清史研究》第十期,(北京:中國人民大學書報資料中心,一九九三年二月)。

29. 劉枝萬,〈清代台灣方志職官年表〉,《台灣文獻》第八卷三、四期,(台中:省文獻委員會編印,民國四六年十二月)。

30. 鄧青平,〈清雍正年間(一七二三~三五)的文官養廉制度〉,《新亞學報》卷十期一(下),(香港:新亞研究所,一九七三年七月)。

31. 遲莊,〈清代之幕賓門丁〉,《大陸雜誌》卷五期二,(台北:大陸雜誌社,民國四十年七月)。

32. 戴炎輝,〈清代地方官治的組織及其實際應用〉,《憲政時代》第一卷二、三、四期,(台北:中國憲法學會,民國六四年十月、六五年一月、四月)。

33. 繆全吉,〈明清道員的角色初探〉,收錄於《近代中國初期歷史研討會論文集》(上),(台北:中研院近史所,民國七八年四月)。

34. 繆全吉,〈清代刑幕述要〉,收錄於《中國法制史論集》,(台北:中華法學協會、中國文化學院法律研究所,民國五七年)。

35. 繆全吉,〈清代胥吏概述〉(上、下),《思想與時代》第一二八、一二九期,(台北:思想與時代月刊社,民國五四年三月、四月)。

36. 繆全吉,〈清代幕府之官幕關係與幕席類別〉,《思與言》卷七期一,(台北:思與言雜誌社,民國五八年五月)。

附錄：台灣知府人事資料

1	蔣毓英	官生　奉天錦州人 康熙二十三年四月由福建泉州知府調任 康熙二十八年四月二十一日陞任江西按察使司按察使	
		備考	〈台灣郡侯蔣公去思碑記〉：籍雖遼左，實浙東諸暨人；高志，頁269。 康熙二十八年陞按察使，高志、周志寫江西按察使，劉志、范志作江南按察使，余志作湖南按察使。《清聖祖實錄選輯》則作陞任江西按察使；頁142。
2	吳國柱	蔭監生　奉天人（范志、余志） 康熙二十九年由福建延平知府調任 秩滿陞任江西贛南道	
		備考	高志、周志作遼東人，然清代並無遼東此一行政區劃，應係遼陽之誤，即奉天府遼陽州人（引自《台灣文獻》卷八，頁20）。 高志記載，吳國柱調任台灣知府茹水三載，秩滿陞江西贛南道；然康熙三十三年吳仍在任，（高志，頁41）故其任期應在五年以上。
3	靳治揚	蔭生　奉天人（范志、余志） 康熙三十四年八月由福建漳州知府調任 康熙三十七年秩滿，陞廣東肇高廉羅道	
		備考	其傳記中稱之為漢軍鑲黃旗人，由筆帖式出身。（劉志，頁423） 高志、周志則作遼東人。

4	衞台揆	蔭生　山西曲沃人
		康熙四十一年十月由福建漳州知府以廉能調任
		康熙四十五年九月陞廣東鹽法道（周志，頁346）
	備考	周志中作康熙四十年任，其後陞廣東鹽運使；但府志中之傳記及其它志書則做康熙四十一年任，陞廣東鹽法道。
5	周元文	監生　漢軍正黃旗人
		康熙四十六年由福建延平知府調補台灣知府
		（十月初十日已在任，周志，頁315）
		康熙五十一年陞湖廣辰沅靖道
6	陳璸	進士　廣東海康人
		康熙五十二年二月在任攝理，當時陳璸任職台灣道
7	馮協一	監生　山東青州府益都縣人（周志，頁66）
		康熙五十二年由福建汀州知府調任
		康熙五十四年以病告休致仕
	備考	范志、劉志作江南人，但查《福建通志台灣府》則作山東益都人。
8	王珍	副貢生　山西長治人（周志、范志）
		康熙五十五年由刑部貴州司郎中陞任
		康熙六十年五月十四日被摘印看守，王珍於看守期間病故（《重修鳳山縣志》，頁275）
	備考	《福建通志台灣府》作貢生出身；頁551。康熙六十年二月二十三日總督覺羅滿保以王珍辦事任性不妥，請旨以汀州知府高鐸調補。未至，三月發生朱一貴之案。（《重修鳳山縣志》，頁272）
9	沈近思	進士　浙江錢塘人
		康熙六十年以揀發知府檄署（應未到任）
10	高鐸	監生　漢軍鑲黃旗人
		康熙六十年六月由福建汀州知府調任
		雍正三年秋滿陞福建汀漳道
	備考	查《雍正硃批奏摺》，雍正三年三月十六仍在任；頁190。
11	范廷謀	《福建通志台灣府》作范廷謨
		監生　浙江鄞縣人
		雍正三年六月任（《台研資料彙編》，頁2917）
		雍正四年調回京內用

12	孫魯	監生　河南祥符人（范志、余志）
		雍正四年由諸羅知縣陞任（第一位由知縣陞任）
		雍正五年調回內地
		備考	劉志作河南開封府人。《福建通志台灣府》作河南陽武。雍正四年二月孫魯仍任諸羅縣知縣，而十月時已任台灣知府。（《雍正硃批奏摺》，頁 59、111）而雍正五年三月時仍任台灣知府。（《台研資料彙編》，頁 2083）
13	俞存仁	歲貢　順天（即直隸）大興人
		雍正五年四月上任（《雍正硃批奏摺》，頁 135）
		雍正七年離任（五月以前）
		備考	雍正七年二月仍在任。（《台研資料彙編》，頁 2980）
14	沈起元	進士　江蘇太倉人（台灣知府中首位進士出身）
		雍正七年五月以署興化知府調署
		備考	俞存任解任後原本是由倪象愷出任，但因丁憂請假，暫由沈起元署理。（《雍正硃批奏摺》，頁 183）
15	倪象愷	舉人　四川威遠人
		雍正七年由江西南安知府調任
		雍正八年十一月已協辦台灣道，（《台研資料彙編》，頁 2768、3965）
		雍正九年離任（三月以前）
		備考	其傳作四川榮縣人。（《台灣通志》，頁 482）任內倡修府署。雍正九年一月仍在任。（《台研資料彙編》，頁 3958）但余志作雍正八年陞本道。（頁 128）
16	王士任	奏摺中與《福建通志台灣府》作王仕任
		進士　山東威海人
		雍正九年三月由福建汀州知府調任（《雍正硃批奏摺》，頁 52）
		雍正十二年任滿陞本省鹽道（劉志），二月以前離職
		備考	鄭喜夫與劉枝萬均採雍正十一年陞本省鹽道，然據《台研資料彙編》王士任於雍正十一年十二月時仍在任。（頁 6314）於雍正十二年十二月十七日開始實任本省鹽道。（《台研資料彙編》，頁 6894）
17	尹士俍	附監　山東濟寧人
		雍正十一年由署淡水同知陞任
		雍正十三年十月十八日陞台灣道（《台研資料彙編》，頁 6894）
		備考	雍正十一年十二月二十四日已協辦台灣府知府，次年二月二十一日時已實任。（《台研資料彙編》，頁 5825、6314）

18	徐治民	歲貢　浙江山陰人（范志、余志） 雍正十三年由淡水同知陞任 乾隆二年五月被議降級調任（《台研資料彙編》，頁 7692 至 7697）
		備考	《福建通志台灣府》作拔貢出身（頁 552）。
19	劉良璧	進士　湖南衡陽人 乾隆二年由福建漳州海防同知陞任 乾隆五年陞本道
		備考	乾隆四年八月時已護理台灣道，而乾隆六年三月仍攝理府事。 （《台研資料彙編》，頁 8026、8809）
20	錢洙	廩生　浙江嘉興人 乾隆五年任 乾隆七年二月以疾卒於官
		備考	乾隆五年六月十二日已協辦知府，次年三月時仍在協辦，至五月才專任。（《台研資料彙編》，頁 8797、8809、8770）
21	范昌治	監生　浙江鄞縣人（范志、余志） 乾隆七年三月二十二日由興化知府調任（《台研資料彙編》，頁 9086） 乾隆十年被議解任（四月以前）
		備考	劉志作浙江寧波縣人。 乾隆七年三月以才具歷練，辦事老成，調補台灣知府。（《台案彙錄乙集》，頁 93）
22	莊年	由監生保舉　江蘇長洲縣人 乾隆十年以台灣道攝理（任內重修台灣府學學校）
23	褚祿	進士　江蘇青浦縣人 乾隆十年四月由延平知府調任 乾隆十二年十月仍在任（《台研資料彙編》，頁 11488、11537）
24	方邦基	進士　浙江仁和縣人 乾隆十二年由台防同知陞署（應十月以後） 乾隆十五年夏題請實授，奉旨送部引見，七月登舟，八月其船遭颶風溺於南日島（余志，頁 665）
		備考	為首位由台灣文員陞署的知府。乾隆十二年十二月已在任署理。（《台研資料彙編》，頁 11554 至 11560）
25	金溶	進士　直隸大興縣人 乾隆十五年七月以台灣道兼攝

26	陳玉友	進士　順天（即直隸）文安縣人
		乾隆十六年二月由淡水同知陞署，同年十二月三日已實任（《台研資料彙編》，頁 12603、12993）
		乾隆十七年八月因彰化縣凶番爲亂處理不當被革職（《台研資料彙編》，頁 13578、13565）
27	王文昭	拔貢　陝西淳化縣人
		乾隆十七年九月以台防同知署理
		乾隆十八年三月仍在任署理（《台研資料彙編》，頁 14543、14699）
	備考	陳玉友被革職後，乾隆十七年八月二十二日已奏准由曾日瑛調補台灣知府，（《台研資料彙編》，頁 13578），未到任前由王文昭暫代。
28	曾日瑛	例監　江西南昌人
		乾隆十八年四月由汀州知府調任
		乾隆十八年十一月以疾卒於任（《台研資料彙編》，頁 14353）
	備考	乾隆十七年八月二十二日以爲人強幹，辦事勇往被選調爲台灣知府。
29	王文昭	拔貢　陝西淳化縣人
		乾隆十八年十二月以海防同知暫署
	備考	曾日瑛病逝後，乾隆十八年十一月二十七日原已奏請由鍾德調任，但未到台前府職一缺由海防同知王文昭暫時兼署。（《台研資料彙編》，頁 14357）
30	鍾德	廕生　滿州鑲白旗人
		乾隆十八年十一月由福寧知府調任，次年三月十六到任
		乾隆二十二年一月十六日三年俸滿，經奏准暫留台地勘辦亂墾地畝，俟辦理完畢，回至內地給咨送部引見（《台研資料彙編》，頁 15590）
31	覺羅四明	內閣中書　滿洲正藍旗人
		乾隆二十二年四月由福州知府調任
		乾隆二十六年四月陞任台灣道
32	余文儀	進士　浙江諸暨人
		乾隆二十五年五月由漳州知府調任
		乾隆二十八年四月二十七日三年俸滿，但同年七月時仍在任（《台研資料彙編》，頁 16534、16770）乾隆二十九年八月陞任台灣道
33	蔣允焄	進士　貴州貴陽人
		乾隆二十八年八月初六由漳州知府調任
		乾隆三十一年七月初六三年俸滿，二十一日卸（《台案彙錄乙集》，頁 136）

34	秦廷基	進士　漢軍鑲黃旗人
		乾隆三十一年七月二十一日由邵武知府調任
		備考 《台灣采訪冊》作舉人出身；頁83。
35	鄒應元	進士　江蘇金匱人（《續修台灣縣志》，頁130）
		乾隆三十一年十二月十四日奉旨由杭州知府調任，三十二年四月到任，秩滿再任
		乾隆三十七年因病離職（《清耆獻類徵選編》，頁882）
36	李師敏	一作李思敏
		進士　山東惠民人
		乾隆三十七年四月由漳州知府調任
		乾隆三十九年十月以疾卒於任
37	成城	進士　浙江仁和人
		乾隆三十九年十月以台防同知署
38	蔣元樞	舉人　江蘇常熟人
		乾隆四十年四月由泉州廈門同知升任
		（乾隆四十一年十二月至次年四月護理台灣道）
39	萬錦前	監生　浙江仁和人
		乾隆四十三年六月由延平知府調任
		乾隆四十六年俸滿，但因督運台穀撥濟內地未完，勒令再留一年；同年又因未舉報道廳差役受賄貪婪，十一月以前遭革職處分（《高宗實錄選輯》，頁250）
40	蘇泰	由例貢捐納知縣　江蘇元和人
		乾隆四十六年十一月由福州知府調任
		乾隆四十八年正月初九日因諸羅、彰化縣漳泉械鬥，並未迅速擒捕且出示勸和，姑息養奸，遭革職處分（《高宗實錄選輯》，頁276）
		備考 《續修台灣縣志》作貢生出身；頁131。
41	劉亨基	舉人　湖南湘潭人
		乾隆四十八年正月以台防同知署
42	王右弼	貢生　山東齊東人
		乾隆四十八年三月由汀州知府調任
43	劉亨基	舉人　湖南湘潭人
		乾隆四十八年十一月以任滿台防同知再署

44	孫景燧	進士　浙江嘉興人
		乾隆四十九年正月十七日由延平知府調任
		乾隆五十一年十一月二十九日林爽文之亂中殉職
	備考	據《高宗實錄》記載孫景燧於乾隆四十八年十二月初六日便以台灣知府銜署理道篆，但當時孫景燧尚未抵台。（《高宗實錄選輯》，頁 290）
45	楊廷理	拔貢　廣西馬平人（《續修台灣縣志》，頁 131）
		乾隆五十一年十二月以台防同知兼理府事
		乾隆五十二年正月回任台防同知
	備考	《噶瑪蘭廳志》，作廣西柳州人，頁 62。
46	楊紹裘	增貢生　浙江餘姚人
		乾隆五十二年正月以福州海防同知升署
		乾隆五十二年三月初因未建功卸任
	備考	《續修台灣縣志》作廩貢出身，頁 379。
47	楊廷樺	進士　直隸大興人
		乾隆五十二年二月由革職山東按察使銜調任
		乾隆五十二年八月初六日因得癘疾卒於任（《平台紀事本末》，頁 27、43）
		楊廷樺於乾隆四十七年十一月至四十八年十一月曾任職台灣道，因玩視重案，未親往查挐，遭降調處分。乾隆四十九年九月轉任山東按察使。（《清高宗實錄選輯》，頁 290、294）
48	楊廷理	拔貢　廣西馬平人
		乾隆五十二年八月以台防同知署理府事，九月初八實授（《續修台灣縣志》，頁 378）
		乾隆五十三年三月二十二日護理台灣道
49	徐夢麟	監生　浙江桐鄉人
		乾隆五十三年四月初以淡水同知升署（首次以淡水同知署理府職）
		乾隆五十三年四月十六日奉旨升任泉州知府
50	楊廷理	拔貢　廣西馬平人
		乾隆五十三年九月二十六日新任道員抵台任職，十月初廷理回任台灣知府
		乾隆五十六年五月初十日升署台灣道，五月二十四日卸任台灣知府，六月十八實授台灣道員

51	袁秉義	進士　直隸宣化縣人
		乾隆五十六年五月二十四日由淡水同知署理，兼署台防同知
		乾隆五十六年八月二十九日新任知府到任，卸職
52	楊紹裘	增貢生　浙江餘姚人
		乾隆五十六年八月二十九日到任，兼署台防同知其後以丁父憂去；乾隆五十八年五月仍在任（《明清史料戊編》，第五本，頁442）
		備考	其傳作廩貢出身。（《續修台灣縣志》，頁134）
53	清華	由官學生考取後補中書　滿洲鑲紅旗人
		乾隆五十八年七月以署淡水同知銜暫署府職
		備考	《續修台灣縣志》、《台灣采訪冊》作官學生。
54	袁秉義	進士　直隸宣化縣人
		乾隆五十八年九月再署，兼署台防同知
		備考	乾隆五十八年九月十八日已在任。（《明清史料戊編》，第五本，頁445）
55	遇昌	由生員考取戶部貼寫筆帖式　滿洲鑲白旗人
		乾隆五十九年三月任，兼理台防同知
		備考	《續修台灣縣志》、《台灣采訪冊》作生員出身。
56	朱慧昌	由貢生捐納通判　浙江山陰人
		乾隆五十九年十一月以鹿港同知署（首位由鹿港同知署理府事）
		乾隆六十年回任鹿港同知
		備考	《續修台灣縣志》、《台灣采訪冊》作貢生出身。
57	遇昌	由生員考取戶部貼寫筆帖式　滿洲鑲白旗人
		乾隆六十年二月回任台灣知府
		乾隆六十年五月因陳光愛事件被撤回內地（《東槎紀事》，頁117）
58	沈颺	優貢　浙江仁和人（《續修台灣縣志》，頁132）
		乾隆六十年五月以汀州知府調任，兼攝台防同知
		嘉慶元年因勸商船捐費添設鄉勇，以防備蔡牽，佐助兵力，但卻被福建水師提督兼台灣總兵哈當阿指爲科派，遭革職（《福建通志台灣府》，頁491）

	備考	《福建通志台灣府》：作舉人出身；頁 487。乾隆六十年三月汀州知府沈颺已受督、撫之命在台灣彰化察查工程，巧遇陳周全之亂，乃密招義民逐賊，收復彰化縣城，因平亂有功，三月壬申台灣道以之署理鹿港同知，五月甲寅知台灣府事。（《東槎紀事》，頁 124）
59	楊紹裘	增貢生　浙江餘姚人 嘉慶元年四月暫代府職，兼攝台防同知
	備考	嘉慶元年十月清廷已諭令由福建候補知府遇昌補授台灣知府。（《明清史料戊編》，第七本，頁 630）
60	遇昌	由生員考取戶部貼寫筆帖式　滿洲鑲白旗人 嘉慶二年二月再任 嘉慶三年十二月二十六日代理台灣道
61	吉壽	舉人　滿洲鑲白旗人 嘉慶四年二月署
62	吳逢聖	舉人　安徽桐城人 嘉慶四年九月由延平知府調任
	備考	嘉慶七年仍在任。（《台案彙錄丁集》，頁 272）
63	慶保	官學生　滿洲鑲黃旗人 嘉慶七年十一月由署台灣道調任 嘉慶十年十月初一日升任台灣道
	備考	嘉慶十年四月二十二日因蔡牽盜船滋擾案中，捕獲逸犯多人，加恩賞給道銜。
64	馬夔陞	附貢生　山東齊河人（《續修台灣縣志》，頁 132） 嘉慶十年十月由建寧知府調任 嘉慶十一年三月初八日因操守不良，奉旨撤回內地，送部引見（《清高宗實錄選輯》，頁 71）
	備考	《台灣采訪冊》、《福建通志台灣府》作貢生出身。 嘉慶十年七月閩浙總督玉德等奏稱：台灣知府員缺，查有建寧守馬夔陞等堪以委署。（《台案彙錄乙集》，頁 212）
65	高叔祥	進士　河南鄧州人 嘉慶十一年二月由建寧知府調台，四月十三日到任 嘉慶十一年七月二十七日以疾卒於任（《台案彙錄乙集》，頁 216）

66	錢霽	進士 浙江仁和縣人	
		嘉慶十一年八月以台防同知暫署府職	
		備考	嘉慶十一年三月十七日因蔡牽滋擾案中，平亂有功賞給同知錢霽道銜，賞戴花翎，即以知府升用。(《清仁宗實錄選輯》，頁 74)但嘉慶十一年五月錢霽仍任南路理番同知。(《台案彙錄辛集》，頁 84)
67	楊廷理	拔貢 廣西馬平人	
		嘉慶十一年十二月復任台灣知府	
		嘉慶十二年十月因遭忌被撤回內地	
68	鄒翰	由監生議敘 順天府宛平縣人（祖籍江西）	
		嘉慶十二年由建寧知府調署，十一月十一日到任	
		嘉慶十三年九月十九日因朱濆匪亂虛報募勇剿匪，遭革職(《清仁宗實錄選輯》，頁 130)	
69	徐汝瀾	進士，順天府宛平縣人	
		嘉慶十三年八月二十二日任(《台灣采訪冊》，頁 85)	
		（嘉慶十四年四月尚在任，《台案彙錄乙集》，頁 222）	
		備考	嘉慶十三年四月二十五日因拿獲蔡牽義子蔡二來，賞署知府直隸州知州徐汝瀾知府銜。(《清仁宗實錄選輯》，頁 121)所以可能嘉慶十三年四月時徐已署理台灣知府。
70	汪楠	由監生捐納歷陞 安徽寧國府旌德縣人	
		嘉慶十五年二月二十二日由浙江嘉興知府署理	
		嘉慶十六年十月二十六日代理台灣道	
		備考	《台案彙錄丙集》中作署理；頁 128。《台灣采訪冊》中作任；頁 85。據筆者推估應初調署，後實任。
71	楊廷理	拔貢 廣西馬平人	
		嘉慶十六年十二月十二日補署台灣知府	
		嘉慶十七年八月卸任	
72	汪楠	由監生捐納歷陞 安徽寧國府旌德縣人	
		嘉慶十七年六月初八日由代理台灣道回任	
73	鄭佐廷	舉人 安徽寧國府旌德縣人	
		嘉慶二十二年二月十八日由鹿港同知署	
74	蓋方泌	拔貢生 山東武定府蒲台縣人	
		嘉慶二十三年四月二十日由延平知府調任	
		嘉慶二十三年四月二十一日護理台灣道	

75	鄭佐廷	舉人　安徽寧國府旌德縣人 嘉慶二十三年四月二十一日再署
76	蓋方泌	拔貢生　山東武定府蒲台縣人 嘉慶二十三年閏四月初四日由護理台灣道回任 嘉慶二十四年十月二十五日代辦台灣道
77	徐景楊	監生　江蘇陽湖人 嘉慶二十五年正月十日由淡水同知暫署 嘉慶二十五年正月十七日以疾卒於任內
78	蓋方泌	拔貢生　山東武定府蒲台縣人 嘉慶二十五年二月十七日由署台灣道回任 道光三年因病離職
		備考　道光二年二月在任。(《台案彙錄戊集》，頁 157)
79	胡祖福	□□　□□（不詳） (《台灣采訪冊》，頁 86)
80	毛鼎亨	進士　江蘇常洲人 （嘉慶、道光年間）由山東曹州知府調任（未到任）
81	方傳穟	由監生捐納通判　安徽安慶府桐城縣人 道光三年十一月二十日由福州知府調署 道光四年正月十二日護理台灣道 (《東槎紀略》，頁 11)
82	鄧傳安	進士　江西饒州府浮梁縣人 道光四年正月十一日以鹿港同知署 (《蠡測彙鈔》，頁 47) 道光四年四月回任鹿港同知
83	方傳穟	由監生捐納通判　安徽安慶府桐城縣人 道光四年三月二十五日由護理台灣道回署 道光五年十月以前奉旨升授汀漳龍道（十月時仍署府職）
84	陳俊千	進士　安徽鳳陽府定遠縣人 道光六年二月二十二日由建寧知府調任 道光六年十月初五因故奉旨降三級調用 (《台案彙錄癸集》，頁 103)
85	鄧傳安	進士　江西饒州府浮梁縣人 道光六年十月初六日以鹿港同知再次署理 道光七年六月回任鹿港同知 (《彰化縣志》，頁 402)

86	徐鏞	進士　安徽安慶府桐城縣人 道光七年閏五月十二日任 道光八年奉旨升任四川成綿龍茂道	
87	鄧傳安	進士　江西饒州府浮梁縣人 道光八年三月初六日由鹿港同知升任，循例引見後仍回任台灣知府	
		備考	道光九年七月仍在任。（《蠡測彙鈔》，頁 31、47）
88	王衍慶	舉人　山東東昌府聊城縣人 道光九年由台防同知調署，六月初九日到任	
89	呂志恆	由監生捐縣承　江蘇陽湖人 道光十一年由福州海防同知升任 道光十二年十月初二日於張丙案中殉職	
		備考	《福建通志台灣府》作監生出身；頁 554。道光十一年八月已在任。（《明清史料戊編》，第二本，頁 172）
90	王衍慶	舉人　山東東昌府聊城縣人 道光十二年十月初八日台灣道平慶以改簡同知王衍慶權署府事（《內自訟齋文選》，頁 35）	
91	托渾布	進士　蒙古正藍旗人 道光十二年十月由署漳州知府調署（《內自訟齋文選》，頁 32） 道光十三年升任廣西左江道（元月二十七日仍在任，《清宣宗實錄選輯》，頁 219）	
92	周彥	進士　江西鄱陽人 道光十三年二月初二清廷已准知府周彥調補台灣知府（《清宣宗實錄選輯》，頁 131） 道光十四年九月以後離任（九月仍知府事，《台案彙錄甲集》，頁 61）	
93	熊一本	進士　安徽六安州人 道光十三年十一月二十八日奉旨補授，十四年十月以後到任（可能十月或十一月到任，《明清史料戊編》，第二本，頁 192） 道光二十三年八月升任台灣道（《台案彙錄辛集》，頁 269）	
		備考	道光十七年八月初至十月，因台灣道周凱病故，暫時代理本道。（《台案彙錄癸集》，頁 128）
94	全卜年	進士　山西平陸人 道光二十三年九月由台防同知升任（《台案彙錄甲集》，頁 148）	
		備考	道光二十四年八月仍在任。（《台案彙錄己集》，頁 401）

95	胡□□	□□　□□（不詳） 道光二十五年任（或委署）		
96	仝卜年	進士　山西平陸人 道光二十五年六月十二日已在任。（《台案彙錄丙集》，頁 140） 道光二十七年九月升任台灣道		
		備考	道光二十五年六月初仍任職同知。（《清宣宗實錄選輯》，頁 507） 道光二十六年十一月二十六日在任。（《月摺檔》，道光朝，道光二十六年十一月二十六日）
97	史密	拔貢　山東濟寧人 由淡水同知升署 道光二十八年九月二十七日回任淡水同知		
98	王用賓	進士　安徽懷寧人 道光二十八年九月二十七日奉旨補授，未到任（《台案彙錄癸集》，頁137） 道光二十八年九月二十九日奉旨調任江西吉安知府		
99	裕鐸	工部筆帖式　滿洲鑲藍旗人 道光二十八年九月二十九日由江西吉安知府調任（《台案彙錄癸集》，頁 137）		
		備考	道光三十年十月仍在任。（《台案彙錄戊集》，頁 355）
100	劉□□	□□　□□（不詳） 道光三十年在任		
101	張維屏	進士　廣東番禺人 □□年由署江西南康知府調任（應未到任） 以母年高，望闕拜辭		
102	黃開基	舉人　四川永川人 咸豐元年任，旋加道銜 □□年以積勞患咯血允病歸		
103	朱材哲	進士　湖北監利人 咸豐元年由署淡水同知代理 咸豐二年春卸		
104	裕鐸	工部筆帖式　滿洲鑲藍旗人 咸豐二年十月在任 咸豐四年四月初八奉旨升任本道，同年閏七月初四奏報到任（《清文宗實錄選輯》，頁 17）		

105	孔昭慈	進士　山東曲阜人 咸豐六年任 咸豐八年三月升任台灣道	
106	洪毓琛	進士　山東臨清州人 □□年署（後實任） 同治元年三月任滿升任湖北漢黃德道，但因台地戴潮春之亂，紳民懇留毓琛平逆，五月十一日改爲升調本道〈《東瀛紀事》，頁9、10〉	
		備考	咸豐十年閏三月在任。同治二年六月不幸卒於台澎道任內。（《東瀛紀事》，頁11）
107	陳鍔	□□　□□（不詳） 同治元年三月二十三日在任（《東瀛紀事》，頁10）	
108	馬樞輝	□□　□□（不詳） 同治元年五月在任署理（《東瀛紀事》，頁10）	
109	陳懋烈	舉人　湖北蘄州人 同治元年九月初三日以候補知府任（《清穆宗實錄選輯》，頁33、34） 同治二年六月署理台灣道	
110	葉宗元	舉人　江西宜黃人 同治二年六月以台防同知署	
111	陳懋烈	舉人　湖北蘄州人 同治二年十二月由署台灣道回任 同治五年五月初九日奉旨開缺引見（《清穆宗實錄選輯》，頁97）	
112	葉宗元	舉人　江西宜黃人 署理府職（同治七年九月在任）	
113	梁元桂	進士　廣東恩平人 同治七年二月以前任 同治九年二月撤回另補（《清穆宗實錄選輯》，頁123、124）	
114	祝永清	監生　直隸滄州人 新任知府未抵台前以鹿港同知代理 　（同治九年二月二十六日在任）	
115	陳思燏	□□　□□（不詳） 同治九年二月十一日奏准由浙江溫州知府調任（《清穆宗實錄選輯》，頁123）	
116	蔣□□	□□　□□（不詳） 署理府職（同治十年十月在任）	

117	周懋琦	拔貢　安徽績溪人 同治十一年署，四月初二日到任 （同治十三年十二月在任，《恒春縣志》，頁 41） 光緒二年調任福寧知府	
118	張夢元	舉人　直隸天津人 光緒二年由福寧知府調任（未到任） 光緒二年五月調署福州知府	
119	孫壽銘	舉人　江蘇太倉州人 光緒二年五月以台防同知暫署 光緒三年正月回任台防同知	
120	向燾	拔貢　四川中江人 光緒三年正月以候補同知委署 光緒三年調署台北知府（首次內調）	
121	張夢元	舉人　直隸天津人 光緒三年正月以署福州知府隨巡撫丁日昌來台辦理營務就近赴任 光緒五年七月二十四日署理台灣道（《清德宗實錄選輯》，頁 60）	
122	周懋琦	拔貢　安徽績溪人 光緒五年由福寧知府調署 光緒六年赴京引見後卸任	
123	趙均	由監生報捐縣承，再以軍功保舉奉准以同知留福建遇缺即補 浙江山陰人 光緒六年十二月准由署泉州知府調署 光緒七年二月十二日以丁母憂去	
124	袁聞柝	以軍功捐升同知　江西樂平人 光緒七年五月由卑南同知升署（《台東采訪冊》，頁 76、77） （光緒八年三月仍在任，《劉銘傳撫台前後檔案》，頁 38）	
125	侯材驥	□□　□□（不詳） 光緒九年正月時便已署理府職 光緒十二年三月離任（《劉銘傳撫台前後檔案》，頁 41、75、77）	
126	程起鶚	由監生捐升布經歷　浙江山陰人 光緒十二年二月二十六日已在任（《月摺檔》，光緒朝，光緒十二年二月二十六日）	
		備考	光緒九年二月十七日福建巡撫徐宗幹已奏請廈防同知程起鶚調補台灣知府，（《月摺檔》，光緒朝，光緒九年二月十七日）但實際應未到任；直至道光十二年二月初七日亦尚未到任。（《月摺檔》，道光朝，道光十二年二月初七日）

台南知府

	程起鶚	由監生捐升布經歷　浙江山陰人 光緒十四年十二月離任 （光緒十四年四月已調署台灣知府，但並未離任）
127	吳本杰	由附貢捐報知縣　湖北鍾祥人 光緒十五年正月在任署理府職
128	羅大佑	進士　江西德化人 光緒十四年二月以福防同知候補知府委署 （《劉銘傳撫台前後檔案》，頁 163、164） 光緒十五年四月初七日以疾卒於任
129	朱和鈞	□□　□□（不詳） 光緒十五年四月以辦理台南通商事務候選知府就近暫代 （四月二十四日仍在任，《劉銘傳撫台前後檔案》，頁 165、166）
130	吳本杰	由附貢捐報知縣　湖北鍾祥人 光緒十五年四月由署台東直隸州知州調署（《台東州采訪冊》，頁 70） 光緒十六年三月以前，以遇班請咨引見卸（光緒十六年二月在任）
131	方祖蔭	監生　安徽桐城人 以埔裏社通判代理 光緒十六年閏二月十七日已在任（《劉銘傳撫台前後檔案》，頁 190、192） 備考　光緒十六年十月職銜已升爲基隆撫民同知，但仍代理府職。光緒十七年三月仍在任；《恒春縣志》，頁 215
132	包容	捐納　江西南昌人 光緒十七年五、六月由委署嘉義知縣代理（《劉銘傳撫台前後檔案》，頁 217、218） （光緒十八年四月仍在任，《劉銘傳撫台前後檔案》，頁 221、225）
133	唐贊袞	舉人　湖南善化人 光緒十七年調任，光緒十八年閏七月二十日到任（《台陽見聞錄》，頁 94） 光緒二十一年三月十一日因逃避職責遭革職處分（《清德宗實錄選輯》，頁 294）
134	朱和鈞	□□　□□（不詳） 光緒二十年八月以前署理 光緒二十一年五月二十五日內渡（《台海思慟錄》，頁 15、16）

| 135 | 忠滿 | □□　滿州□□旗人
光緒二十一年六月以署安平知縣兼署
（光緒二十一年八月初六日內渡） |

主要參考資料：

1. 劉枝萬，〈清代台灣方志職官年表〉，《台灣文獻》第八卷，（台中：省文獻委員會編印，民國四六年十二月），三、四期。
2. 鄭喜夫，《台灣地理及歷史》，（台中：省文獻委員會，民國六九年八月），卷九，〈官師志〉。
3. 《台灣文獻叢刊》中之府志、縣志、廳志。

附註：

1. 高拱乾，《台灣府志》，文表中簡稱高志。
2. 周元文，《重修台灣府志》，文表中簡稱周志。
3. 劉良璧，《重修福建台灣府志》，文表中簡稱劉志。
4. 范咸，《重修台灣府志》，文表中簡稱范志。
5. 余文儀，《續修台灣府志》，文表中簡稱余志。
6. 有關知府的籍貫與出身，若府、廳、縣志中〈職官志〉的記錄與其它資料不同，附表中以〈職官志〉為主，不同者列於備考。